U0504433

鹤鸣九皋：
民俗学人的村落故事

宋　颖　陈进国　主编

创于1897
The Commercial Press

2017年·北京

图书在版编目(CIP)数据

鹤鸣九皋:民俗学人的村落故事/宋颖,陈进国主编.—北京:商务印书馆,2017
ISBN 978-7-100-13943-4

Ⅰ.①鹤…　Ⅱ.①宋…②陈…　Ⅲ.①乡村—风俗习惯—中国—通俗读物　Ⅳ.①K892-49

中国版本图书馆 CIP 数据核字(2017)第 105307 号

鹤鸣九皋:民俗学人的村落故事

宋颖　陈进国　主编

商　务　印　书　馆　出　版
(北京王府井大街 36 号　邮政编码 100710)
商　务　印　书　馆　发　行
北京顶佳世纪印刷有限公司印刷
ISBN 978-7-100-13943-4

2017 年 6 月第 1 版　　　开本 880×1230　1/32
2017 年 6 月北京第 1 次印刷　　印张 12
定价:38.00 元

父亲带我打柴，
打完一起闲话：
将来你要出山，
才知天大地大。

目　录

第二部分　夏篇

第三部分 秋篇

第四部分　冬篇

368 后记

序

　　读了书中这些文章，不由得想起我第一次下乡去做田野调查时的情景。那时我 21 岁，还在莫斯科大学留学，读民间文学专业。转年我发表的第一篇论文《谈民间文学的搜集工作》写的就是那一次调查的心得。毕业后我回到黑龙江大学工作。1961 年之后，我曾和两三个朋友一起多次利用假期去赫哲族、满族、朝鲜族等村落做田野考察。我曾经设计到本省各民族当中，以及到省内农民、渔民、林业工人、民间艺人、挖参的、打猎的……各个行业的社群当中去考察，想弄清楚整个黑龙江民间文学的状况。

　　第一次到农村、到民众中去做田野调查，准备得再好，也常常是不完备的。但是对于民俗学工作者来说，印象会特别深刻。这是进行情感培育的好时机，可以说，乡村是培养我们与人民之间情感的学校。尽管从工作的角度讲，这种接触还是远远不够的，但是当一个民俗学工作者接触了乡亲们的"心灵世界"之后，这个工作者与民众的关系就变得更加亲近；对民族文化传统有了更深的接触之后，便会觉得，"旧俗""老礼儿"是可亲的。虽然不是很懂，但是很想进一步深入了解。这种相识是很可贵的。这种可贵，有点像一个人在寻找自己的朋友时的内心感受。尽管不是所有接触过的人都能够成为朋友，但是，这种感受非常深刻和亲切。当然，这里说的"第一次"，在具体时间上也可能并不是民俗学工作者去田野的第一次，即使是具体时间上的第二次、第三次，但却永远是情感上的"第一次"，在内心感受中，一下子走近了"田野"。从另一个角度来看，现在到乡村去的条件越来越便利了，调查的手段也越来越先进了，这与过去有很大的不同。但是这些手段的改进并没有改变这种情感的交流。

不管是谁，在村里进行田野调查，不但会接触到传统文化，还能了解乡亲们的真实生活、真实历史。当我们谈起"历史"的时候，讲的往往是"事件"，但应该是"人"。有人说，历史是事件的叠加，我想说这不准确。谈及"历史"，必须要有"人"。写历史时，如果不写人，那叫什么历史？当我们写一个村，写它的房子，写它的环境，写它经历的战乱，这都不到位，写也写不好，真正到位的是：写这里的人。中国的历史，假设只有长城、故宫，没有秦皇汉武，没有林则徐，没有康有为，没有为推动历史做出贡献的人，没有各种各样的参与历史的人，没有普普通通的广大民众的生活和作为，都不行。

从这个角度看我们的民俗学，或许会更加深刻地认识到这一学科的重要价值和意义。历史学和文学不太关注的那一部分，正是民俗学的研究领域。以前有人说，文学乃至民间文学是人学，民俗学关注的是生活方式。但是，是谁的生活呢？当然，是广大民众的生活，是"人的生活"。平时我们常把这些当作是不言而喻的问题，无须多说，所以关注不够，特别在意的只是事物的过程，较少或者忽略人的在场、人的情感参与。

比如说，乡村建设，只顾着盖房修路，固然是好事，可是如果把村庄里的人都搬走了，这个村庄即使外貌发生了翻天覆地的变化，但其实，当作为传统文化承载者的农民社群没有了，等于那个村庄也不存在了，有的仅仅是一个新的村庄。现在的乡村建设，有的地方舍本逐末，什么是"本"呢？人才是"本"，"社群"才是本。现在的实际情况往往是，其他一切都有了，但是

"人"没有了。我们进行民俗学研究，关键是要重视"人"，要记录"社群的生活"。

看来，对于我们民俗学工作者来说，进行田野作业也好，从事理论研究也好，在观察和分析事物的整个过程中，整体性原则是十分重要的。时代的演进、环境的变迁、主体构成的变化、价值观的变化……都应该时时纳入我们的视野当中。

近些年，我们民俗学工作者特别关切作为民俗文化实体空间的传统村落的命运和前景问题。中国各民族的传统村落真实反映了农耕文明时代的社会生活，体现了人和自然的和谐相处，是中国传统建筑精髓的重要组成部分，更是传统文化的展现空间。传统村落承载着中华民族的历史记忆，维系着中华文明的根，寄托着中华各族儿女的乡愁。随着工业化、城镇化的快速发展，传统村落保护与开发的冲突愈演愈烈，传统村落面临衰落的危机。

2012年，我国启动了传统村落保护工作，建立了"中国传统村落名录"制度。根据规定，村落一旦被列入中国传统村落名录，就不得拆迁、合并。在目前全国近60万个行政村260万个自然村寨当中，经推荐上报、评审、公示等程序，曾有2555个村落，前后分三批被列入中国传统村落名录。这些村落已建立了相应的管理机制，健全和完善了保护机制，并获得了中央财政的扶持。中国传统村落快速消失的局面得到一定程度的遏制，传统村落村民的生产生活条件有所改善。就在不久前，即2016年11月9日，住建部、文化部等七个部门发出通知，又有1602个村落被列入第四批中国传统村落名录，中国传统村落名录中的村落数量达到4157个。这标志着我国已经形成世界上规模最大、内容和价值最丰富、保护力度较强的农耕文明遗产保护群。

说到乡村建设这个话题，我的想法是：

第一，中国的农村要姓"中"。现在有的农村不怎么姓"中"，有的好像是姓"洋"，到处弄洋建筑，搞洋模式，甚至连名字也改姓"洋"了。改善生活状况、美化环境，不一定非要姓"洋"不可。可是外在条件会在很大程度上影响到人们的生活方式，在这种"洋"村子里生活的人，生活取向会渐渐地发生很大变化，过去的传统生活方式也会随之逐渐地消失。

第二，中国农村应该是中国现代农民的农村。现在有的农村好像不是农民的了，是开发商的，是旅游局的，是国内外旅游者的，如果说还是农民的，那也成了"养老院"和"托儿所"。我们现在总是讲开发旅游，于是农村成了城镇居民的后院了，城里人有空到农村吃一顿"农家乐"就走了，这是我们现在经常能看到的"农村"。当然，民俗在这样的环境里有了很大变化，民俗得到了"新的利用"，有了"新的发展"，在村子里生活的人和他们的生活方式，也值得我们进行认真观察和研究。

第三，应该让我们的现代的农民兄弟享有现代生活的一切便利条件和设施。让今天的中国农村成为农民兄弟安居乐业的美好家园，应该是宜居的、可心的、叫人看了会羡慕的地方。

许多有志向、有作为的各界人士，正在为中国新农村的建设伟业奋斗着。

我们民俗学工作者正热切关注着今天在巨变和发展中的中国农村和农民社群。民俗学工作者走进农民社群的生活和心灵当中，也是很了不起的功业。大家的工作和研究，是一种让人钦佩的历史担当和历史贡献。

我觉得，这些人是可爱的，更是可敬的。

中国社会科学院荣誉学部委员　刘魁立

2016 年 12 月 29 日

第一部分

春篇

九寨沟朝圣

邢莉（中央民族大学）

作为中国科学院《人与生物圈》国家委员会九寨沟文化考察组的一名成员，我的课题是寻访九寨沟的藏族文化。

寻访九寨沟，令我震撼的不是清澄的水，而是雄奇的雪山、湛蓝的天幕。天幕下盛开着一朵雪莲，那就是雪山的峰顶。峰顶下，是它勃勃的英姿，千年万年，巍然耸立。也有人说，那峰顶是一柄银色的巨剑，冷峻清高，绝无屈服，直指苍天。"看，这就是我们的神山。"司机桑吉是在九寨土生土长的小伙子，他告诉我，这就是扎依扎嘎山，高4400米。那披银的雪峰顶沐浴在金色的阳光下，瑰丽又奇美，还有神秘。

在九寨沟的日子里，我们参加了一次扎如寨的藏民的转山仪式。时值初春，扎依扎嘎神山冰雪未化，目的地在扎依扎嘎神山脚下，这是离寨子不远的一座不很高的神山。仪式举行的前一天，我跟这里的一位原住民——一位72岁的老人搭过话。她穿着蓝色织锦缎的长袍，核桃皮似的脸，手里的转经筒在不停地旋转。"明天我跟你们转山去，行吗？"她漫不经心地瞟了我一眼，"你们，不懂得，去干什么？"她对我并没有热情。我读过相关方面的书，不仅知道藏族崇拜山神的习俗，也知道其源流和神山朝拜的文化内涵。她说我"不懂"，我心里不受用。

第二天，我天不亮就起了床，一看全寨子的人全都换上了整洁漂亮的藏袍。昨天山寨的人有的穿汉装，有的穿藏装，而这一天可不一样，尤其是男人，他们不仅衣着潇洒，腰间还挂着精致的藏刀。昨天遇见的那位老人，当时穿的藏袍是蓝色的，今天特意换成了粉红色的，在明媚的阳光下分外耀眼。这是仪式庆典的着装。可是唯有我，穿的是风衣，一看就是个"他者"。我在理智上感到局蹐不安的时候，抬眼一看，那位老人正在示意我过去，我看到她的胸前抱着一件与她身上的颜色和款式一样的藏袍。她示意让我穿上。宽宽的袍身，美丽的镶边。她还为我整好了腰带，抚平了褶子，充满温柔。这件藏袍，对我来说是"异族"的服装，我穿上有些不自然，但是众人投来了友好和赞许的目光，我感觉到，我是转山队伍的一员了。这是一支20多人的队伍，男女老幼鱼贯而行。不一会儿，我就汗流浃背，而那个藏族老妈妈仍旧晃着她的转经筒，轻快地迈着步子。

领队的老年妇女带大家朝着路边的转经房走去。转经房处在数株高大的松树下，是一栋体积不大、非常坚固的木结构棚子。滚滚的流水穿棚而过，下面的木轮在激流的冲击下有节奏地旋转，旋转永不停息，带动经房中央的转经筒。转经筒上绘有吉祥的花纹和经文，在信奉苯教的藏族民众眼里，这转经筒是神圣的。那位老年妇女围绕着转经筒缓步而行，其他的人——男的、女的、年轻的、年老的，还有年仅三岁的娃娃，大家都鱼贯而行，每个人路过，都要不停地旋转。我照样转了几下，但这时的我担心爬不上山，想快走几步，没有转完就急忙离开了。这时，那个藏族老人看见了，她用不标准的汉语说："回来，回来！"接着就是藏语了。她的声音，那么急切，那么生硬，仿佛不近人情；她的表情，与其说是生气，毋宁说是愤怒，那是一张涨红的脸。我急忙回来，在她的监督下重新把一个个转经筒转完，当我转完的时候，她拍拍我的肩膀，轻轻地叹了口气……后来我才知道，转经筒是祈福的，我没有转完，就是违反了藏民的习俗，而且她担心我少了福祉。

藏袍很热，所有的人都脱掉了一只袖子，我跟着大家爬山，一步，两步，三步。我前面是一座被藏民祖祖辈辈、世世代代崇拜的深山，那是一种怎样的神圣召唤啊！昨天藏民告诉我：扎依扎嘎山形同菩提叶，像喷焰末尼宝，光芒四射，驱除黑暗，普度人生；山神穿着白色的法衣，骑着护法兽，手中拿着法器；山的四周有几条漩流和泉水，还有奇异的花草和百兽；在山东南诱人的湖泊里，有神话中美丽的仙女出没；山神周围有各种各样的飞禽和走兽，仙女腾云驾雾，翩翩起舞。藏民还说山神能驱除恶魔，给人间带来平安和吉祥。

走到了海拔约3000千米的地方，我来到神山面前。刚才看到的经幡立刻高大起来，整个山上都铺天盖地挂满了红色、白色、绿色、黄色、蓝色的经幡，那经幡随着山峰在呼啦啦地飘舞，经幡上面刻印的是古老的预防火灾的经典。神山上集中地插了许多箭杆，箭是用木头削成的，上面有各种各样神秘的花纹，寨子里的男人都要在这儿插一支箭，他们称为"神箭"，插神箭是为了祈求保佑幸福平安。地面已经被层层叠叠的龙达覆盖，所谓"龙达"，就是印有图案和经文的五六厘米的小方纸，纸的中间是一匹驮摩尼宝珠的骏马，上方是日月，四角印龙、鹏、虎、狮，经文印的是"八字真言"密咒。一看见神山，朝圣的藏民立即"煨桑"，然后五体投地叩拜，不断挥舞龙达，纷纷扬扬的龙达又在地面上遮盖了一层。撒龙达是原始苯教祭祀各种神灵的重要形式。"龙"指天地间大气中的元气和无形的神灵，"达"表示信徒在元气的支持和神灵的保佑下，立于不败之地。在圣山面前，理智告诉我不能"咔嚓咔嚓"地给藏民照相，因为当他们在倾尽全力、倾尽全心地追随一种超然的意愿的时候，在被一种神圣的情感、神圣的向往笼罩的时候，你要重新确认自己——我是谁。于是穿着藏袍的我也在五体投地，这是我平生第一次五体投地，我虔诚地、慢慢地亲近大地母亲，我听到了她的呼吸，听到了她的脉搏在跳动。我仰望着扎依扎嘎山，它单纯到了极限，朴实到了极限，白云缭绕之下的神秘、高峻的形象中增加了几分威严，是敬仰抑或是敬畏。面对着崇山，面对着藏民，我陷入了沉思。在九寨沟，我听到了一个传说：格萨尔王是山的儿子，山是格萨尔王的父亲。人与山有联系吗？我在沉思：圣山朝拜是迷信？抑或是聪慧？

　　啊，我们是谁？我们去哪里？

一辆微面能承载多少希望？

黄龙光（云南师范大学）

　　一辆微面能载多少人？很多人可能一辈子都没想过这个问题。直到和第一个彝族山苏支系大学生沐华回他老家——云南省峨山彝族自治县塔甸镇大西村委会所在地普杰黑村，做"穆克玛"节祭田野调查之前，我也从未想过。

　　每年农历二月第一个丑日，彝族山苏人举村要大规模地祭祀"穆克玛"神。"穆克玛"相当于村寨神，主司这个村寨的风水、雨水、农作、人畜、吉祥、平安等。人们往往会选村后密林中一棵枝干笔直、枝繁叶茂的榕树或栗树为象征物，密林被称为"穆克玛林"，终年严禁任何人入林砍伐林木、捡拾落叶、刮铲山灰等。邻近彝族纳苏支系也有称为"咪嘎哈"的类似节祭。

　　2011 年 3 月 18 日，对我而言，是极富冒险的一天，也是最心酸的一天。调查结束，我们准备回去。按原路返回，我们本应从普杰黑村到大西村，再下亚尼赶发峨山县城的中巴，再在县城转乘中巴回玉溪。但是整个普杰黑村没有一辆车，如果一早从村里出发到大西村再下亚尼，辗转多趟怕赶不上亚尼至峨山上午 11 点最末一班车，我们决定干脆借道邻县新平直接回玉溪。我们得先从普杰黑村赶到山下西面新平县新化乡鲁一尼村委会所在地左西莫村，然后乘坐村里唯一的私人微面到新平县城，再转乘大巴折回玉溪。头天下午，沐华父亲就打电话请微面司机提前给我们留座，司机说只能等到 7 点半。

　　沐华请表哥和弟弟一早骑摩托车送我们到鲁一尼村。我们

5 点半起床，开灯洗漱、收拾行囊，灯光引得家里的公鸡"喔喔喔……"一只赛一只地打鸣，加上村里的几声犬吠，使得夜幕下的普杰黑恬静祥和。没顾上吃早饭，我只喝了几口冷水泡蜂蜜，甜丝丝的，润喉清肠。6 点 10 分，告别沐华父亲后我们出发了。沐华表哥不敢带生人，所以我坐上了他弟弟的车。我知道，这里很多人天天骑摩托车，但既无驾照，也无行车证。沐华弟弟应该没有驾照，这辆车是他父亲的。不过，我的担心是多余的，他开得很好。坡很陡，一路上除了耳畔呼呼的风声，就是感觉身体一直在下沉。天还没亮，远处双柏、新化方向的群山脊脉依稀起伏，一切都还在睡梦中，只有低沉的摩托车的发动机声。有段路实在太陡，出于安全考虑，他让我打手电步行，自己慢慢骑到前面等我。等我们到了最下面转弯处往上看时，整个山坡上，直直的只有我们的两束灯光在山间闪耀。7 点，我们到了鲁一尼村委会左西莫村，沐华表哥和弟弟要先回村了，我嘱咐他俩一定要开慢点。

　　一阵杂乱的犬吠之中，我们确实在 7 点半赶上坐微面离开了左西莫。如果不亲临现场，你难以想象，一辆微面究竟能载多少人。记得大学毕业后，有一次在单位坐一辆北京吉普车，我们层层叠叠一共塞了 11 个人，我以为那是最高纪录了。看来，纪录不仅是用来记录的，更是用来打破的。副驾驶座上坐的是一对母女，女儿后来在新平一中下了车。第二排额定是 3 个（连加座），却坐了 5 个人。第三排加上我也坐了 5 个人。后面放了两个草墩坐了两个大人，还站了 9 个新化中学的学生。半道上微面被一位阿姨截停，司机说坐不下了，但她说有急事一定要去玉溪。于是，加上司机总计 25 人，沙丁鱼般塞在小小的长安微面里。最后，我直接是斜坐在旁边一位兄弟的后腰上，手里死死抱着 45

升的登山包，完全没有视线，鼻孔一呼气即刻又倒回鼻孔。每当小车在山间上下起伏、转弯处左右摇摆时，随惯性我会向他的后腰挤压过去，我觉得非常过意不去，但他好像习惯了，一声不吭，就这样一路"背"着70多公斤包的我坚持到了新平。

同车有一位大妈，很有意思，平日可能不怎么坐车出行。一上来她就说会晕车，而她防晕车的绝招是，嘴里非得嚼着点东西。一上车我就发现，她手里握着一块几乎烧熼了的糯米粑粑在吃，但每次只咬上一小口，以便能连续嚼很长的时间。后来没东西吃了，她就开始唱歌，从彝族阿色调，到歌唱毛主席，嗓音挺好，听得出年轻时肯定是个文艺"头子"。其他人拿她开玩笑，她也不反驳，一路自顾自地唱着歌。

在拥挤不堪的车里，疲惫至极的我不可能打瞌睡，也来不及总结从浪漫田野到悲壮田野的瞬变。一辆微面究竟能载多少人？就在那时，我甚至不恨司机，不想声讨超限超载的安全隐患，也不想对仍积贫积弱的父老乡亲说教。司机虽然也为挣钱，但不光为挣钱。在这山一家水一村的民族山区，当地民众亟须便捷的现代交通，而正是这些本土私营的小型公交，为乡里乡亲的熟人社会提供了就近服务。沐华家所在的大西村委会普杰黑彝村，因为周围未建基站，直到现在仍没有无线通信信号。而所谓的通信、公交"村村通"，有时不得不让人怀疑。

一辆微面能承载多少希望？倒退20年，如果我是后面站着的学生娃，我肯定受不了这个罪，可能也过早逃离了学校。只有极少数的人，攥着毅力、咬紧牙关挺下来，克服种种困难，通过读书改变了命运。我想身边的沐华就是一个，但这样的人实在太少了。如今，新一轮的"读书无用论"在山区蔓延，这才是令人揪心和担忧的。

乌帕尔的春天

郑亮〔石河子大学〕

诺鲁孜节是春天的节日。新疆的南部，一个充满神秘而让人牵肠挂肚的地方，生活着约 900 万维吾尔族同胞。丝绸之路从乌帕尔乡通过，经济带沿线上连接着许多共同欢度诺鲁孜节的人们。2016 年 3 月 21 日，我们来到了乌帕尔乡，辖属的 16 个村的人们全都来到这里一起庆祝诺鲁孜节。

距离喀什市疏附县 30 多公里的乌帕尔，是维吾尔族著名学者、《突厥语大辞典》的作者麻赫穆德·喀什葛里（1008～1105）传经、生活的地方。他的陵墓就在这里。在诺鲁孜节期间，我们来到麻赫穆德陵墓来瞻仰这位先哲，当地有过节期间在此诵诗纪念他的传统。

我们来的前一天，这里下了雨，但当我们来到陵园的时候，天晴了。陪同我们的人中有一位是县文化馆的翻译买买提力，小伙子汉语说得很好，还能够熟练演奏乐器萨塔尔和热瓦普，演奏的同时还唱着动人的木卡姆。他说话也很幽默，当我们谈起天下雨了，他说："哎（āi，新疆话中这个发音一定要长），下雨不多，下沙子嘛挺多的。"进入春季，疏附县常常连日沙尘，在南疆流传着"每天一人二两土，白天不够晚上补"的顺口溜，据说人均一年要吃进一块砖大小的沙土。

这片陵墓连片占据着高低错落的几个小山坡，麻赫穆德·喀什葛里的陵墓在最高的地方。其他地方山丘多裸露，植被较少，而这里却是郁郁葱葱的一片。相传麻赫穆德·喀什葛里从巴格达学成回来前，曾问导师自己将埋骨何方，他的导师说，你手中的拐杖在哪里生根发芽，哪里就是你的故乡，也是你的埋骨之地。麻赫穆德·喀什葛里回到家乡传经，随着时间的流逝，他日渐老去。一天，他做礼拜时将拐杖插在地上，做完礼拜后看到拐杖已经长成参天大树，并且旁边有泉水流出，后来他去世后就被葬在了这里。树木参天，林静风轻，走在斑驳的树荫下，崇敬之心油然而生。

在麻赫穆德的画像前，买买提力很认真地招呼大家要认真看，并强调一定要认真看。我们看了一会儿，他急切地问："看明白了吗？看出什么了？"看到大家一脸的迷惑，他指了指自己的脸，然后又指了指麻赫穆德的画像，我们惊异地发现：太像了！买买提力和画像中的麻赫穆德非常像，都是浓眉深眼、鼻子挺拔、胡须浓密，就是没有戴帽子。买买提力看到我们的表情非常开心，他非常喜欢麻赫穆德，麻赫穆德就是他们的祖上，长得像麻赫穆德让买买提力感到无比自豪。

这一年，乌帕尔的诺鲁孜节集中展示了妇女的艾德莱斯服饰和多民族炫舞。来自16个村的数百名妇女身穿艳丽的艾德莱斯裙装，在广场上跳起了欢快的麦西来甫，其中有《手鼓舞》《诺鲁孜之歌》《诺鲁孜来了》《热克木卡姆》《农民麦西莱甫》《达瓦孜》等节目。当地乡党委的王委员介绍说，16个村都有舞蹈队，其中10个村的舞蹈队还参加了今年县上的春节晚会。今年的诺鲁孜节主要是妇女参加，男人们大部分都去植树造林了。疏附县文化馆的王馆长说，今年的舞蹈最大的特色是5个民族的舞蹈被编在一起跳，她们来自下属的各个村，都穿着色泽鲜艳的艾德莱斯裙装，像春日的蝴蝶在翩翩起舞，极为美丽。今年的活动似乎很受重视，在我们访谈和拍摄期间，来了好几拨人，有领导还有电视台的"长枪短炮"，从上午到中午，妇女们的炫舞跳了好几遍。

初春的太阳在正午时分越来越刺眼了，好不容易等到了诺鲁孜节最重要的一项活动——分享诺鲁孜粥。乌帕尔 15 村的帕提曼和 4 村的帕西亚古丽在上午 11 点半左右就已经开始为诺鲁孜粥做准备了，小山丘似的诺鲁孜粥食材堆在桌子和案板旁。粥的食材中有麦子、红辣椒、西红柿、香菜、绿豆、羊肉、鸡肉、恰古木、鸽子肉等近 30 种。诺鲁孜粥主厨 59 岁的买买提·依明说：熬粥的食材一定要挑好，荤素搭配，且食材不能少于 7 种；熬粥时的火力大小要控制好，要用文火慢慢熬制；食材放入的顺序也很有讲究，要先放恰古木、鸽子肉、羊肉等肉食，然后再放南瓜、鹰嘴豆、麦子、杏干、蔬菜等素食；最后要掌控盐的量。

诺鲁孜粥要熬制两三个小时，粥熟了，乌帕尔乡的人们会围着锅进行虔诚的祈祷，感谢能够吃到诺鲁孜粥，希望新的一年能够丰收富足。粥煮好后由 6 村 6 组的艾力江·玉苏甫为大家分粥。分粥时，会先分给老人、孩子和宾客。已经 63 岁的阿西木·卡迪尔是诺鲁孜节故事和习俗的讲习人。阿西木在十二三岁时，便学习了都塔尔、坦布尔、热瓦甫等乐器，还学会了唱歌。他的父亲、爷爷、曾祖父都会讲故事，都会组织大家熬制诺鲁孜粥。他的父亲在世时，每次过节都会在麻扎为大家分粥。阿西木·卡迪尔有四个女儿和两个儿子，他已经教会了他最小的儿子——32 岁的阿里木江·阿西木熬粥。2013 年，阿里木江曾经在他家熬制了诺鲁孜粥，很多乌帕尔乡的人都去了他家喝粥。

在演出现场，阿西木上台朗诵了《诺鲁孜之歌》的诗，他的声音很有穿透力，在嘈杂的现场，他的诵诗依然富有感染力，仿佛唤醒了春天的绿色。望着广场边上刚刚长出新苗的绿油油的麦地、溪边新抽出鹅黄枝条的垂柳，我感到阿西木的声音传得很远很远。

　　诺鲁孜节是新疆维吾尔族、哈萨克族、柯尔克孜族、乌孜别克族、塔吉克族等少数民族的传统节日，每年自3月21日起，延续3天至15天不等，目前已被列入我国《国家级第三批非物质文化遗产名录》和《新疆维吾尔自治区第二批非物质文化遗产名录》中。"诺鲁孜"一词来自波斯语，意为"春丽日"，有"送旧迎新"的含义。它流行在欧亚、中亚、西亚、高加索、巴尔干等地区。目前，把"诺鲁孜"作为新年开始的有伊朗和阿富汗两个国家，此外至少还有15个国家把"诺鲁孜"定为国家节日，全世界有30多个民族在一同庆祝诺鲁孜节，全球过诺鲁孜节的人口超过3亿。2009年，诺鲁孜节被列入联合国教科文组织《人类非物质文化遗产代表名录》，而且联合国大会于2010年通过决议，将3月21日定为国际诺鲁孜节。我想呼吁将诺鲁孜节纳入新疆法定假日中，让节日回归民间，让节日回归传统，节日就是过日子，让南疆同胞们的日子如节日一般，自然、祥和、团结。

台湾新竹客家的清明

萧放（北京师范大学）

　　昨天傍晚开始下雨，直到今晚 8 点，雨仍在淅沥地下着。我今天去了新竹，新竹是雨天。好在我要去考察的梁家扫墓活动是风雨无阻的，让我有机会近距离观察了台湾客家人清明时节祭扫墓园、祭祀祖先的场景。

　　早上 7 点，我从位于新庄的辅仁大学出发，乘 802 公车，到台北新浦站。在新浦换捷运（城铁）往永宁方向，一站到达板桥车站，板桥是高铁、台铁、捷运三种交通路线的会聚地，换车非常方便。我在这里换高铁去新竹，高铁到新竹只需要 24 分钟，如果坐普通列车则需 1 个多小时。当然高铁票价要贵许多，单程是台币 260 元。台湾买高铁票，很方便，网上订票后可在就近的便利店拿到票。但我还是在车站窗口买了票，因为自己到达的时间不好掌握，这样比较可靠。我从网上查到有 8 点 33 分的车，结果我去买，说只有 8 点 08 分的，或者是 8 点 44 分的，我选择了 8 点 08 分的车，从板桥南下新竹。高铁车厢宽大舒服，我来不及打瞌睡，就到了。

　　辅仁大学中文系的陈老师开车来接我，她是新竹人，家仍在新竹，平时住学校，周末就开车回家。陈老师的舅妈也在车上，她带我们去陈老师外公家的墓地。今天是梁姓家族的族人到"开基祖"的墓地祭扫的日子，因为家族大，时间不便更改，所以，他们家族的规矩是靠近清明的那个周日，各家会自动聚集到墓地来祭扫，无论天气如何，都不会改变。我是上周通过郭秘书知道陈老师外公家扫墓消息的，因为我一直想看看台湾的清明扫墓活动，郭秘书就留心给我打听，而陈老师又是一个特别热心肠的人，她主动提出让我跟她一块儿去看扫墓，还给我介绍新竹的各种风物、寺庙情况。今天就是有这样的机缘，才实现了我的愿望，虽然下雨不便，但还是坚持前行。好在我昨天新买了一件加绒且光面的防水夹克、一条运动裤、一双防水耐克鞋，当然这些衣物都是中国内地生产的。这身行头今天帮了我大忙，否则在风雨交加的野外，如何抵挡得了。

坐着陈老师的车，开了一阵，我们到了新竹郊外，在一个小山路旁停下，那里就是陈老师外公家祖先的墓园。这里已经有一群扫墓人穿着雨衣在用除草机给墓地除草，并砍伐旁边的荆棘。这片山地是梁家自己的祖产，虽然现在他们住到新竹市了，但还常来看看。最早的墓地是梁姓来新竹的第一代，大约是在乾隆年间，梁家有族谱。据陈的堂舅——一位在东莞开小工厂的老先生讲，他们在台湾已经有 20 代了。老家是广东梅县的，以前叫"嘉应州"。如果再往前追溯，梁姓是从陕西泾县迁到广东的。他说他们这支客家人已经闽南化了，讲的也是闽南话。但在祭祀上还是保留了客家传统，当然不十分严格。看到在大风大雨之下，这些家族子孙们都在卖力地清除荆棘杂草，我感觉到他们是有很深的家族情感以及与祖先的紧密联系。清理完后，虽然没有人出来主持，家族各支系的人们自动地开始在坟上插黄纸条与白纸条，他们是用工具直接在坟上挖一个小坑，然后将纸条插在土中，而不需要像我们老家那样把纸条绑在竹竿上，再把竹竿插入土中。他们有一个特殊的习俗，即在祭拜祖坟前，要先拜墓旁的后土神位——一个小石碑上写着"后土"二字。据说这里每一座墓前左方都有这样一个土地神位，俗称"土地公"。我再看其他几座家族墓，都是如此。祭祀过土地公后，他们才在祖先墓碑前摆供，以前是要有三牲的，现在简化了，只摆糖果、香纸等。因为这是总墓，所以大家依次来拜，也就是上香，有一个人将一把香点燃，站在坟与后土神位之间发香，进香人上前接过一根香献给土地公，然后再接一根香献给祖先。他们不叩拜。然后将带来的一扎扎纸钱烧化。烧纸的顺序也是先土地公，再是祖先。与此同时，我们听到附近不断有鞭炮声，我问是不是也是在祭扫，他们告诉我，是的。看来下雨祭扫也不仅是梁家。我问，这里放鞭炮吗？他们告诉我说，以前放，现在不放了。以前祭祀快结束时，要掷筊问祖先是否满意，如果老是不准筊，就得待在这里处理，一直到先人满意为止。这种习俗后来变为掷两个 10 元的硬币。这一习俗大概在 10 年前已经停止，因为人们担心老是走不了，干脆也就不问了，自己尽心尽力而已。"掷筊"是台湾寺庙或日常生活中普遍的做法，即有事先要卜问神灵。陈老师告诉我，如果你求的事得到神的默许，准筊就是一阴一阳，两阳是笑（神的意思需要琢磨），两阴就是不准。我在庙里看到年轻人求签前，也要掷筊，如果准了，才去抽签。抽签后，在香上转三圈，再掷筊，看是否准签。陈老师还告诉了我一些她家族的故事：她的祖上为兄弟两个，从闽南来，当时穷，兄弟二人只有老大娶妻有后，弟弟去世后，用的是石头棺材，坟地绝不能动，家人也从不去祭扫。

　　我们看完坟地祭祀后，就去附近的义民庙（在新埔镇下寮里）。义民庙，又名财团法人台湾省新竹县褒忠亭。义民庙是对在某次重大历史事件中为国捐躯的人设立的集中祭祀地，一般是前庙后墓。关于新竹义民庙的来历，有多种说法：在来的车上，陈的舅妈说是为纪念抗日牺牲的人士的；陈老师说是为纪念帮助朝廷平定林爽文之乱的人的；也有人说是为纪念参与"闽客械斗"事件的人的。我们在义民庙里看到有御旨褒奖的字样，还有一份关于义民庙的简史，上面明确说是乾隆五十一年（1786）新竹义民军保卫家乡，协助清廷平定林爽文之乱，死亡两百余人，受到乾隆御笔"褒忠"的嘉奖。这些亡人在归葬的途中，当牛车走到凤凰山溪后就不走了，经掷筊，原来这是一块风水宝地，"雄牛困地穴"，在征得地主同意后，将义民葬于此，建庙祭祀。后来同治年间，又有动乱，义民又牺牲百余人，也葬在此地，所以后面的义民冢有两处。义民庙由客家人十五大庄轮值主持，他们有事都会来，但大日子是在农历七月二十。自道光公祭以来，这里已经有170余年的公祭历史。当地政府部门还于1955年定此日为"义民节"。节日当天参拜信众多达数十万人次。

　　据庙里的简介介绍：在晚清以后"庙产日丰，血食日隆，祀典日盛。甚而为地方实力最雄厚、影响最深远之一股政治经济之安定力量"。据说议员转战"立委"选举时，他们也要来义民庙拜拜。义民庙在1946年设立了义民中学，至今60余年，培养学生数万人。这是庙宇管理部门对义民庙来历的认定与评价。台湾的寺庙是很有实力的，当然最有实力的是妈祖庙，所以他们都是财团法人。我们去那里时，正好有一个法会在进行中：中间有一个供奉的牌位，供品有红粿、凤梨，和尚、居士念经，用的是电喇叭，声音很大，一群人在虔诚听诵。对面在演布袋戏，因下雨没有人看，但照样在演。左边排列了好几头整猪。右后边有一位老先生在那里做热糍粑团，做好后会放在铺有芝麻糖粉的簸箕上，有一次性筷子，大家可以自由挑吃，味道很好。

　　我们在义民庙吃了客家小吃后，回到新竹市内，路过北门街的郑氏家庙，这是台湾第一个进士郑用锡的家庙。郑用锡是台湾科举史上破天荒的"开台进士",时间为道光三年（1823）。他做了15年京官后回台,当时在新竹家乡引起轰动,据说地方长老、百姓都前往港口迎接,人潮涌动,导致一位牧羊女将手中的羊拖死,因而地方上留下一句俗语:"人做官,汝死羊母。"郑家是新竹的著名家族,新竹的许多历史都跟郑家有关系。有趣的是新竹人尊重乡贤的传统之风一直都很浓郁。在163年后,新竹又出了一位有世界影响力的人物:1986年,新竹人李远哲获得诺贝尔化学奖。获奖消息传来后,他在新竹市文昌街的老家贺客盈门,他家被来访者挤得水泄不通,李远哲的老父亲、美术教育家李泽藩不胜其扰,他用日语对子女说,真是"Nobiru"奖,这是日语诺贝尔奖的发音,意思是"令人精疲力竭的奖"。现在新竹有一个李泽藩的美术馆。陈老师的舅妈说,李泽藩给当地中学生上过美术课,每次都拿自己的画作教学题材。今天由于郑氏家庙不开门,只好在门外拍了几张照片。再去看大名鼎鼎的竹堑城,这是新竹1829年第一次筑城留下的东门城楼,它是郑用锡倡议修建的。我以为会很高大,结果看着并不高,与今天都市里的其他建筑相比没有特别的感觉。但这是新竹城市史的地标,可惜,后来没有转过来拍照。

临走时,在城隍庙外,我买了润饼,就是用薄薄的面皮包裹着豆芽肉类等,味道没有想象得好。我还买了几个当地特产竹堑饼,是台湾人说的"古早味",我倒喜欢这种饼。

台湾"清华大学"在新竹,我跟陈老师提出想去看看,她送我过去,她说她小学就常去那里。"清华"很大,在一片山地上,有两个小湖。我的意外收获是,去了梅园,拜谒了先后担任过北京清华大学与台湾"清华大学"的校长梅贻琦的墓地。梅墓很气派,正面墓壁上有蒋介石"勋昭作育"的敬挽,墓上是几米见方的黑色大理石，大理石上刻有"梅贻琦博士之墓"几个大字。梅校长曾经说过，"所谓大学者，非谓有大楼之谓也，有大师之谓也"。他在"清华大学"建立了教授会、评议会与校务委员会的行政体制，这种集体领导的管理体制，促使"清华大学"成长为世界知名大学。他曾经说教师不单要能"以己之专长之特科知识为明晰讲授"，而且要为学生树立修身的楷模。他有一段著名的"从游论"："学校犹水也，师生犹鱼也，其行动犹游泳也，大鱼前导，小鱼尾随，是从游也。从游既久，其濡染观摩之效自不求而至，不为而成。"对如此杰出的教育家我虔诚地鞠躬致意。我在梅墓之前为自己留下了纪念照，这是我在新竹唯一的留影。在春雨绵绵的时节，拜谒了长眠在这里的梅先生，是我新竹之行的难得收获。虽然是意外的邂逅，但永远值得铭记。

出了"清华"，又车游科学园区，由于是雨天我放弃了原有再看寺庙的计划，直奔高铁站。下午4点03分，我搭上了北上的列车，看到车窗外水平如镜的田野，真的想不到它的开发不过300年，如今的新竹是台湾高科技的腹心地区，而这里又有着古朴的民风。陈老师那发自内心的热情及对乡土知识的熟悉，让我的此次新竹之行，充实、愉快。

2011年3月28日记。

云岚山边清明节

邵凤丽（辽宁大学）

"欲识金银气，多从黄白游。一生痴绝处，无梦到徽州。"明代戏剧家汤显祖曾这样描绘古徽州。当我踏上南去的列车，我的脑海中不断闪现着这首诗。真实的徽州会是什么样子？徽州人过着怎样的生活？带着一连串的困惑与希冀，我期待自己早点站在这块神秘的徽州土地上。

清晨的阳光沿着倾斜的山沟透露出来。晨曦中，朵朵油菜花张开了笑脸。淡淡的朝阳、微微的山脉、郁郁的绿树、片片的黄花，远近交替，点缀出大自然的绝美风光。列车一路飞驰，只有眼前的油菜花金黄不断。无论是遥望远处山脉，还是细观车前景色，金黄耀眼的油菜花，是不能逃脱的色彩屏障。在金黄色的屏障外围，葱绿的远山成为第二道屏障，使人产生了与世隔绝的想象。在众山的包围之中，偶尔会出现一条小河。山的凝固、水的流动，赋予徽州这块土地独特的品性。正如俗语所说"七山一水一分田，一条道路加田园"，特殊的自然地理环境，孕育了形式多样、内涵丰富的徽州文化。

一路走来，青砖、灰瓦、马头墙一直吸引着我的目光。徽州民居以其独特的构型艺术成为中国建筑史上一道独特的风景线。无论是在乡间村头，还是在乡镇县城，凡是在徽州山水之间，粉墙黛瓦、高低错落，别有一番韵味。

此去徽州的一个重要目的是考察当地的清明节祭祖活动。徽州是朱熹的"桑梓故里"，清代休宁人编写的《茗州吴氏家典》

中这样自豪地写道："我新安为朱子桑梓之邦，则宜读朱子之书，取朱子之教，秉朱子之礼，以邹鲁之风自待，而以邹鲁之风传之子若孙也。"在朱熹文化思想的浸润下，徽州人以懂礼、重礼、持礼而闻名。在徽州人中，汪姓是一大姓。当地俗语云"十姓九汪""天下汪姓出徽州"。今年的清明节，汪氏家族准备在黄山市歙县云岚山——他们的祖墓之地举行一次中断了近百年的集体祭祖活动。

虽然汪氏家族的这次祭祀活动在云岚山的汪华墓举行，但实际上，三年之前汪氏一族还未找到墓地的具体位置。在汪华墓前，来自安徽池州的一族人——汪长富激动地向人们讲述着这些年来他寻访墓地的经过。出于对家族的认同、对祖先的责任感，几年来他曾多次骑着摩托车从池州不远千里赶到云岚山寻访祖先墓地，因为他看到家谱中明确记载着汪华葬于云岚山，祖辈们的记忆也是如此，可惜经历了20世纪的多次动荡，墓地早已无存，墓址也无从考证。汪长富虽有心寻找，但每一次的结果都让他很失望。直到2005年7月，他带着一线希望又一次来到云岚山，这一次他不愿意放弃每一个可能的线索，在云岚山附近仔细查看，逢人便上前打听，可过了半日还是没有任何发现。正当感到万分失落时，他来到一个猪圈。一个外表非常普通的农家猪圈，看不出任何特殊之处，但是不知为何，他慢慢走近。带字的碑文——汪长富惊喜万分，猪圈里面竟有带字的碑文。虽然此时他并不确定那碑文的内容，但是他已经顾不得多想，也顾不得猪圈的脏臭，直接跳入猪圈，用手擦拭碑文。碑文一点点清晰起来，汪长富的眼睛湿润了，原来这就是他千辛万苦要寻找的光绪年间御封汪华的墓碑碑文。"找到了，找到了！"他大声喊着，激动地在猪圈里面打转转。这一转让他更加兴奋，周围还有许多写着汪氏祖先名字的牌位，还有墓祠的一些残砖断瓦……墓地被找到了，汪长富兴奋不已，但是"一片狼藉"的情景很快让他悲伤起来，祖先的墓碑怎么能被砌猪圈？祖先的牌位怎么可以做围栏？为了能够让祖先有个安稳的墓所妥放先灵，也让汪氏后裔有个祭祀祖宗的地方，之后的很长一段时间汪长富四处奔走，先是联系当地的汪姓人，又联系本地的村委会、镇政府，还找到县里的文物部门，希望获得帮助。后来他意识到个人的力量是有限的，墓地的保护需要更多的力量，于是他便将发现墓地的消息通过"汪氏宗亲网"发了出去。消息一传出，立刻引起了很多汪氏族人的关注，后来他们决定与云岚山所在地的歙县政府取得联系，希望通过政府的力量加以保护。功夫不负有心人，经过多方努力，2006年歙县县委领导对汪华墓进行了实地考察，并进行了简单的清理、恢复，汪华墓也被列为县级文物保护单位，汪氏族人可以在此凭吊祖先。

亲情是深藏于内心的依恋，无论时隔多久、路途多远，每当我们看见自己的亲人，心里都会产生那熟悉的亲近感。亲人既是血脉相连的共同体，亦应是彼此熟识和互助的共同体。然而，在汪氏聚会现场，我却感到了另外一种亲情，一种纯粹依靠血缘维系着的亲情。他们来自四面八方，他们素未谋面，然而同是汪华后裔的身份将他们紧紧相连。在整个活动过程中，血脉相连的亲情感处处可见。无论是路上偶遇，抑或是坐下闲聊，人们脸上都透着幸福感。看着他们紧紧相握的双手，白发老者潸然泪下，这种场景打动了在场的每一个人。他们彼此问候，嘴里重复着一个词："本家"。只靠"本家"二字，就将这些素未谋面的陌生人迅速转化为亲人。在人们的交谈中，还反复出现"爽公""俊公"这些汪氏祖先的名字。许多彼此不熟悉的人走到一起，最先问的、也是最想问的就是"你是哪一支的"。作为一次宗亲聚会，人们已经认定这些人都是汪华的后裔，都是自己的宗亲，唯一的区别只是分支的不同。这个问题既能确定彼此间的距离有多大，同时也能将人们的距离拉近，因为只有汪氏后裔才能回答这个问题，而像我一样的外人是无权回答这个问题的。

在云岚山下，离汪华墓不远的地方，一位身怀六甲的女人吸引了我的目光。远远地，只见她迈着蹒跚的步子，走在初春的田地里，她走上一个小山岗，在一座墓前停下，先把手里提着的篮子放下，左手扶着篮子，缓缓地单膝跪地，右手把篮子里的食物一样一样拿出来，摆在坟前。也许是出于女性的潜意识，我不自觉地朝她走过去，等她祭祀完，起身准备回去的时候，我走上前和她攀谈起来。当我问她身体不便为什么还要上山来时，她的回答很简单："应该的，每年都来，只要能走就来看看父母。"说完，提起篮子，又慢慢往回走了。她的身影渐渐消失在金黄色的油菜花中，但是她带给我的感动却没有一丝的减少，简单的话语却蕴含了最真挚的感情。

下午，我来到了歙县县城，忽然觉得口渴，想找家商店买瓶水，这时我发现路边的店铺大都关起了门窗。这是一条较为宽敞的马路，应是县城的主要交通道路，为什么店铺都关了门呢？近年的清明节是法定假日，应该会有很多人过来买东西。带着困惑，一路寻找，经过十几分钟才弄明白，商店的主人都带着家人回乡下祭祖去了，还没回来。一个当地人说："清明节应该回去看看祖宗，做生意不差清明节一天，这样也能保佑一年生意好。"是啊，利用清明节回乡祭祖，能够保佑人们在新的一年里生意好，更能够让孝子贤孙们体悟亲情，让他们在祖先的庇护中幸福生活下去。

河北广宗的三轮车

张兴宇（山东大学）

一夜春雨天色青，清明聚贤下广宗。
烟云雾绕水滴落，岂知游子行匆匆。
倒春寒风浸身骨，驭与夏暑几秋冬。
漫漫长路为求道，何必忧苦言心声。

时值清明，清晨的济南还飘着蒙蒙细雨，由蒋帅、雷明月和我组成的山东大学民俗学研究所"广宗田野调查"先遣小分队，提前乘车赶往河北省邢台市广宗县所辖村庄去踩点。古语有云：事不难无以知君子。虽然大家早已做好吃苦受累的心理准备，但当我们再次踏入广宗这片尚未熟识的土地，见到骑着电动三轮车前来迎接我们的李子龙先生时，心中多少还是有些惊喜。子龙先生是广宗当地一位有名的道士，他热心于民间宗教工作，他也是我们进行田野调查的友好合作伙伴。他用那带敞篷的电三轮，一路颠簸地将我们仨送至广宗县政协大院，让我们顺利地与广宗县政协李云豪先生、贵州师范学院李生柱师兄会合。提及三轮车，这在广宗农村可不是什么稀罕物，几乎家家户户都会有。特别是电动三轮，节能又环保，不仅能赶集、下地，还能载人、拉货，又可以接送孙子、孙女上下学，无疑是广大农村百姓家居生活的好帮手。因此，在广宗进行田野调查的这些日子，我们亦与农家的三轮车结下了不解之缘。

调查第一日下午，雨过天晴，柱子师兄盛情邀请我们参观他的博士论文调查点，顺便了解洗马村菩萨会的筹备情况。按照原定计划，当天我们还要赶赴前魏村考察乡村梅花拳打醮习俗，而洗马村距前魏村至少有 12 里地之遥，如何快速赶过去成了摆在大家眼前的现实难题。正当众人一筹莫展之时，柱子师兄充分运用了之前和老乡们建立的良好田野关系。他驾驶着一辆从老乡手中借来的电三轮，载着我们仨驰骋于河北广袤的沙土地上。沐浴着暖阳与春风，大家享受着这片刻恣意的闲适。

无奈电三轮的承载重量和电量储备有限，晚上返程时，大约走了一半的路程，三轮车的电量便已显示无法支持走完全程。没办法，大家只能轮流推车继续前行。虽然累得气喘吁吁，依旧坚持走完剩下的 7 里地。路途中为了逗乐解闷，我们在无人的乡道上肆意放声歌唱。现如今咂摸起行走田野的个中滋味，唯有那悠扬的歌声、灿烂的笑容，与大地同在。

调查第四日，我独自在广宗县城以北的杨家庄记录菩萨会过会习俗。下午返回大平台时，杨家庄梅花拳弟子邢胜君师爷执意要用他的摩托三轮车送我回前魏村的住处。与电三轮不同，这种烧汽油的摩托三轮车动力十足。毕竟乡村公路的质量没有想象中的好，尚且中间还要经过一段漫长的水泥路，所以坐在车上的颠簸可想而知。

同行的还有广宗县梅花拳武师王尚信师爷，我俩一路上双手紧抓两侧车栏，尝试着尽量保持身体平衡。车过田家屯，有一处左转弯，邢师爷油门加得过猛，坐在车后的我们二人几近被甩下车去，惊出一身冷汗。但即便行车路途已如此颠簸，尚信师爷仍要坚持抽上一口自己喜欢的旱烟。其间听他讲述了梅花拳的各路传奇故事，令人感慨万千。放眼望去，路边农田里遍地的油菜花长势喜人。心中默想，王馆长此次没能前来真是遗憾，如果他看到这眼前的田园美景，一定又会执意停车取景拍照了。

　　调查第六日，由李云豪先生和山东大学民俗学研究所张教授带领的小分队继续在杨家庄调查梅花拳和菩萨会事宜。为了更深入地了解当地百姓的红色记忆，其间一直陪同调查的李先生，建议我们下午可以到附近草楼村的烈士纪念陵园考察。李先生轻声问我会不会骑三轮车，我思虑片刻，点了点头说："可以。"于是我从邢师爷处借了摩托三轮车，又从菩萨会户主家借了三个小板凳。我蹬脚用力打起火后，载着李先生、张老师和李海云师姐直奔烈士纪念陵园。

　　行路途中，由张锡景师爷负责在前面带路，我们紧随其后。因为村中道路泥泞，李先生路上一再嘱咐我慢点开车。前往草楼村，有一条新修的乡村公路，路面平坦宽阔，车辆也不多，我顺势提高车速换到了四挡。大约 5 分钟的光景后，大家便看到了近在咫尺的草楼烈士纪念陵园。遗憾的是，这处烈士纪念陵园尚未完全建好，进园道路也没有修通。广宗地带多沙土，在这条不足百米的进园小道上得到了充分验证：仅前行数米，我们的三轮车便陷在沙窝中无法动弹。

　　此时李先生提议大家下车步行过去，话音刚落，麻利的海云师姐转身跳下，随即说道："不用，不用，我来。"紧接着她伸展双臂，用力推车。果然有效！三轮车不仅成功摆脱了沙窝的困扰，还同时产生了一则大力女博士的民间笑谈。要知道，连车加人，至少有 300 公斤的重量呢。李主席见识了这般情景，笑着对海云师姐说："海云博士，一会儿这个三轮车跑不动了，你就再下去哈！"惹得众人大笑。

　　很喜欢汪国真的一句话：没有比人更高的山，没有比脚更长的路。如果民俗是座山，田野是条路，无论山多高，路多远，只要心中有执念，即便再清苦的田野，想必也不会让人觉得疲乏。

萨满眼中的"狐仙"

孟慧英（中国社会科学院）

　　从事田野调查 30 余年来的经验让我体会到：我们实地考察一般是围绕某些与目的相关的具体对象展开的，将这些对象性的现象进行描述是达成目的的途径之一；但除此之外，我们应更看重族群对这些现象的文化理解，我们只有通过文化持有者的主位述说，才能接近现象的文化意义和价值。所以，每次带领学生们到民间考察萨满教现象时，我就一再提醒他们：你对见到的现象进行描述是一回事，对现象背后的文化逻辑的理解是另一回事，不要对所看到的现象轻易下结论。只有在深入了解、理解某族群文化的内在逻辑之后，你才会把你见到的某种现象放到这个文化最适合的地方进行设置和讨论。这里仅就"狐仙"信仰的情况谈一些这方面的体会。

　　从表面上看，"狐仙"信仰在中国北方少数民族中很普遍：在科尔沁地区的蒙古族，在大兴安岭的鄂伦春族，在新疆察布查尔自治县的锡伯族，在内蒙古呼伦贝尔草原和莫力达瓦县的达斡尔族等民族中，都存在祭祀狐仙的情况。许多萨满文化观察者和本民族的研究者，都证明这种信仰的存在。这就很容易让人以为"狐仙"信仰是北方民族萨满教信仰中的古老现象。如不然，为什么那么多民族都信仰"狐仙"呢？然而一旦深入到萨满的解释和理解当中，我们得到的事实要比看到的更复杂。

　　在调查中，很明确，有一些萨满绝不认为萨满教的信仰对象包括狐仙，这些萨满往往自认为（或被族群成员认为）是大萨满或很有力量的萨满。吉林省九台市小韩屯的石姓家族最为乐道的是他们家族的大萨满战胜狐仙家族的传说。石姓认为，就是因为自己家族神灵的威力大，所以狐仙一类的汉族仙不敢冒犯自己的家族。在家族叙事中，有领狐仙的汉族人想给石姓家族成员治病，但是在石姓的祖先神龛面前，他无法降神。领狐仙的汉人说，你们家的神太大，我们惹不起。2014 年石姓家族举行萨满出马（即萨满领神）仪式，在昏迷中舞蹈的萨满突然大发脾气，摔掉手中的各种神器，倒在炕上发抖，不肯回答萨满助手（栽立）的问话。一时众人慌乱，此时有人猜测可能是有带"汉仙"的人在祭祀场内，惹恼了神灵。后来虽然经过占卜得到的解释并非如此，但还可以看出石姓对于狐仙类的抵触或抵制的家族意识。

在呼伦贝尔草原有一位布里亚特萨满斯登扎布，他明确地说，萨满不信狐仙。他讲，只有某某族的某个萨满搞这个东西，大萨满没有这样搞的。在斯登扎布看来，萨满的神灵显然高于狐仙，他不屑领狐仙神的萨满（意即：请来狐仙的萨满往往被看不起）。

蒙古族萨满车留金认为，萨满不祭狐仙。在科尔沁地区的蒙古族中，萨满们一般都会说不祭狐仙。在科尔沁萨满看来，狐仙会出现萨满操作中，但只是个跑腿的。一个蒙古族年轻女萨满自述，在萨满降神中神灵来时说的都是蒙古语，但她不太会说民族语言。在 2014 年举行的过关仪式中，她表现的附体神灵是狐仙，说的是汉语。她的父亲是过关仪式的关师，显然不很满意她的表现。关师对我们说，狐仙是小的神灵，只是做些传递消息的事情。根据科尔沁萨满的看法，狐仙可以为萨满所用，但不是他们的神灵。在萨满降神会上不会请狐仙，但是在 20 世纪 80 年代后出现了请狐仙的情况，这使老萨满们很反感。老萨满认为，真正的萨满不能请狐仙附体。

1996 年我们在塔河县十八站的深山里参加了一次鄂伦春族萨满治疗仪式。当时跳神的萨满叫关寇尼，她领的两个神灵中有一个是狐仙。鄂伦春族大萨满孟金福作为那个仪式的助手，并未做治疗仪式的跳神萨满。孟金福说，他不请狐仙神，因为他是氏族萨满。所以仪式就请另一个助手关寇杰（关寇尼的姐姐）来唱请狐仙的神歌。在鄂伦春族氏族萨满地位最高，孟金福不唱请狐仙，是在维护自己高贵的氏族萨满身份。

如上种种，也许会得到这样的印象：信仰萨满教的民族不信狐仙。但真实的状况却又不是这样。如上面的介绍，很多民族都有"狐仙"信仰。或许我们从一个族群在对待狐仙和对待萨满的神灵的差别中会得到一些启示。

仅就萨满教信仰群体中的狐仙祭祀来说，它与萨满教神灵祭祀的区别还是挺明显的。我们在新疆的锡伯族、科尔沁地区的蒙古族、内蒙古呼伦贝尔盟和莫力达瓦县的达斡尔族中间，发现一种祭祀差异，其显现出等级性。在这些民族中，最突出的祭祀对象是祖先神龛，它是真正的神位，人们认为是它们在保佑着整个家族的兴旺、健康、平安。这个神龛一般在主屋的西墙上。对祖先神的祭祀是最主要的祭祀。而狐仙神位，在锡伯族，普遍是在仓房；在通辽市科尔沁蒙古族某萨满家中，祖先祭祀是在主屋，狐仙等的仙位祭祀则在主屋旁边的小屋；在达斡尔族，有的家族在居室外有狐仙小房，适时祭祀，有的则把它放入所供祀的众多神灵之中，但必须显示出家族祖先神的独尊意识。有关祭祀的物品也有区别，在锡伯族，祭祀祖先神是用羊等献牲，祭祀狐仙一般用鸡。当然如果家庭发生了恶性事故，人们又认为它是由狐仙引起的，对狐仙祭祀的物品也会转成献牲。但这不是常态。

一些蒙古族萨满们认为，狐仙来自汉族传统，某些萨满只是借"汉仙"为自己服务。因此它不能得到像对待萨满教传统神灵那样的待遇，它只是个小神、跑腿的。从各个民族萨满的上述表现中不难看到，萨满文化对狐仙文化的排斥、抵制、交织、混合等状况。这种现象既包含着汉文化影响带来的萨满文化变异方面的不同经验，也隐含了萨满文化内部神灵信仰渐变的情况。

在俄罗斯族村子里过夜

吴金光（国家民委）

在内蒙古自治区额尔古纳市恩和乡居住着中国的一部分俄罗斯族人，经过几个小时的车程，我们来到了恩和乡的室韦苏木。室韦苏木主要由室韦蒙古族发祥地区域和恩河俄罗斯民族村区域组成，位于内蒙古自治区的最北端。室韦的俄罗斯族民族乡是蒙古族发祥地，现保存有大小城遗址 10 余座，供蒙古族寻根和祭拜、观光、考察等，有较深的历史文化内涵和底蕴。蓝天、绿草、白桦林、神秘的玛瑙草原，以及时缓时急的河水养育着亚洲最美的湿地，也养育着这里勤劳的人民。肥沃的河滩，温暖的"木刻楞"房子，使这里成为华俄后裔的繁衍之地。黄皮肤男人的智慧和蓝眼睛女人的热情造就了室韦这一中国多民族和谐共存的范例。

我一进村，就发现当地人有一个十分奇怪的现象，虽然外形上与关内人没有什么区别，但仔细一看，眼睛都是蓝色的。他们就是俄罗斯人和当时闯关东的山东人结合的后代。从第一次世界大战开始，俄罗斯境内经常有战争，村里的男人都去了前线，只剩下妇女在家里生产和生活。当时从山东来闯关东的男人比较多，大都在界河这边的煤矿工作，闲暇之余，经常去对面的俄罗斯村子喝酒吃饭，也去找女人。村里的俄罗斯女人发现这些中国男人脾气挺好，很少喝醉酒，更不打老婆，便慢慢地爱上了这些中国男人，并结婚成了家，他们的后代就是现在的俄罗斯族，渐渐地她们就随着自己的丈夫来到中国这边居住。

　　中国境内的俄罗斯族是在 18 世纪初从沙皇俄国迁过来的。18 世纪后期，由于不堪忍受沙皇俄国的残酷统治，大批俄罗斯人迁来中国，尤其是在 19 世纪末和俄国十月革命前后，更多的俄罗斯人从西伯利亚等地涌入新疆北部地区、东北各地和内蒙古东北地区。俄国十月革命后，又有一些人为躲避战争，而进入中国。那时他们被称为"归化族"，聚居的村落被称为"归化村"；1949 年中华人民共和国成立后，被称为"俄罗斯族"，并被确认为中国的一个少数民族，同其他各族人民一样，享有平等的权利。中国的俄罗斯族在生活习俗、物质文化和精神文化等方面，基本上与俄罗斯的俄罗斯人相同，最大的特点是家家都有一个蒸桑拿的小屋子。

　　改革开放以来，村里通了公路，面貌焕然一新。他们开设了家庭旅游，接待全国各地的游客。这里和俄罗斯只有一河之隔，互相都能看到，也时常能接触到。村里的旅游项目之一，就是在河这边通过望远镜观看对方。我住的家庭是一个大家庭，全家人都出来招呼我，他们特别叮嘱我说："我们吃的菜都是自己家地里的，没有施任何化肥。吃的面也是现磨的，非常新鲜。当然，酒是俄罗斯的伏特加。"他们都特别好客，不断地给客人让菜。吃饱了，喝足了，手风琴一拉就开始跳舞。而且越跳越欢乐，一直跳到深夜。到了睡觉的时候，主人领我到了卧室，说实在的，非常干净，他们承袭了俄罗斯人讲究卫生的习惯，被子和床单都干干净净、舒舒服服。就这样，我在最北方的俄罗斯族村子里睡了一个甜蜜的大觉，非常香甜。

北京东岳庙的"记忆"

刘敏（中央民族大学）

关于庙会的记忆，现在可能只停留在父辈"碎片化"的回忆中，90后以至00后可能都会觉得，这很陌生。要是谈起神灵信仰，更是会觉得这一定是封建迷信的存留。这次的田野调查就是围绕着北京东岳庙及其庙会展开的。而这次调研也让我印象极其深刻。

北京东岳庙坐落在北京市朝阳区朝阳门外大街的北侧，原来是道教正一道在中国华北地区的第一大道场。坐2号线地铁出站后，就能看到这个带有历史气息的古老建筑。在朝阳门外大街上，首先看到的是一块琉璃牌坊。我到达的时候，牌坊旁边正巧有一个爱好摄影的L大爷正在摆弄着他的"长枪利炮"（摄像机）。他见我向他走近，微笑地问我是哪里人以及来这里的目的。当他知道我的来意后，态度变得更加温和，告诉了我不少关于东岳庙的故事。

从L大爷那里，我得知他的父亲原本是香会的会首，他们的祖辈就是朝阳区本地人，在这里已经生活了300年，在清朝时，他们祖上是旗人。他小时候经常跟父母一起赶庙会，那个时候来庙会进香的人非常多，有坐船来的，有骑驴来的。他说："虽然很苦但是人们都有一颗虔诚的心，所以自然也就不会觉得苦呢。"庙会期间，这里有各种各样的小吃和杂耍。叫卖声此起彼伏，人头攒动，"只见人头不见其脚"。在那个时代，逛庙会已经成为年节中的一部分，或者说是人们的一种生活方式。

　　L大爷让我抬头看看这块琉璃牌坊，我看着牌坊北面写着"永延帝祚"，南面刻的字是"秩祀岱宗"。他对我说："这个可珍贵了，是明代立的，至今保存完好，这也是北京唯一的一座立在道口的琉璃牌楼，价值连城呢！"

　　当他谈起东岳庙近几十年的变化时，语气沉重，显得非常不满。他用手指指着东岳庙的门前广场，问我："看到那个大门了吗？"我说："看到了，很有气魄。"他说："之前这里是有山门的，可是1995年，政府要扩宽朝阳外大街就把山门给拆除了，当时很多人都在劝阻，其中一个北京大学的老师也强烈建议保留，结果山门还是在某些人的意志驱动下被迫拆除了。你现在看到的这个是棂星门，原属于东岳庙的二道门。"他发出长长的叹息声后接着说："东岳庙没有了山门，就没了气势，少了标志，所以现在的庙会才会如此冷清，很难回到以前那种热闹的场面喽！"

　　L大爷接着对我讲："以前，每年三月二十八，东岳庙都会举行东岳大帝巡游仪式，就是围绕着东岳庙外围进行走会，而现在的东岳庙周边都建成这样了，感觉就快要被包围了，已经没有任何场地允许巡游了。东岳庙原本是有后花园的，可是后来都建了小学，哎，没办法，啥都拆了。"

　　瞬间我才恍然大悟，其实来调研之前我在网上也查了一些相关资料，可是到这里之后，发现凭借着自己的识别能力，很多都已经对不上号了。

　　第二天的调研又认识了F大爷，他对北京东岳庙有更深的感情，他说自己只要有时间就一定会来这里赶庙会，因为这样可以回忆儿时的情景，也能够使得自己的内心趋于平静。F大爷接着跟我说了他眼中的东岳庙：东岳庙是以"三多"——神像多、楹联多、碑刻多出名的。在各神灵中，他认为"七十二司"具有极强的教化功能。在他小时候，母亲带他来看"七十二司"时，就告诉他，以后不能干坏事，不然必须接受判官的审判，之后是要下地狱的。对于这个教导，直到现在他还记忆犹新。

F大爷告诉我：以前的庙会上，都是老北京小吃，而且大多是仿膳的，如豌豆黄、驴打滚、小窝头，原汁原味。在20世纪90年代东岳庙的庙会刚恢复那几年，也能看到这些京味小吃。可是，后来收取摊位费，老字号小吃生存压力更大了，几乎就很难再看到了，慢慢地被一些新疆羊肉串、河南包子、鸡蛋灌饼代替了。发展到今天，这倒好，一问起北京特色小吃，年轻人的第一反应都变成羊肉串了，这不闹笑话嘛！我听得也连连点头。

当我问到旧时东岳庙进香的情况，没想到F大爷异常兴奋。他立刻就变身成了北京"说书匠"，说道："道教会长在进香时是主持祝圣法会的，头天晚上啊，是要放萨祖铁罐烟头的，第二天早上，道长得先给东岳大帝上完茶，上完茶后，洋片这么一响，跟着文场就起来了，噼里啪啦哄……噼里啪啦哄……接着就开始走会，各摊也开始卖货……"F大爷一边说唱一边带着肢体动作，让我瞬间感受到那个时代的庙会盛况，感受到那个时代的人们对庙会特有的那份敬畏和重视。

第三天，我采访了北京民俗博物馆的相关工作人员，其中有一个W研究员非常热心地接待了我，她介绍说，北京东岳庙有很多传说故事，像关于石碑的就有"机灵鬼儿""透亮碑""小金豆子"和"不吃亏"。传说"机灵鬼儿"讲的是：东岳庙东边的碑林里有一通清顺治年间的《重建东岳庙金灯碑记》碑刻，碑座两侧各刻有一个提着灯笼的小道童，因为工艺高超，使得民众不管从哪个角度去看，他们都像在用眼睛对着人们微笑，被人们称为"机灵鬼儿"。还有一个说法，据老北京的传说讲：当年有两个喜眉笑眼的小道童常在晚上提着灯笼出庙玩耍，因到庙门外小摊上买炸豆腐，所付货币经卖主事后查点全是冥币，按其长相进庙查访，发现他们为碑座两旁的小道童，于是就有了"机灵鬼儿"的雅号。

她还告诉了我一个关于东岳庙神灵的传说：据说在民国时期，孩子生病了，就要送到庙里来住上几天，等到神灵治愈后才能回家。有的官宦人家，为了不让孩子去庙中遭罪，就缝制一些跟真人极像的布偶，放在庙中，不久孩子也会病愈。W 研究员说，因为东岳庙历史较长，相关的传说还有很多呢。

之后的几天都是我自己观看，在庙里四处走走。如今的东岳庙是"馆庙"结合的管理体制，在这里，既可以看到作为道教庙观的建筑、文物等，也可以欣赏到很多系列的主题展览，比如《十二生肖展》《中国传统节日文化展》等。但在调研即将结束时，我再次回顾和思考，发现这里的庙会还是少了些什么，光有传统的"躯壳"，而有内涵的东西似乎在一点点丢失、消逝。在某种意义上说，"现代"与"传统"之间的"争战"还在继续进行着。

上海松江"舞草龙"

赵李娜〔上海应用技术大学〕

　　"舞草龙"是长江流域稻米产区的民众最为惯常的一种求雨祭祀与年节庆贺活动。从最初的求雨祭祀，到盛世的年节庆贺，舞草龙以民间信仰为内核，集口头传说、民间工艺、民众展演等为一体，源自江南一地传统的稻作文化。而松江的草龙，以竹为骨，以草为躯，体现了松江民众对土地产出的"物尽其用"。2013 年 4 月，为调查国家级非物质文化遗产舞草龙在上海市松江区的保存现状，我来到了居住在松江叶榭兴达村的传承人费士根老人家中。

　　汽车沿着松江城郊的大叶公路缓缓而行，至一处村落停下来。一下车，映入眼帘的便是宽广稻田与茵茵绿地，幽静的小河缓缓流淌，远处一座小屋，如在画中。继续向前，走过一座精巧的小桥，就到了费士根老先生的家。老爷子非常淳朴可亲，一见我们来就将放置在内屋的亲手做的大大小小的手工艺品拿出来展示，原来这里竟然是老人的"工作间与收藏室"呢！鲜艳的鲤鱼、精致的竹篮、红色的灯笼、栩栩如生的龙头……老人如数家珍，观者目不暇接。

　　一提及舞草龙，老人就打开了话匣子，说自己是从小就接触并学习到了草龙编制工艺。当我问及松江为何有舞草龙传统时，老人向我讲了一个故事："传说在唐朝的时候，华亭地方遭受了一场从来呒（松江方言，指"没有"）有过的旱灾，浦南叶榭地区冶铁塘两岸地里呒一滴水，田里的稻子全都枯掉了，一粒也收不到。朝廷官府哪管百姓的死活，仍旧苛捐杂税样样不少。种田人被逼得走投无路，只有烧香拜佛，求告老天爷可怜。韩湘子是我们叶榭的人，他就是在东新村敬花园出生的。一天，韩湘子云游四海路过家乡，在云朵上看见乡亲父老愁眉苦脸，正在朝东海跪拜磕头。晓得家乡受了灾，非常同情，他就吹起神箫，招来了东海青龙，在叶榭上空盘绕了三圈，一转眼落了一场大雨，伏倒的稻子得救了，重新报青吐穗。当青龙回东海的时候，龙头一转，龙角在叶榭镇西南（今金家村沈家队）碰出了一个‘白龙潭’。龙尾一挥，于叶榭东南角石星埭留下了一个‘黄龙塘’。众百姓为了报答韩湘子‘吹箫召龙’的恩德，就把冶铁塘改名叫‘龙泉港’（今为叶榭塘），还用田里丰收的青料柴火扎成草龙，边跳边舞。后来，凡碰到旱灾，大家就会扎草龙向天求雨，这种习俗就一直流传下来了。所以用韩湘子老爷作为‘龙珠’引龙，一直是我们叶榭草龙与其他地方的草龙不一样的地方。我呢，从小就喜欢用竹子和草编东西，从八九岁就开始了，小时候我父亲去世得早，家里穷，付不起拜师学艺的钱，都是偷偷地看人家编物什，然后自己拿竹子和草慢慢跟着编，得闲的时候我就天天琢磨编制竹草物件。编草龙，花的功夫和时间最长，也最需要耐心。”

　　老人一边跟我闲聊，一边拿起没有完工的一条小草龙继续扎了起来，没有设计图纸，没有具体尺寸，草龙就在他自己的心里，费土根对于草龙的制作已经达到非常娴熟的境界。他继续说道：“2009 年舞草龙成了国家级非遗，我也成为传承人。原来是求雨或者逢年过节的时候，村里要舞草龙，还要举行一定的拜神活动。而草龙编织等技术也是我们那一辈小孩子非常喜欢的一门手艺，当时家家户户都用着的竹筐子、竹篮子以及一些生活用品都是用竹子或者草编成的。到了需要舞草龙的时期，村中的篾匠便聚在一起，有说有笑，很快就能做成一条长达十米的大龙，至于舞动草龙的动作与步伐，也很好学，大家平日时常演练。但是现在农村的土地少了，真正干农活的人也少了，我们下面的一代人，要么就去上海工作，要么就把土地租给外来人种，这样一来，根本就不需要舞草龙这种求雨方式了。现在家庭用品都用塑料或者不锈钢的器具，也没人编制竹器了，年轻人就更不想学草龙编织技术了，因为那么大的草龙编起来不但需要时间，还需要力气，自然就没有人愿意做了。现在的年轻人有时间也不会去学习舞龙了，逛逛街、看看电视、玩玩手机是他们的习惯性娱乐活动。现在国家让我做舞草龙的传承人，我只能去学校里教教孩子做竹编草编，遇到大型活动演出需要龙的时候，我再去叶榭镇做一条草龙。不知道以后这项手艺会不会失传呢！"说话之间，一条小龙雏形初现，用弯曲竹片做龙脊、塑料皮做尾翼的龙身，再加上费老之前完成的龙头，稍做固定就成了一条完整的小龙，而这条小龙是给松江小学里的孩子们上兴趣班而做的。当地非遗保护分中心为了保护与传承舞草龙，在中小学都开展了"舞草龙"第二课堂。小小草龙也引起了我的兴趣，我就试着拿着草龙比画着学起来，但是始终不得其法，扭得东倒西歪。看来不论是制作草龙，还是舞动草龙，当然都要一定的"专业技能"呢！在一旁玩耍的费老的孙女欣儿看我笨拙操纵草龙的样子，咯咯地笑着，口中念出了一首歌谣：

> 一更一点看花灯，
> 看灯要看啥个灯？
> 看灯要看草龙灯，
> 鲤鱼打格跳龙门。

二更二点看龙灯，
月白衣衫单镶浪，
绛红汗巾胸前捆，
拴出一排黄须纹。

三更三点看龙灯，
有勒庙前祭龙腾，
琵琶弦子加扬琴，
咕隆咚格好声音。

四更四点看龙灯，
九女舞龙挥竹柄，
手脚并用动作灵，
浪灯草龙齐上阵。

五更五点收龙灯，
爷娘等在外墙门，
草龙调出叶榭镇，
滚灯草龙扬声名。

　　我惊喜地望着欣儿，问这首歌谣从哪儿学的，她说是学校里的老师教的。一旁的松江非遗保护分中心工作人员向我解释说，这首歌是他们在最初调查非遗项目时，从民间收集来的，现在成了小学乡土教材中的内容。

　　从费老家里出来，工作人员又带我参观了位于叶榭镇文化中心的非遗展厅，令人最为震撼的是，在其中一间最大的展厅里，长达十米之多的大型草龙盘踞其中，向人们展示着这片土地上稻作农耕的辉煌与稻米文化的雅致。从舞草龙的田野调查中，我们逐渐意识到先民们竟然如此优雅地生活过，那精致的竹篮、雄伟的草龙，难道不比现代化的塑料、不锈钢制的家庭器具和粗制滥造的庸俗电视剧更为美好吗？

静静的长沟

杨佳璐〔华中师范大学〕

我在武汉，在这片燥热的城里，想念着 100 天前的空气和泥土、笑声与细语、一夜夜澄澈的星空，想念着距此 500 多公里的一个小镇。

回来之后每个早晨我都没有再睡过懒觉，可是醒来之后常常茫然，生物钟总让我想起之前的每个清晨，想起小伙伴们跑步的身影、淳厚的乡音和长沟的晨曦。现在每个周日上课回来，我会先跑到超市去买三盒绿豆糕，薄薄的酥皮，软软的馅儿，也许它不是什么珍馐美馔，味道淡淡的，却就像王奶奶轻轻唱的民歌一样，绵绵细语，让人念念难忘。长沟的朋友有时候还会给我发一两首他们唱的民歌，我也跟着学几句，可是始终哼不好调子，干瘪瘪的，唱不出那种味道。都说"一方水土养一方人"，他们的歌声也是，带着乡音，带着乡情。

这边偶尔也会下雨，下起雨的早晨似乎很安静，就像长沟一样。记得离开长沟前的一个早晨，我们跑步回来碰到了楼下散步的董爷爷，他是我们方言调查的合作人。我们跟他一起坐在酒店前面的石凳上，享受着这安静的早晨，偶尔会有几声狗叫响彻山谷，突然董爷爷说："静静的山谷哦。"我一时间眼泪差点流出来了。对啊，静静的山谷，静静的长沟。我们来的热热闹闹，走得匆匆忙忙。我们每天东奔西跑，好奇也迷茫。

方言是这里珍贵迷人的文化，我对这些充满了好奇。我们前去调查，长沟人都非常热情，经常在院子里跟我们围成一圈讲方言故事、猜字谜、唱民歌，跟我们讲方言词汇等。我们在他们的帮助下收集了大量的材料。他们也非常支持我们的调查工作，尤其是远在西安的长沟人也会专门回来跟我们交流。他们专门带我们到各个村去聆听乡音，会毫无保留地赠送给我们自己整理了多年的资料，也会专程到我们住的镇上来给我们录几首民歌。我感受到他们对方言、对当地文化的珍视。

方言文化得到重视，得到大家的肯定和支持，我想这会是让方言工作者最欣慰的事情吧。不过，仔细想想，有时候文化的保护与消失也是相伴相随的。我看到从西安回到长沟的小朋友，就让他们说一句长沟话，他们腼腆地摇着头说，他们只会说普通话。这时候，我也觉得很沮丧。其实我自己也是一样。小时候，我会笑爸爸妈妈说不好普通话，会笑身边的朋友口音很重。当我从镇上跑到城里上学，骄傲地矫正了我那一口乡音的时候，我觉得自己很洋气。现在多想再回到那个时候，多想把那遗失的乡音重拾啊。也许这也是一种规律吧，一方面，本地文化会因不同程度地受到外地文化的影响而正在瓦解，另一方面却也开始得到一定程度上的关注与保护。不过这往往是不平衡的。

通过在长沟一个月的交流、学习，渐渐地我也会在吃饱饭之后说"吃[tɕhia]好了，好吃[tɕhia]"，看到小伙伴完成了任务会对他说"能得很"，给爸爸妈妈打电话说这边也有"毛蠓辣子"……未知与好奇促使着我们一步步向前。有时候因为当天的音没有记完，当天的材料没有收集完，他们说的笑话我一句也没有听懂，完全不知道笑点在哪里，我会有一种挫败感。但是，每每跟大家一起，吃一碗孟阿姨煮的手工面，跟阮老师聊聊天，听老师跟我们说说以前的调查经验，跟我们讲一些好玩的笑话，为我们答疑解惑，我就会觉得特别轻松。

　　我现在常常想起在长沟的日子，人们为了一声乡音而奔走、为一句民歌而欢呼、为一点回忆而留恋惋惜的情景总会萦绕在我脑海。这个小镇的方言就像一个巨大的宝库，充满着惊喜和未知，一切一切都等待着更深入的探索。

七里仙娘古庙

花蕾（赣南师范大学）

根据《赣县志》记载："郡东七里镇七山排列形如鲤鱼，故名七鲤，又先朝瓷窑旧镇也"，古名"七鲤镇"。有关七里镇的历史，文献记载甚少，从古窑遗址文物的发掘和镇上现存的仙娘古庙可以知晓它也曾辉煌过。

仙娘古庙，坐落在七里镇古庙遗址与古镇街庙中段。以仙娘古庙为中心，东南方现存着一座至今有一千多年历史的"万寿宫"，这座庙宇规模宏大，是当地村民敬奉许真君的场所；正北方有国道公路和著名的沿坝村状元桥；正南方濒临贡江，与沙河乡隔河相望；东边则为繁华的街市，优越的地理位置为仙娘古庙带来了更多的信众和绵延的香火。仙娘古庙整体建筑设计精巧，结构严谨，工艺考究，古色古香，1988 年被列为市级文物保护单位。

进入庙宇，戏台上方敬奉着文昌神，命名为"文昌楼"。文昌神即文昌帝君，又称"文曲星"，是中国古代对斗魁（魁星）之上六星的总称。古代认为它是吉星，主大贵，后被道教尊为主宰功名和禄位的神。元仁宗延祐三年（1316）梓潼神被封为"辅元开化文昌司禄宏仁帝君"。由此，"文昌"与"梓潼"合二为一，称"文昌帝君"。"魁"字被分解为"鬼"抢"斗"，其典型形象为赤发蓝面之鬼，立于鳌头之上，一脚向右翘起如大弯钩，一手捧斗，一手执笔，意思是用笔勾定科举中试之人。隋唐时期，文昌神受到世人崇拜，信众们认为文昌神的原型是晋代官吏张亚子，因其孝顺又有功名却不幸战死，死后百姓为其建立庙宇，起先被当作雷神供奉，后来受到唐朝帝王推崇而成为全国性神灵，分管功名。文昌楼建于戏台第三层的阁楼处，神像以及参拜区域面积较小，所以日常情况下并不向香客们开放，只有在戏台有演出时，人们才会有机会来一睹神容。

通过戏台来到正殿，正殿中间为三层木质结构，中层和上层均为宫殿式神龛，建筑精巧、坚实美丽。上层为观音菩萨神座，中层为三霄娘娘神座，下层则放置烛香等物品。观音菩萨形象多为手持净瓶和手执杨柳枝的立像，民间也多流传观音菩萨护世救难的故事。在佛教艺术中，观音不分贵贱贤愚，能以"慈善心"和"大悲力"对一切生灵之苦难给予拯救，使众生消除烦恼，前往乐土。这种爱护众生、给予安乐的心被称作"慈"，而怜悯众生、消除痛苦的心被称作"悲"，观音菩萨在村落中被众多善男信女敬奉。据庙内首事介绍，观音像原坐落于河道上游的杨梅庵，后因杨梅庵被洪水冲毁，遂将其观音像暂放于仙娘庙内，未曾料到观音像从此就留在庙内直到今日。

三霄娘娘也被称为"三姑"或"紫姑"。清代年画也有对她们的描绘。仙娘庙内的这三位娘娘，位于中间的是琼霄仙姑陈清姑，位于左侧的是云霄仙姑林沙娘，位于右侧的是碧霄仙姑李三娘。有关资料记载她们三人均是厕神，但在仙娘古庙中从未有过三霄娘娘是厕神的说法。古时《封神演义》中描述称，三位仙姑因兄长赵公明助主抗周，被周将射死，三姐妹遂下山为兄报仇。她们以法宝混元金斗及金蛟剪制服多名周将，后被原始天尊收服。姜子牙在封神时，将三位仙姑封为"感应随世仙姑"，执掌"混元金斗"。元始天尊还定下条律，但凡一切仙圣、天子、诸侯以及世间俗民，降生落地之后，都要先从金斗转劫。据此民间俗信，此"混元金斗"即人间之净桶，因为"净桶"是以前接生用的，凡人之生育都从此地开始。故民间敬奉三霄娘娘，祈求得子、多福、身体康健。在村落中谁家得子得孙，则必定逢初一、十五到庙内上香以感谢仙娘的赐予。根据访谈，在仙娘庙上香的香客主要是来感谢仙娘赐子以及保佑全家平安的。待到每年三月二十日仙娘寿诞，赣州各地的香客均早早前来敬拜。从农历三月十八到三月二十五左右，庙内还会邀请各地戏班前来助兴以示贺寿。

在庙内正殿中除正中位置供奉着仙娘外，左边还供奉着麻姑，右边供奉着七仙姑。说起麻姑，人们都会想起"麻姑献寿"的民俗词语。据晋代葛洪《神仙传》云：麻姑"是好女子，年方十八九，于顶上作髻，余发散垂至腰。衣有文采，又非锦绮，光彩耀目，不可名状"。麻姑是古代的神话人物，是一位女仙。相传每逢三月初三西王母寿辰举办蟠桃宴会之际，麻姑即在绛珠河畔用灵芝酿酒，携美酒前往赴会，向西王母献寿礼。庙中的麻姑像仪态端庄，而麻姑所贡献之物除了寿桃还有美酒、佛手，这些均带有长寿、美好的寓意。

正殿右边供奉着七仙姑，亦称"七娘奶""七姑太太"等，俗信16岁以下的儿童少年，均受七仙姑庇佑。七夕，为七娘生日，张湄《七夕》词，有"幽窗还听喁喁语，花果香灯祝七娘"之句。这一天，妇女们会用纸糊一盏七娘神灯，灯上画着一个抱着孩子的仙女，站在云端之上。庙门前供奉的土地公婆是乡土的保护神。最早的土地神并无神像，多是一石块，后来才人格化了，神像也增加为男女两性，还建起了土地庙。俗云："得罪了土地公，连鸡鸭都养不活。"这就是民众敬畏土地公的集中体现。民间传说农历二月初二为土地爷的诞辰。庙前还有韦陀菩萨，他是佛的护法神，因护法有功，成为驱逐邪魔、保护佛法的天神。

在仙姑古庙供奉的吉祥物中，也蕴含着求生、趋利、避害的文化寓意。在麻姑右侧有双手高举寿桃的童子，寿桃象征的不再是劳动果实的纯艺术活动，而是百姓对于生子、得子、盼子、长寿的期望。在三霄娘娘面前放置的笔墨纸砚、刑签、令签等则也代表着权力的执法力度。神龛条幅上绣的金玉满堂和龙凤呈祥的动植物图案、神龛下方塑的蝙蝠以及寿桃等形式化的图案也象征着福寿双全、五福临门、益寿延年。仙娘古庙形成了儒释道三教合一的民俗形式，丰富了民众的民俗文化，影响着世世代代的七里村民。

徽州南屏雨

张多（北京师范大学）

徽州的古村落名满天下，在被联合国教科文组织列入世界文化遗产名录之后，越发吸引着世人前来游览。2016 年春末，我到黟县考察，连日阴雨，从铜陵进入黄山的整个风景都是阴沉沉的。这次本是陪同秦博士到黟县南屏村考察乡村旅游的，但"田野"的职业病让我进村就"观察"了起来。

南屏村背靠南山，溪河环绕，良田棋布。村中居民以叶姓宗家为主，祠堂宽大，巷弄规整，粉墙黛瓦，起居井然。我们住在南屏村中央一间叫"半塌山房"的老宅民宿，紧挨着叶氏宗祠。主人家的阿姨与我坐在中堂，聊起了老宅的经营。

这"半塌山房"是近些年才取的名字，颇有诗意，也能吸引游客。这是一所两进的大宅，两层砖木房，砖雕生动，木雕精细，雕刻取材于戏曲故事和吉祥图案，是典型的徽派古宅。正堂待客，太师椅分列两侧，中间是画轴和供桌。画轴是松鹤延年的传统题材。供桌上依次摆放着景德镇瓷瓶、镜子、西洋座钟，秦博士解说这是徽商们取意"终（钟）生（声）平（瓶）静（镜）"的愿景。

徽派村落虽然孕育了徽商的赫赫名声，徽商的生意也通衢九州，但是这些生意人的老家农村却依旧种稻务农，一派田园景致。虽然同为田园，和其他农村相比，徽州的村落却深深浸染了儒家文化的根脉，真正做到了"耕读传家"。在这里的任何一座建筑上，都能发现匾额、楹联、绘有传统图案的石雕和木雕，细细品读这些文字和美术，竟然鲜有一处不令人叫好。徽州地域文化之所以与敦煌并举，就在于其平凡的农耕生活中蕴藏着数千年儒释道思想的积淀，孕育出独树一帜的儒商景观，留存了记录着数百年日常点滴的徽州文书。而与敦煌相比，徽州之文脉未曾中断，至今鲜活。

要说徽州这种文化积淀体现在哪里，有人说是楹联匾额、书法绘画，或说是戏剧祭典、岁时民俗，也可说是雕刻建筑、宗族文书。可是如果要选取一个微观的意象总括这些审美和生命观，我一时竟难以言表。还是秦博士一语中的。

我们在半塌山房的天井里，天下着雨。他指着天井瓦檐滴下的雨帘，对这幅意境啧啧称赞。雨从檐下滴落，汇聚在方形天井，又从"孔方兄"样式的水口流到暗渠，最终汇到屋外水圳网络中。天井本是堂屋的自然延伸，但能透射天光、承接雨露、通风汇水、和合天人。天井里的水缸装满了水，雨滴在水面泛起涟漪。当我看到水面的圆圈，本能地也用手指去轻触水面，天光的倒影也碎成一池金银。我忽然感到南平村的黛瓦、天井、水网、古桥、稻田，无一不是在形塑天上之水、规划地上之水。马头墙防火、方塘储水，村落生活本身就将道法自然的思维化入日常。"规矩"二字贯穿着徽派村落的规划营造，宗族礼制通过居住和劳作秩序得以内化。文化观念本身就像雨水一样，本来无形，但是经过人工的一番规整，雨水亦可有形，文化便也有迹。

乡村的营造但凡有匠心，便能把柴米油盐的日常生活也安放在精致的空间里。所谓"精致"，绝不是用财富计算的，而是居所、居民、居地的协调，居地孕育着居民，居民经营着居所。乡村的生活表面上种稻犁田、养家糊口，可是只要看一看村外的水口、河上的拱桥、田外的亭台，就能感受到这些村民体察天文、顺应地理、表达审美的智慧。我感到乡村的营造，必须建立在当地人对世界、人生、文化的理解上，方能巧用匠心。绝不能打着好听的旗号，把外在的生活方案强加给他们。放眼八方，但凡能打动人的中国乡村，无不是当地居民对文化理解的结晶，无不是独一无二的生活现场。

我们去宏村那天，也下着雨。南湖和月沼不仅倒映着建筑，也显现着雨的形状，小荷挺举，杨柳依依。南湖书院坐落在这画面中，传道授业，躬耕读书。但是宏村名气太大，游人如织，早已经成为名叫"古村落"的景区。不知道南屏村的未来会怎样，山房的阿姨谈起未来，也是一片茫然。她说，儿女都在城里买了房，老宅真不知道该怎么办。

但不管怎样，徽州村落的美依旧给我留下了深刻印象。徽州的乡村似乎将中国人士、农、工、商的古代文化都发挥到了极致。对我这个匆匆访客来说，徽州之妙，从徽州人对雨的塑造，便可窥见一隅。离开徽州的路上，我也在反省：不要以为自己比村中人更高明！

巷里蓬莱巷外情

梁白瑜（厦门大学）

"村东松风竹韵的仙石尖遥望天马名山，村西挺拔秀丽的蓬莱峰远眺百丈宝刹，村南的石碧古寨面迎金钟、龙期，村北的纱帽清丘笑对凤冠、仙岭。村中小溪绕过美芹、南阳，谢别醒狮、卧牛、蜿蜒曲折地自南往北转东流。"这是我父亲描绘的"蓬莱巷"，地属福建永春吾峰，地图上的名字为"吾顶"。

儿时即随父母住进永春县城的我，每次回老家都心怀骄傲，因为家住蓬莱巷。蓬莱自不必说，巷则在虚实之间令没到过的人神往，令到来的人流连。从永春县城往西北走，沿着浓浓淡淡的五里长街，越过悠悠扬扬的遐龄清溪，进入吾峰的境内。剧头铺桥头的那株参天榕树迎来送往了万千挑夫走卒，听说也有很多名人曾在树荫下思考或长啸。

蓬莱巷是一座藏在群山里，与白云离得很近的小山村，很小很小的山村。老人们都说，蓬莱巷的梁氏始祖普童之所以选择定居于此，就是想让子孙有一处可以安静读书的所在。或许因了祖先心愿，梁氏族人向来以读书为业。几百年来，这里的人不谈钱、不谈权，茶余饭后，围谈的是东家的女儿考了几分，西家的儿子上了哪所大学。

"一径穿云罅，群峰扪碧霄。"蓬莱巷口，首先可见的是教育家、诗人、书法家梁披云为家乡所题的对联。既以"巷"为名，自以狭长居，夹巷而拥之绿树翠山脚下，是一道清清淡淡、曲曲折折的小溪，溪水总不是太急，只够拍起朵朵水花，落下处荡开的层层涟漪化作旖旎细语。溪水过处镌着那一句祖训：成为一名真正的读书人。

过了曲溪桥，梁氏宗祠就在眼前了。还记得那场赌约吗？我先祖赤足布衣的普童与骑大马、着华服之外姓人之间"谁先付定金谁可得此居"的约定，绝尘而去的大马怎能料到赤足之人会占得先机。

离开宗祠，前面就是热热闹闹的普童街，一眼望去，恍惚间以为来到了书法一条街。因为两边店铺的招牌不是出自教育家、诗人、书法家梁披云之手，就是来自弘一法师的入室弟子梁鸿基之笔，遒劲俊逸，向阳而立。爿爿店铺买卖齐全，就算城内少能见到的竹斗笠棕蓑衣，这里也买得卖得。

停车穿行，迎面而来的是熟悉却多已喊不出名字的乡人之笑脸。普童街的尽头有一道小石桥，这是我最熟悉的地方，那里发生过许多儿时的故事，或是笑或是哭。通过小桥，抬头看到我的家——外楼。这屋名曾经让尚未过门的母亲心生想象，一入门却发现是座矮矮小小的土坯房。"这样的小房子怎么敢取一个那么高大的名字？"听说新婚之夜，母亲笑问父亲。父亲笑而不答。

几十年后，小小土坯房翻新成漂亮的小楼。"看，我们的祖先多有远见，楼名早已取好。"听说小楼落成之日，父亲对母亲笑言。母亲笑而不应。

家门口的那块空地，是我们儿时最深的记忆，我们曾在那里唱歌，在那里讲故事，在那里抬头而眺望层层绿树掩映中熠熠生辉的南阳学园。

"我们蓬莱巷，前有'羊矛尖'后有'仙脚石'（皆为山名），我们的子弟只有读书，然后走出'岭头亭'才能成才。"一生为家乡教育奔走的梁清辉总是这样说。而梁披云之父梁绳基于1921

年创办的南阳学园（原校名为"进化学校"）承担了这一重任。

初始，学校以梁氏宗祠为校舍。后因民军混战而停办。1928年，"素于南洋、上海经营商业"的梁绳藩拟重兴新学。然而时局混乱，办学之路困难重重。梁绳藩以"要我不建校，除非把我缚块石头沉坝尾潭！"的决心终于建成新校园，并更名为"南阳学校"。1933年，南阳学校再度停办。1935年，其侄梁祖辉看到南阳一片荒芜，"遂号召南校同学归来，共同为复校出力"。得到梁清辉等人的响应，一时间师足生裕。虽每师每月仅得生活费2元2角，却皆意气风发。之后，祖辉、清辉等先后外出谋生，临行相约："如赚到钱，当翻新南校。"1948年，他们为南校建起砖、土、木结构，水泥瓦屋顶的新教学楼，是为当时县之一流校舍。

1983年，梁清辉携子返乡为南校修建武中楼、光辉楼。破土奠基之日，梁披云特地赶回家乡参加庆典，并提出影响海内外之主张："思本、爱本、固本。"其后，海内外梁氏子孙为家乡教育大集资的热潮大兴，并曾有十多天集资100万港元之壮举。

清晨，走在南阳学园的第一缕阳光里，眼前一幕幕如电影画面闪过："要我不建校，除非把我缚块石头沉坝尾潭！"1928年，梁绳藩慷慨如斯，掷地有声；"如赚到钱，当翻新南校！"10年后，梁祖辉、梁清辉执手相约；"我卸任后将回南阳当校长！"再10年，时任福建省教育厅厅长的梁披云言信行果。如今，南阳学园内，光辉楼、基藩楼、怀远楼、武中楼、绳温楼、辉碧楼、梅镜楼，一座座大楼环绕四周。

"这学校真漂亮啊。"如果您来到南校，您可能会忍不住这样赞叹，然而您不知道的是，近百年来，梁氏族人是如何薪火相传守护着这一方教育圣地的。梁氏23世梁绳基、梁绳藩居南阳学校开创之功，守护南阳之薪火则由24世的梁披云、梁祖辉、梁良斗，25 世的梁建中，26 世的梁清辉，27 世的梁文垣，28 世的梁小苓等人代代相承。其中，绳基为披云之父，绳藩与祖辉为叔侄，祖辉与建中是父子，清辉、文垣、小苓则为祖孙三代。

"青箬笠，绿蓑衣，斜风细雨不须归。"本是烈日，不料却飘来星星细雨，是不愿离开这方世外桃源的心情吗？那就登上守护着南阳学园的美芹山吧。沿着一道规整的青石板路蜿蜒而上，路旁一座座样式各异、大小不同的亭子记录着一位位爱乡爱教的海外游子们的默默贡献。

立于美芹山巅，放眼南校，幼儿园居右，小学在前，中学靠后，正午的缕缕阳光洒在一片片阔大的桉树叶和一帧帧小巧的酸枣叶上，回响着一圈圈朗朗童音，荡漾着一篇篇酸酸甜甜的记忆。

蓬莱巷内，美丽如斯！蓬莱巷外，款款情深！

黑土地的芳香

王晓峰（中央电视台）

　　小时候的日子，那真是鲜活啊！爬树捉虫、摔泥泡儿弹"琉琉儿"（玻璃球）、挖野菜捡豌豆、烤玉米烧麦子，不论是疯玩儿还是干活儿，都极过瘾、极开心，处处透着阳光的明朗和泥土的芳香。

　　那时，经常有老人这样说："咱海伦是块儿宝地啊！正好在乌龟盖儿上，永远不会闹灾荒！"海伦就是生我养我的故乡，是黑龙江省中部地区的一个县级市，此海伦非希腊神话中的那个海伦，而是满语"水獭"的意思。海伦在清朝时是皇家围场，因流经的河中盛产水獭而得名。长大后，我发现老人们说得没错，海伦真的是处在风水宝地上，人们代代传说的"乌龟盖儿"原来正好坐落在松嫩平原的腹地，这片平原是世界上仅有的三块黑土地之一，美丽富饶，辽阔肥沃，而且风调雨顺！从小到大，周边有刮龙卷风的、有下冰雹的、有大旱不下雨的、有蝗虫吃光了庄稼的，就是我们家这儿一直都安安稳稳的。春耕秋收，夏天蔬菜水果吃个够，冬天杀猪宰羊过大年。

　　春天，当院子里的李子树和秋海棠花满枝头的时候，积了一冬的雪被子也在春日的暖阳下深深地融入了土地。择一个明媚的周末，父母亲就会带着我们姐妹开始拾掇那一大片菜园子，松土、施肥、播种和浇水，一个环节都不能少。我最喜欢的是松土，用力踩着铁锹的上沿，直到锹身整个没入土中，双手压住锹把儿用力一撬，一锹黑黑的泥土泛着油亮的光泽就被翻了上来，就着手上的余劲再用铁锹的背部一砸，这一锹土就松松地散开了，晒上几天备好垄沟垄台儿，就可以播种了。松土是件力气活儿，每次都是全家总动员集体劳动，一天下来腰酸背疼，有时候我们姐妹的手还会磨出水泡，不过一想到要不了多久，菜园里就会长出餐桌上的美味，吃了一冬的白菜、土豆、大萝卜就要换成清爽鲜嫩的小青菜，还有永远吃不够的茄子和豆角儿，踩在铁锹上的小脚就格外有劲儿。当菜园的土全部翻起来的时候，满院子黑油油的一大片，散发着黑土地独有的味道，混合着暖暖的阳光，成为我记忆中不可替代的春天的气息。最好玩的是那些随着土被挖出来的长长短短的蚯蚓，睡了一个冬天的它们被我们惊醒后不慌也不恼，依然是慢吞吞、懒洋洋、一躬一躬地挪着身子，我们姐妹常常被它们吸引，用小棍儿拨弄它们，父母亲总是不忘嘱咐一句："玩归玩啊，可别弄伤它们，地还指望它们呢！"所以小小年纪，我们都知道蚯蚓、蚂蚁是不能伤害的小生灵，再肥的地也离不开它们帮着保持土质的松软。玩玩挖挖，父母亲也并不斥责，其实小小的我们也干不了多少活儿，举家劳动是为了让我们从小懂得一分耕耘一分收获和一年四季生生不息的道理。

父母亲从小都生在农村，春耕秋收、勤劳勤俭的生活习惯早已融入了血脉，两人因为参军和求学分别来到了县城，却依然喜欢侍弄田地。大约是在我九岁的时候，父亲花了二百多元在城西北稍偏一点的位置买了这个大院子，请来亲戚朋友盖起了三间大砖房，那是我住过的最明亮、最温暖的房子。父亲还挖回一车鹅卵石，在一个周日，领着我修好了从大门到房门的小路。之后在路边种上了两排向日葵，夏天路两侧是成排的葵花笑脸，冬天就有了我们嗑不完的瓜子儿。院子里还种了十几种花，春夏秋三季花开不断。在花园一样的家里长大，是父母亲给我们姐妹的完美的成长礼物，让我们虽然长在城里，却依然保持着与土地的亲近。今天看来，那真是一段无比珍贵的人生经历，那一片黑黑的土地，就是我们生命的根脉之系啊！

种子播撒到土里，我们姐妹就开始期待它快点发芽，每天上学、放学都忍不住看看菜园，盼着小苗早点儿破土，常常是一个不留神，一片嫩绿就冒了出来，先长出来的多是菠菜、生菜、水萝卜、青蒜和小葱，只要水分充足，十来天就可以被端上饭桌！各样摘上一把，清洗干净，蘸上新炸的鸡蛋酱，哇！鲜香脆嫩，满口回味，仿佛是把春天吃进了肚里，那绝对是东北人在春季最喜欢的美味下饭菜，没有之一！地里的青菜吃得差不多的时候，母亲的拿手活就开始了，她从育苗的农民那里买来茄子、辣椒和柿子的秧苗栽到院子里，这可是个技术活！首先买的苗品质要好，其次要掌握好栽种的数量和间距，水也要浇得适量，否则秧苗很容易发黄枯萎，再去买就难了。母亲的好眼力和好技术每年都能让菜园大获丰收，她还经常会栽种一些新品种，让我们姐妹既饱口福又新奇不已。有一年，母亲栽了一垄"贼不偷"，看到这仨字您想到了什么呢？直接揭秘吧：这是一个西红柿的品种，即使熟透了也依然是青绿色的，只是细看略有些发黄，手感有一些绵软，贼看见了以为没熟就不会偷，所以幽默的老乡就给取了个"贼不偷"的名字。我们姐妹也和贼一样没有眼光，柿子熟了也不知道，还抱怨母亲栽的柿子品种不好，都七月了怎么还不红。母亲不露声色地摘了一盆青青的柿子，洗好端上饭桌，随手掰开一个，让我们品尝，我迟疑着接过半个柿子，顿时一种独特的清香在我面前散开，轻轻地咬一口，酸酸的、沙沙的、软软的、面面的，还有一丝甜甜的回味，实在是太好吃了！从此，"贼不偷"成了我们家最受欢迎的西红柿品种。每年的七月开始，我们都会有一整个夏天和秋天的口福，黄瓜蘸酱、扒茄子、炖豆角可着劲儿吃！到了八月，香瓜、西瓜也成熟了，父亲常常买回来几麻袋，存到地窖里，可以吃到中秋节。黑土大地丰厚的馈赠与父亲母亲毫无保留的爱，就这样一点点一层层沉淀成永不磨灭的家园记忆。

吃饱喝足，阳光充沛，我们这帮孩子也趁机使劲长个儿，使劲玩。从我家后院小门出去，不到一公里就是当时公社的大田，最近的是卷心菜地，过一道沟坎就是望不到边的麦田。假期不上学的日子，这一望无际的大地就成了远近孩子们的乐园，一玩就是一天。男孩子一般都是撅个树枝玩打仗，打着打着就较了真，常常滚得一身土一身泥，还没分出胜负，莫名的又和好了接着玩。我们女孩子就喜欢流连于卷心菜地，追逐飞来飞去的菜粉蝶和翅膀透明闪亮的蜻蜓，捉了放，放了捉，嘻嘻哈哈，乐此不疲，偶尔有人被盘在卷心菜上肥肥绿绿的肉虫儿吓得一跳一叫，便会引发大面积没心没肺的大笑，那叫一个无忧无虑啊！跑累了疯够了随便找个地方一趴一坐，运气好的话，可以找到成熟的"黑悠悠"，圆圆的、小小的、黑紫黑紫的、酸甜酸甜的、一簇一簇的，每次吃完就后悔，因为听大人说有微毒不能多吃，好在倒也没听有谁因吃多了"黑悠悠"中毒的事，慢慢也就放心了。讲给女儿听的时候，她吧嗒着小嘴儿，一副馋馋的样子，还不忘给我科普，说"黑悠悠"的名字不准确，应该是叫龙葵，幸好有一次偶然的机会，给女儿吃到了几颗，至少让她理解了为什么我会念念不忘那野地里的小野果。

卷心菜田是我们的乐园，不远处的麦田却是神圣的地方，也是家乡最华彩、最壮观的景色。春天麦苗小小的，远远看去一片片绿茸茸的，到了端午就能长到半尺高了。端午节这天，孩子们都会在大人的带领下出门踏青，麦田是必去的地方。早上四五点钟，父亲就会带着我们姐妹出门，说是晚了，露水就蒸发了。他把迷迷糊糊的我们带到麦地边上，每次都是先千叮咛万嘱咐地告诫我们别踩到麦苗，然后才允许我们去取麦苗叶脉上的露水，洗脸洁面。其实我们从小就被反复教育麦子就是白面，一棵苗也不能伤，孩子的心很单纯，小草一样的麦苗一旦和热腾腾的馒头画上了等号，就立刻变得神圣起来，再也不会舍得去伤害了。端午凌晨的露水清清凉凉，用来洗脸让人格外精神。暑假快结束的时候，熟透的麦田一片金色，若是这个时候航拍，《记住乡愁》一定又会多了一幅经典的丰收画面。那时候的麦地还是生产大队统一耕种、统一收割，社员们分工明确，干净利落，一天能收一大片。我们小孩子就跟在大人身后帮着捡拾遗落的麦穗儿，刚刚成熟的麦粒儿虽然饱满，但还没有凝固，捏破后就是一汪浓浓的麦浆，泛着浓浓的麦香。孩子干什么都打打闹闹的，捡个麦子也要比谁的麦穗儿大，不厌其烦地数麦粒儿，记得我捡到的最大的麦穗儿好像有三四十颗麦粒儿，可能是有过这种细细观察的经验的原因，小学美术课上我画的麦子全班最好。收割麦子非常辛苦，要顶着烈日抢工期，万一下了雨，熟透的麦粒儿就容易发霉。到中午时分，大人们累得几乎脱了力，就坐在地头上歇会响、唠会嗑。我们也会凑上去听故事。有一次，一个老伯一时兴起，说是要犒劳我们小孩子的工作，让我们尝尝新麦的味道。只见他用麦秆儿拢起了一小团火，抱了一大捧我们捡来的麦穗儿放到了火里，麦穗儿遇火即燃，顿时香味四溢。灭了火后，老伯吹散了麦秆儿灰，一粒粒黑乎乎的麦粒儿露出来，一人一小把，搓掉浮灰，热乎乎的麦粒儿咬起来很有弹性，新小麦的味道，原汁原味，又香又甜。看我们吃的是一脸的满足，老伯便趁机说："自己劳动得来的，就是好吃吧！娃啊，祸害啥也不能祸害粮食啊！这一粒粒的，不容易，可得稀罕着啊！"现在每周审看《记住乡愁》的节目，常常会不由自主地想起这个情景，伴随着的是当时定格在心里的香甜的幸福。

记得 1998 年，单位派我到黑龙江采访报道抗洪抢险的新闻，采访范围也包括海伦，我终于有一次可以全面了解自己的家乡的机会了。原来海伦的历史也很悠久，秦汉以来，就有先民在这里繁衍生息，令我自豪的是，中国第一个抗日省政府就设在海伦，海伦一直是黑龙江省（北满）抗日指挥中心，北满省委也长期隐蔽在这里。赵一曼、夏尚志、雷炎等英雄儿女曾在这里战斗过，海伦有 2000 多人牺牲在抗日战场上，3000 多人因为支持抗日部队而遭到日伪军的屠杀和迫害。在这片辽阔的大地上，长眠着无数先烈的英魂。1949 年后，勤劳的人们带着对新生活的无限期待和热情在这片沃土上耕耘，不仅养育了全县的 80 万乡亲，还在国家粮食生产困难的时期，救了很多同胞的命。仅 1958 年一年，海伦人就上交粮食 6 亿斤，相当于当时全国 6 亿人每人吃海伦一斤粮，这样的壮举对正处于特殊时期的国家来说，无异于雪中送炭！国务院为此特别嘉奖海伦人民，周恩来总理亲笔签发了"农业社会主义建设先进单位"的奖状。面对着政府精心保管的那张奖状，我的内心被深深震撼。问起当年交粮的一位老公社书记："交了那么多粮食，农民还有饭吃么？"老人说："留了种子，留出差不多吃个半饱的粮，余下的都交了。"末了，老书记还补了一句："能吃半饱很好了，那时候很多地方都吃不上饭。咱们的地肥，只要有种子，转年儿还丰收！"明明可以吃得饱饱的还有富余，却宁愿一家老小勒紧裤带忍饥挨饿！自家辛苦劳作生产的粮食不知运到了哪里，端上了谁家的饭桌，只为了支持国家，为了支援同胞，家乡人心甘情愿地以半饱的肚腹熬过严寒而漫长的冬季！年轻的我，突然面对那段历史，对老书记、对家乡又生出了一份深深的敬重！

最近三年，我参与纪录片《记住乡愁》项目的工作。180多集节目一遍遍看下来，关于家乡的一幕幕片段也会时常在脑海显现。那是我对大气的故乡、大义的海伦、大地的馈赠的无比思念！从大学起离开家乡至今已26年有余，真的应了那句"年深外境犹吾境，日久他乡即故乡"的歌词，但是永远难忘的是家乡那一捧黑土的芳香。

醉卧金龙君莫笑

熊迅（中山大学）

21世纪初，人类正处在大数据时代的前夜，而我也终于在朋友学校蹭到了一台松下的破旧DV，摩拳擦掌地谋划着要去"实现一个小目标"。正好学院有一个南部壮族社会调查的项目，沿着导师"学习游泳的最好办法就是被人踹到池子里"的田野理论指引，我很快到达广西崇左市龙州县城，接着，县里的越野小吉普上坡下坎把我"踹"到位于中越边境的金龙镇。

"再喝一小点"

送我下来的干部打通了村民小组组长农哥的电话后就匆匆赶回县城，而这位农哥还在外面有事。我站在大门外等着，顺便看看眼前比较典型的干栏式民居：最下面一层是牲口，被戏称为"畜牧局"；中间一层住人，就是"人事局"；楼上一层放粮食，自然是"粮食局"。和一条起初狂暴最终沉默的狗对望半个小时后，农哥终于回来了。在"人事局"中安排好我的住处后，热情的农哥邀了一桌人，大酒如期而至。

金龙人喝酒类似于击鼓传花：桌子中间有一个大号的汤盆盛酒，喝酒工具就是一把调羹。每个人一视同仁，先用嘴喝完邻座用调羹喂过来的一勺酒，然后再接过调羹，从汤盆盛满酒，把它喂给另一个邻座。喝完酒的邻座接过调羹，以此类推，按顺时针或逆时针转下去，直到酒被喝完。平心而论，这还真是一个杜绝各种逃酒伎俩的好办法。

农哥既开朗健谈，也很勤于劝酒。两个小时过去，一塑料桶的酒被喝光了。农哥试探着问大家："我们再喝一小点吧？"见大家没有反应，于是，又从小卖部里面提了两桶回来！不过，后面的两桶酒我还是成功逃脱了。第二天，当我开始走家串户，才发现家家都知道有个来搞社会调查的，没喝多久就趴在桌子上了！

"鬼出龙州"

龙州是一个很有味道的边境小城，有广西最早对外开放的通商口岸，也有丰富的历史文化脉络。不过，在街头巷尾的日常闲谈中，龙州最有特色的有两点：美女和鬼。龙州山清水秀，出美女容易理解；所谓"鬼出龙州"，流言是指此地流行放蛊。比如"鸡鬼"，见路人有好东西即悄然上身，在路人晕头转向之际夺人所爱；再比如"阴像"，每月的月初由放蛊人摇动竹林，把蛊毒传入村寨等。

据说还有一种技术性放蛊颇有特色：前面说到常以调羹喂酒，但放蛊者也会借机把有毒的植物粉末藏入指甲盖中，喂酒时只需倾斜，使调羹中的酒浸到粉末，对方喝后即会慢性中毒。但如果先吃点辣椒，这种慢性毒药就会变为急性的，被害者会当场死亡，放蛊者就会因害怕现形而不敢下蛊。

只要有点人类学常识，就很容易理解这类流言而不会轻易去相信，比如为何美女和鬼常常被并列在一起，再比如蛊毒背后的社会控制和群体建构因素等。不过，爱吃辣椒的我，经常让房东带着去林子里找味道特重的野生小米辣，这种辣椒和商店里买的不可同日而语。一而再，再而三之后，一天，大哥终于忍不住问我："你是不是怕我们下蛊喂？"

"不侬不岱"

初入村落，遵循某些拍摄技巧，任何时候我都是提着机器出现在村子里，不管是四处串门还是村口偶遇，因为当时村子里没有相机，得使大家伙习惯了有大个头摄像机始终在场，其实很多时候并不真拍。

很快，爱开玩笑的人们就给我起了一个外号："不侬不岱"。金龙镇的壮族有两个主要的次级群体：布岱人和布侬人。"不侬不岱"的意思是我成天的问题都是围着布侬和布岱打转（因为我关注的问题是族群关系），而我本人既不是布侬人又不是布岱人，显得多少有些"不三不四"。

一次收获结束后，村里的年轻人大都会聚在一起喝酒，聊到深处自然会讨论到不同群体的关系，并涉及一些尖锐的看法。我一看机会来了，知道 DV 机上的摄影指示灯早就用黑胶带贴起来了，于是把摄像机镜头盖和显示屏都关掉，把机器往地上一扔就去上厕所。自作聪明地期待没我在场他们会聊得更直接，而摄像机则会把声音录下来。等我溜达了一阵子回到酒桌后，一桌子人开心地冲我这个"不侬不岱"说话喝酒。等我终于找到机会查看机器时，才发现摄像机电源早就被关掉了！

随着时间的积累，我也把摄像机当成一个交流的工具，大家传来传去地拍拍看看。调查继续进行，我们也更加熟悉。又一次喝酒，某哥给外村来的亲戚这样介绍我：这是我们村的布侬布岱，因为他既是布侬，又是布岱！

我在乡下看见月亮

王大惟（中国社会科学院）

我哥有一句名言：跟北京比，中国别的地方都是乡下。20世纪90年代初，我在浙江省金华市浙江师范大学英语系就读，大学在金华城外的高村。按照我哥的标准，杭州是北京的乡下；金华是北京的乡下的乡下；而高村，撑死了是在金华的城乡接合部，是北京的乡下的乡下的乡下。我就在北京三次方的乡下读完了大学。

20多年过去了，我对那段岁月的记忆越来越模糊，只余流年碎影，偶尔在眼前闪现。我记得出了学校的大门，走不了多远，就是田野，是真的田野。我记得，有时候会跟同学到村里的饭馆喝酒，那酒是把鸡蛋打到一种当地的黄酒里，再加上红糖一块煮，据说是浙东渔民出海时御寒的喝法。不知为什么，我觉得每次喝到断篇儿，醒来时看到的总是一片田，有时候还有村民的土狗，不远不近地站着，同情地看着我。

别误会，我很爱我的母校，因为在那里我挥霍了我的青春。跟很多90年代的文科大学生一样，我参加社团、追女孩子、抽烟喝酒、看录像厅的盗版电影、写诗，没什么特别的。只是，我总记得，郁闷的时候，我可以到离田野不远的地方，看着被放到学校Logo里的那座尖峰山发呆。

就在那个离田野和自然很近的地方，我有过一次奇特的体验。那是1995年我快离开金华的时候，我参加完研究生的体检忘了是因为什么事情从城里（听听这称呼就知道自己在哪儿混了）回到学校。我因事情耽搁了，天色已过黄昏。我骑着跟同学杜一静借的山地车，踩完一段上坡路，到了高一点的地方。然后，在举目就是田野和山峦的方向，一轮月亮升了起来。

我知道记忆是诡诈的家伙，惯于拼接、倒换、夸大、抹杀和撤换背景，甚至无中生有，全看你心里流动着什么样的欲望和希望，所以你现在对我的这段体验只能将信将疑，姑妄听之。那月亮就挂在高压线铁塔的一角（你知道，我们乡下的高压线铁塔就是东一搭西一坨的，哪儿都是），特别大，黄而圆，显露出平时看不到的斑驳细节，看上去陌生，但美。那个时候，我报考了社科院语言系沈家煊研究员的硕士研究生，考完了，自己知道错不了，别的事情也都顺利，心里着实轻松、踏实，基本是一种没心没肺的状态。就在那一刻，我感觉被什么东西击中。难以言表。我体验到一种从未有过的东西，那是一种强烈、深刻的情感，我只是个刚要离开大学的毛头小伙儿，我知道（注意，是"知道"）那并不是属于我的情感。

我只感觉到，我学过的所有讲月亮的诗词歌赋，都从心的某个地方流淌出来：举头望明月，低头思故乡；今人不见古时月，今月曾经照古人；春宵一刻值千金，花有清香月有阴；海上生明月，天涯共此时；二十四桥明月夜，玉人何处教吹箫；露从今夜白，月是故乡明；月上柳梢头，人约黄昏后；日色欲尽花含烟，月明欲素愁不眠；沧海月明珠有泪（老实说，这一段都是我百度的，因为我早就忘了当时流出来的具体是哪些文字，只记得最后是这一句，因为最后一个字是"泪"）。我的眼泪就这么流下来，完全止不住，一个人傻在那一轮明月之前，扶着车子站在路边，流着不属于自己的眼泪。这时，似乎有另外一个我，在一旁冷眼旁观，看着自己，看着这些古老、陌生、苍凉、孤独、忧伤的情绪在我身上流过，如同一条无形的河流。然后，我离开了高村。

去了北京后，我在人生最为春风得意的时候神秘地陷入了"抑郁"，这种困扰反复纠缠了我 20 年。有很多年，身心的困境几乎吸引了我的全部精神，我完全忘记了那轮明月。2009 年我入选"哈佛燕京学社"访问学者的项目，后来在哈佛待了一年。哈佛的东亚系很厉害，有强大的人文传统，每有大家来讲中国的传统文化和文学，我就去听，听了不少好东西。我喝着咖啡，听着，慢慢醒过味儿来，发现以前做学问的路子太偏狭，只讲西学的"理"，没有悟东方的"道"，所以不懂"道理"。从此，我开始重视修习传统文化，努力学佛，而不是像以前那样只是嘴上说说。2012 年我到龙泉寺翻译中心做义工，感觉自己的生命慢慢进入一种新状态。后来又学习王凤仪思想，通过忏悔，当然还有家人（特别是一路走来、不离不弃的夫人）的呵护，我从重度狂躁抑郁双重情感失调中走了出来。经过了所有这些，很多过去的事情，又慢慢地想起来了，尤其是那轮当年的明月。

我有时候一个人没事发呆，老是想起这件事儿，琢磨这件事情到底是个什么意思，但我总也想不太清楚。两个月前，宋颖博士一片好意，请我写这篇"讲乡村"的小文章。她给了我一个思路。我开始沉思乡村的意义。有一天清晨，思路开启了，就是两个字——机心。

城市的一切，除了垃圾，都是有功能、用途的。垃圾成为垃圾，其实是因为城里人懒惰，不肯分类，真要分了类，就是没有回收的资源，它还是有功能的。乡村跟城市最不一样的，就是并不是一切都有功能。村口的小土坡有什么用途？田野那边的大山有什么用途？人家在那儿多少年了，你才刚进化了多少年，好意思说人家的存在是为了给你提供某种功能？乡村离自然很近，而自然本身是无所谓"功能"的。在城市，甚至城市化染指的城郊，即使原本属于自然的，也被功能化了，或者说体制化（institutionalized，参见《肖申克的救赎》）了。这个湖是"垂钓区"，那个村子是"农家乐"，这片草地是"郊野公园"，每个地方都有一个功能性的名字。

这种什么东西都计较着怎么用起来的心思，古人就叫"机心"。你只要在城市生活，你一天到晚使的就是机心，就是算计，就是打各种利益的算盘。这种生活，据说可以带来富足、成功，甚至幸福。但是，很多人收获的却是抑郁、焦虑、失落、挫败，甚至猝死。我很怀疑，在这个机心打造的人工空间里，大多数人是否真的能够维持身心的健全。

这就是没有被体制化的乡村的意义。只有在乡村，我们才可以放下机心，恢复一点童年的天真。我们可以看着山和云发呆，做一些"没有用"的事。而人只有在做"没有用"的事情的时候，才能得到真正的休息。一轮明月，有什么用？但就在他的面前，我们会得到生命的真体验和真感悟。

我希望我们的文化懂得尊重乡村的这种精神意义，不要再"七环、八环、九环"地扩张城市。我听过《中国经典经济学》的作者钟永圣博士的演讲，他说：如果一个生命体，存在的主要目的就是从环境中不断地攫取资源和能量并发展壮大自己，这在医学上称之为"癌"，而这正是西方经济学的所谓"理性人"假设。一个机心膨胀的人或城市，也是癌。这样的人和城市，表面理性、热闹、繁荣，但就是没有真正的幸福。因为幸福是宁静的朋友，而"癌"是不配有宁静的。乡村，其实是人化环境和天然环境的分界线，人类的文明史，是这条分界线不断推进的进程，是大自然不断被侵蚀的进程。守住了乡村，也就是圈定了人类贪欲的界线。清风明月，不用花钱，其中却有真趣味。

我们要像守护最宝贵的财富那样呵护我们的乡村，那里残留着人类文明年少时代的记忆。真正的诗歌和美文，是从乡村的安宁和温情中长出来的，城市里只有欲望在尖叫。多留住一片乡村，我们就能多保有一份天真、性灵和文采。乡村实有大用，乡村应该成为城里人的"文化宗教"。据说，大理是中国发呆的首都。希望中国多一点"呆镇"，少一点"霾城"。我们多懂得一点如何正确地发呆，我们的城市和心灵可能就会少一点雾霾，这大概就是乡村的"灵性"意义。

功能井然的城市是属于"逻各斯"的，是清晰的因果关系和逻辑线条。所以城市天然是西方的。东方原有的城市逻辑和文化早已烟消云散，京都和奈良这些地方留下的只是历史的影子。乡村是随意、散淡的，不是什么都有明确的说法或者理由，在这里我们不需要特别理性，而是被审美和诗意牵引。乡村天然是东方的，即使是西方的乡村，也总有一种东方的情调。我们不是要复兴中华文化吗？但是被亚里士多德传统的西学"清洗"过的脑，无法对接中国古人的思维。我们今天读不懂易经，是因为我们已经不会像古人那样思维，我们已经不习惯在模糊、意象、启示当中发现丰满、有血有肉的意义。中国传统理解"天地垂象"的思维方式不恢复生机，我就不大相信中华传统文化的精髓会发扬光大。"嗜欲深者，其天机浅。"我执太强、欲望太重、机心太重的人，性灵受伤太厉害，无法承载真正的智慧。我总觉得，古人那样的思维，最合适的场域，正是没有被体制化的乡村。

那轮当年明月，照见的正是我没有机心的当下。我在心理学文献上读到一个说法，叫作"灵性成长的定义性时刻"（Defining Moment of Spiritual Growth）。我读佛经，很多东西都觉得"不隔"，好理解，跟这种体验绝对有关系。"我"当然是一个幻觉，否则我怎么会体验到不属于自己的情感？那些究竟是古老的文化记忆？是幻觉？还是别的什么？我都不知道。我只知道，在那些文辞语句流淌的时候，我没有注意到哪是我，哪是月，哪是心，哪是思。那一刻，也许只是一瞬间，惯常的物我对立似乎冰释涣然，融成一片。这是理性和逻辑世界之外的另一种风景。大概就是那一刻，被西学洗过的头脑按了暂停键，血脉里的那个中国人的魂儿醒过来了。

　　我现在所做的一切，都是为了帮助建立一种融通中西"道理"的新文化，为人类的福祉服务。我觉得自己很幸福，过着自己想要的生活。我知道，这一切缘分的开始，就是我在乡下看见了月亮的那一刻。

第二部分

夏 篇

金都的岁月记忆人

林全洲（台湾东华大学）

　　台湾地区的产金地在台湾东北角，就是今日新北市瑞芳区金瓜石、九份一带，在这片约5平方公里的丘陵地带，自清光绪十五年（1889）起，就前后被挖掘出犬牙交错般的坑道，工人就此深入地下开采黄金（金与铜）与黑金（煤），最高纪录为每日有4万多名矿工进出工作。

　　矿区繁华时，各项民生物品都被告知"上品输九份"，入夜后的灯火通明，让本地留下"小香港"的别名。可惜不到百年的时间，自1984年6月起，矿业因一连串重大灾变造成多人伤亡而进入衰败期，1987年政府经营的台湾地区金属矿业公司宣布停业，矿业在这一年算是走到了尽头。

　　多数矿工，由于长期深入地下工作，吸入过多矿石粉屑而罹患"尘肺病"，往往会无法享有天年而早逝，包括台湾知名导演吴念真的父亲，也因患有此病年仅60余岁就撒手人寰。矿业没落，人口外流，让矿区了无生息，直到《悲情城市》等电影与广告片来此取景，矿区的聚落特色方被文化圈重视，这里现在被划入世界遗产台湾潜力点"水金九矿业聚落"的保护中。

　　"水金九"的"金"就是金瓜石，也是今日新北市黄金博物馆所在地，在20世纪三四十年代，金瓜石产金量曾经是亚洲第一。而本地的信仰中心为劝济堂，不仅采金人来此朝拜，连台湾地区被日本殖民时期的一些日本企业也参与了劝济堂的改建。

　　现年92岁的郑金木，1924年生于金瓜石石尾一带，这里就是劝济堂早先设立的地点，他从1989起担任劝济堂庙公（又称"总干事"），长达27年，一直以庙为家。

《瑞芳镇志·宗教礼俗》篇说："劝济堂是1896年于金瓜石石尾成立的神坛，供奉关圣帝君，因地处偏远，1899年被移到石尾下方的水管头，整建一处草堂号称祈堂，供奉关、吕、张、王四大恩主扶鸾济世，当时的创办人为黄氏昆仲（黄仁祥兄弟），1900年仲秋，祈堂奉玉帝玉旨赐号劝济堂，民国初年，劝济堂还自唐山请来金面关圣帝君。"

现在的庙宇是1931年改建的，当时日本后宫矿业会社在劝济堂右下方增建制炼厂时，造成劝济堂主体结构龟裂而不得不拆除。这次修建，前后用了四年之久，留给后人的最大资产，是内殿用立体雕琢的花鸟石柱，还有活灵活现的木雕作品。木雕作品的作者，就是日后被选为木雕类民族艺师的黄龟理。

郑金木从在瓜山公学校念书，到初中起担任金瓜石电信局员工等，都是在劝济堂四周成长的。台湾地区发生"二二八事件"后，他才依神明指示投资金矿开采等行业，年满65岁退休后，就回到劝济堂服务信众至今。

我在2004年进入金瓜石地区做田野调查，至今都是以劝济堂为联络核心，邀约地方耆老在此访谈。田调过程中，郑金木的记忆与线索提供对我帮助很大，他无疑是这片土地的最佳代言人。

劝济堂虽然有上万名信众，可是能被承认为庙宇效劳生（即庙宇的直接管事人，有资格出任庙宇管理委员会委员，向政府单位呈报每年香油钱使用状况，并向信众交代金钱使用流向）的不及百人，现在更不到20人。主要原因是想担任效劳生除了上疏文，还要神明点头，过程繁复。郑金木保留下来的"上疏文"是这样记录的：

入堂效劳疏文

具疏文台湾省台北县芳镇金瓜石□号信士□□□叩求入堂效劳誓愿事诚惶恐稽首顿首谨修疏意

恭上

本堂恩师代呈

南天文衡圣帝

南宫孚佑帝君

九天司命真君

先天豁落灵官列位恩主洞鉴

今因信士□□□本命□年□月□日□时生现庚□岁窃念身居尘世忝属人伦善无一羽过有万端智慧汩没功果难圆感荷

圣惠以敷施翘望

神传之教益恐千仞而难入似万顷而茫然是谨诹吉旦聊备香案恭向

堂前焚疏立愿自兹己往愿充门下效劳一意心坚以行善事端疏上

闻

天运□年□月□日九叩上申

劝济堂以"乩堂"为名时，是以扶鸾与信众进行互动，这种扶鸾功能，郑金木解释为"咱是以文鸾为主"，也就是以教化为主要功能。他说：

以前咱这是文鸾，1978年以后因没人来做鸾生而停掉。

咱的文鸾方式有一点特别，咱写的内容，信徒直接能懂，扶
鸾写出来都是古语，册若读不到（即指书读不通），是解不
出来的。都是要等先写出来，等信徒看问什么，再从抄录的
内容去解释。

而郑金木就是台湾话所称的"册读有到（书有念通）"，所以
能解鸾语。除此以外，劝济堂更重要的活动是行医。在金瓜
石调查中，受访矿工张阿辉等人就证实了这件事，张说："除了扶鸾以
外，大家跑来劝济堂就是要求药签。"

原因是，如果人们要来扶鸾问医，可是由于担任鸾生之人，
多数白天尚有工作，只能在晚上进行，所以白天来的民众得通过
求药谶方式，再依庙方珍藏的《圣验药签》指示取得药方治病，
郑金木也是《圣验药签》的解语人。

张阿辉说："求药签的方法很简单，那就是先在恩主公面前
讲出自己的症状，然后请求恩主公赐药。"

劝济堂没有设置药签箱，而是以劝济堂提供信众抽取的100
张运途签诗为母本。如果信众得到恩主公圣筊应允药方，求药人
再拿签诗，向郑金木说明症状后取单。

郑金木抽屉里所珍藏的《圣验药签》，斑驳的扉页上注明为
癸卯年桐月（1933）抄录。郑金木给信众开药方之前，会先与当
事人研究症状，再参考签诗序号，依《圣验药签》所载，把药方
抄录在便条纸上，供民众拿到中药行抓药。

《圣验药签》把请药的对象分成男科、妇科、女科及孕妇四
类，男科是100项，妇科及女科各50项，孕妇只有单一药方，
属于安胎性质。

比较特别的是，男科有一张处方，求药人是求不到任何药

方的。这是签诗为 64 首庚丁的上上签"管鲍分金"。这首签诗在《圣验药签》上直书"无方"，并留下"天有不测风云，人有旦夕祸福"等脚注。郑金木说，这是特殊情形，也说明不是每一种病都有药医。

劝济堂还有一味"百草丹"，供一般民众求取。每年端午节举行"青草祭"时，全程由神明坐镇带队到海滨、山区摘取药草，取药结束后再回到劝济堂广场炼制出"百草丹"。

郑金木的弟弟郑春山自费出版的《昔日风华展金瓜》一书中，对"百草丹"的功效是这样介绍的：

> 劝济堂制成的百草丹对感冒或中暑，确有其成效，有一阵子流行性感冒盛行时，丹丸有青黄不接现象。近几年来，金瓜石人口外移，丹丸使用量减少，不再每年举办采草活动，大约是 2 到 3 年才举办一次。

由于金瓜石耆老人数减少，近几年来劝济堂并没有再举办"青草祭"。仅存的"百草丹"仍存放在劝济堂内。郑金木说，当信众有需要时，就掷筊请示，神明同意后才可以取丹丸约五六颗，以热水熬煮成药汁后服下。

郑家兄弟曾说过一则发生在"青草祭"时的事：一名林姓男子参与仪式时，对于神轿移动曾有不屑看法，结果遭到神明的教训。过程是这样的：

> 1967 年端午节时，发生了一件不可思议的事。是日中午"青草祭"神轿停在威武庙等待降神时，因时刻未至，有位林先生，初次参与采药，心里尚存迷惑，坐在威武庙前的

台阶上说："咒催大半天都不起乩，哪里有神？还不是抬神轿者自己装的！"

　　这位林先生讲完之后，恩主公神威显灵，转眼间神轿忽冲到庙前，将神轿递给这位先生，他接到神轿后，很快就冲到海边，深入林投树下动荡不得，拉也拉不动，大家吓呆了，没多久林先生从林投树内出来，大家前往接替，但被林先生拨开，林先生继续往草区奔跑，旁人看着他很辛苦，大力接替神轿来替换，林先生被接替后不敢再开口，身体有多处被林投树刺破皮。

　　这件事发生后，所有参与"青草祭"的人都得到了一个教训，就是参与"青草祭"的过程中不可以视神明为无物，否则会受到神罚。

　　从扶鸾到行医，由于法律禁止没有医师资格者开药方，所以来劝济堂求医只能私下进行。

　　生于金瓜石，长于金瓜石，服务于金瓜石，将近一个世纪，郑金木每天晨昏向恩主公焚香，将地方情感内敛于日常生活中，这样的岁月记忆人才是让人佩服的。

川北小庙

岳永逸〔北京师范大学〕

在老家，川北那个叫"槐树地"的小山村，学界今天惯用的"土著"，早已无影无踪，没有了巴人的剽悍，没有了蜀人的"巴适"，也没有了羌人的悲叹。据传，我同样是被动移民的后裔，远祖是清初从陕西"填"到这里的，原因是大西国皇帝张献忠先生将这一带的人杀了不少。至于原本在陕西的远祖具体在哪个旮旯角角，是当地的"土著"，还是晃荡、强悍的"游民"，抑或是身不由己的被动移民，完全无从知晓。

童年时代在民国时期度过的父亲，其记忆也就有着那个时代鲜明的色彩。等到我也长大成人，偶尔回家与他一起在熟悉的乡间小道上行走时，尤其是正好遇着"鬼乱串"的"七月半"，或者是家人聚首的旧历新年，父亲就会给我这个研习民俗学的"高学历"儿子讲述他小时候见过的村庙，或者是他耳闻目睹过的那个年代的庙会。当然，我也会和他聊马克斯·韦伯的"神异型权威"、费孝通的"乡土中国"、林耀华的"金翼之家"。

龙王庙、坟坝子、朝阳观、木盖寺、白鹤寺、开封庙、锦屏寺、尖庙子等是我自小就跟随祖父、祖母、父亲、母亲以及邻里会说的词，我也经常去这些词指代的地方。其中最远的庙，也不过离槐树地20里。关于这些词背后的故事，则是在学习民俗学后，我有意向父亲打听到的。

"龙王庙"，在我家门前青云河上的石桥桥头。八九十年前，为了人们出行方便，石桥由住在青云河对面半山腰李家湾的李姓富户修建。因修此桥，他耗尽了家产，后来沦为乞丐。桥头的龙王庙是一个四壁由石板搭建的小庙，长年点有油灯。不少人烧香上供，禁止小孩进内玩耍，父亲为此曾遭到祖父的呵斥。如今，虽然经历了无数次暴雨、洪水，这座石桥依旧安然如故，李姓富人的名字却早已无人知晓，庙的旧址也早已经成为雨天过水的水沟。因这座石桥，其周围遂有了"桥沟头"这个地名。

"坟坝子"，离我家四五里地，是在一座大的空坟中修建的庙宇，但未等到香火兴旺，中华人民共和国成立了，这里遂成为我们村小学——灯塔小学的所在地。改革开放初期，在我家门前的青云河段修建了一道拦河坝。在举国上下辞旧迎新的易名浪潮中，"灯塔"这个村名也就改为了"石堰"，似乎少了政治色彩，但平淡的"石堰"还是没能摆脱歌功颂德的俗套，哪怕是乡邻要展示自己的伟业。如今，这道石堰两边的堤坝早已龇牙咧嘴，防洪泄洪的功能基本丧失，隐患多多。两相比较，那座在这道拦河坝下游五六百米处、至今没有"专名"的龙王庙边的石桥更让人感怀。

"朝阳观"的所在地是母亲出生的地方——郑家坝。那个山坳里的平坝，距离我家十余里地，聚居着郑姓大小人众。朝阳观曾经有一个很大的广场，庙会期间有赛马活动。1949 年前当过保长的幺爷曾养了几匹白马，参加过朝阳观的赛马活动。春节期间，人们要抬着观中的菩萨游村扫荡，驱邪避灾。1949 年后，郑家坝被命名为那个年代常见的名字"红旗"，朝阳观的庙舍也如同坟坝子一样，理所当然地成了红旗村小学的所在地。改革开放后，"红旗"被改为了"朝阳"。当我得知这里昔日曾有巨大而热闹的朝阳观时，我不仅佩服父辈们偷梁换柱的智慧：可能他们念想的是那个香烟缭绕的道观，并非领导喜欢的"红太阳"。

"木盖寺"，在土门山的山脊上，修建此寺主要是为了让附近的乡民来此赶集。为了抢在另一寺庙之前修好木盖寺，将集市定在这里，急中生智的人们用木板封顶，"木盖寺"之名由此而来。1949年后，木盖寺的庙殿也一度被用作学校校舍。一直到20世纪70年代，这里都是管辖着灯塔和红旗等村庄的土门乡（现名国光乡）乡政府的所在地。儿时，我在区政府所在地的开封庙上中学时，周末步行回家和上学都要路过这里。至今，木盖寺旧址上仍有横七竖八的巨大条石在笑看风雨。作为一种禁忌，数十年来，附近的人家没有谁在修房时敢使用这些绝佳的条石。

"白鹤寺"，是当年远近闻名的一座大寺庙，离我家约15里地，其钟声响彻方圆十里。白鹤寺的得名是因为当年这里栖息有很多白鹤。1949年前一直有和尚驻守的白鹤寺有很多庙地，父辈们将这些庙地称为"常业"。青云河桥头的龙王庙背后的百余亩土地就是白鹤寺的常业。作为庙产的常业大都是交通便利、土肥水茂的好地，老家人都习惯叫这块地为"常熟地"。祖父就曾租种过常熟地的一小块。父亲儿时曾亲眼看见过长年不穿袈裟、身材高大、俨然恶霸的果明和尚带领人四处收租的情景。因交不起地租，果明和尚殴打佃户、霸占佃户妻女的事时有发生。在乡村，僧非僧、道非道或者也是以僧道和宫观庙庵为标志的释、道二教在清末以来整体性落败的原因。

1952年"土改"后，白鹤寺先是变身为所在的庆丰村的学校，继而被分给了当地村民，成为家居之所。20世纪90年代初，乡政府也在此处树立了一块有"文物保护"字样的石碑。然而，这只是一块似有若无、于事无补的石头。2002年春节，我专程来此寻访自己过去没有在意过的白鹤寺。住家多已搬走，另建新居，这里的房屋几近坍塌，仅仅是人们堆放柴草、杂物，甚或养鸡的地方，满目萧瑟。昔日的几块残碑凌乱地静卧在墙角或柴草之下，一如既往地任由岁月、风雨来侵蚀。可喜的是，对庙神圣、神秘的敬畏之心还在，没有人拆走昔日庙屋尚可用的建材。曾有一户人家试图拆走自己居住了多年的庙屋上的橼瓦，刚动工时，男主人就从房顶摔了下来。随后，如同木盖寺遗址的条石，没人再起心占用、拆散、挪用白鹤寺的物事。

2016 年盛夏，我回到槐树地闲居了些日子。经过近 40 年的洗礼，槐树地已经完全成为依靠留守老人守护的空巢农村。原本百余人的自然村，现在常住村中的只有十多人，平均年龄则超过了 60 岁。然而，让人多少有些意外的是，开封庙、锦屏寺、尖庙子等乡野庙宇因各种机缘，反而纷纷得以重建。当然，开封庙旁边也有了高高耸立的基督堂。开封庙在场镇边，有昔日当过小学校长、村长、村支书等知书达理、见过世面的老人张罗，很容易就得以修复，并有了基层政府认可的牌匾。锦屏寺虽然在远离乡镇的山巅，却因有些摩崖石窟，改革开放初期就有了县级文物保护单位的牌子，随后也得到了名正言顺的修缮。

原本在小垭子山梁、与山脚朝阳观相距不远的尖庙子则不同，虽然被修复已有数年，却始终没有官方授予或认可的牌匾。2014 年，当有人因病、因神灵托梦而呼吁、张罗重修这座尖庙子时，四围留守的乡民纷纷出钱出力，很快就完工了。修庙时，附近山坡上被相中的树，主家任由修庙者砍伐，毫无怨言。重新修建好的尖庙子的香火，用父亲的话来说就是："没想到，香火旺得很！平常都有不少人去。"有一天，一早我和父亲就一道前往造访尖庙子，沿途，我们碰见了周边村子的十余位留守乡里的父老乡亲三三两两地步行前往庙上，但这并不是庙会期间。

农闲时日，这些老人一般每天都会徒步往返十余公里，到尖庙子烧烧香、念念佛、聊聊天。包括天天朝去暮回、准时往返守庙并为香客服务的老者在内，数位年逾七旬的老人就是因为这个庙修好之后，天天例行前往烧香念经而恢复了健康。尽管电视、手机对这些老人而言，早已是常见之物，政府出于新农村建设也在不少村落修建了广场、搭建了红黄蓝绿相间的健身器材，但是这些留守老人们依旧没有城里人跳广场舞、唱红歌以娱乐身心的习惯，更没有人在那些健身器材上"扭扭捏捏"。让他们心静体安的依然是他们年轻时可能参与过拆毁的这座重建后没有任何"名分"的小庙。因为这些留守老人，无论时间长短，不少回到村子的中青年也不同程度地与尖庙子发生了关联。槐树地的小庙史、敬拜史就这样无声无息地起起伏伏，交替轮回。

黑龙江布村的狗

赵月梅〔日本名古屋大学〕

对于每一个从事村落研究的学者来说，狗可以说是再熟悉不过的动物之一。我所关注的布村，是中国黑龙江省一个以蒙古族为主的牧业村落，在那里，狗随处可见。

布村的狗，大多身体魁梧，四肢矫健，并且能够经常跟随主人去野外放牧和捕捉猎物。但在品种上并不属于纯正的牧羊犬类型，而是属于杂种类型的土狗，也被称为"笨狗"。这一点，与他们的主人以及布村在蒙古族整体中所处的地位极其相似，即长期处于边缘、被忽略的位置，具有非典型性的特征。这也很容易让外人把它们与它们的主人，联想成同一个命运共同体。事实上，村里的狗确实是每个主人最信赖的"伙伴儿"。它们从出生开始就已经把自己的命运交给了它们的主人。

每次来到布村，我都会住在叔叔家里。记得爷爷在世的时候，叔叔家就有一只名叫"黑子"的狗，整个村子的人和狗都认识"黑子"，原因有两个：一是"黑子"浑身黝黑发亮，没有一点杂毛，这在土狗中是非常少见的，它属于"美男子"级别的狗，因此也欠下了很多风流债，在布村及周边村落留下了很多"子嗣"；二是"黑子"非常善战，在村里没有谁家的狗堪称是它的对手，还在它青少年时，它就在爷爷的指挥下曾经击退过前来袭击羊群的野狼，这在村中几乎人人知晓。

而在家里人看来，除了上述两点，"黑子"还有两个更重要的特点。

　　"黑子"酒量很好。通常村落里的狗会被分为两种类型，一种是常年被拴在家里看家护院的狗；一种是散放、随时可以跟着主人出行的散狗。"黑子"属于散狗，但是由于它身体高大威猛，又爱管事儿，为了不给邻里造成不便，有时也要把它拴起来才行。而这着实是一件困难的事情，且办法只有一种，就是用粮食酒泡过的馒头迷倒它。但是"黑子"酒量很好，没有半斤以上的粮食酒，"黑子"是不会醉倒的。

　　"黑子"非常忠诚，而且只忠于爷爷一人。只要有爷爷的地方就一定有"黑子"。无论是爷爷出去散步，还是去野外放牧，或是去田间务农，"黑子"就像爷爷的影子一样，时刻伴随左右。2001年，爷爷因病过世。因为在北京念书，进入暑假后我才和弟弟前往爷爷坟前祭奠。炎热的夏日，我们姐弟俩在布村荒野异常葱郁的草木中穿行。没有风，却总能看到草木浮动的样子，还能清楚地听到草木被擦动的沙沙声，我们停下来，定睛一看，原来是"黑子"！它一直跟着我们，但和我们始终保持着一定的距离，却从未离开过我们。直到我们到了爷爷的坟前，"黑子"才开始逐渐靠近我们。那一刻，过去爷爷和"黑子"形影不离的各种温馨画面不禁浮现在我的眼前。当我们在坟前烧纸祭奠爷爷时，"黑子"不断地在爷爷坟边环绕，还时不时地用它的爪子填补坟上的鼠洞。如果不是我亲眼所见，真的很难想象这是一只狗所做出来的举动。后来，听叔叔和姑姑们说，每年快要过年的时候，要是哪个亲戚家没有派人去爷爷坟前烧纸祭拜的话，"黑子"就会去谁家住下不走。所以，到了年底大家只要看到"黑子"，就会抓紧时间去爷爷的坟前烧纸祭拜。

　　爷爷走后，"黑子"一直帮助叔叔守护着爷爷留下的牧群。2008年，当我再次来到布村时，发现爷爷留下的牛羊业已成群，为了满足生产上的需求叔叔家又增添了两只年轻的狗。据说，其中一只叫"小黑"的狗是"黑子"的"儿子"。而"黑子"早已不是当年那个意气风发的"帅哥"了，它老了很多，不仅步履蹒跚，而且牙已掉光，身上也有了杂毛，就连胡子都白了很多。但是它还是会每天跟在牧群的后面，用他自己的方式守护着牧群，继续为这个家庭服务着。那次我在布村逗留了一周左右。一个月后，我通过电话得知了"黑子"死去的消息，尽管心里有过"黑子"命不久矣的预感，但是听到消息的时候，我还是很难过。叔叔说，尽管"黑子"老得挪步都很困难，但还是每天努力跟着牛羊，甚至连晚上也不会离开它们。结果在一个大雨瓢泼的夜晚，"黑子"被一群挤在一起互相取暖的牛羊踩踏而死，连内脏都被踩了出来。谁会想到当年驰骋附近几个村落的明星狗，竟然落得被牛羊踩死的惨痛结局。叔叔按照村里的传统把"黑子"的尸体抛到了野外。尽管生活在这个村落里的蒙古族早已接受了汉族的土葬，但是处理狗的尸体时却仍然保留着传统的野葬形式。人们希望狗的灵魂能够回到自由的大自然中，并会祈祷来世不要再做回狗，不要再受人类的指使、摆布。

　　在布村，狗的死去或消失是极为悲伤的事情，堪比丧亲之痛。就算过去了三五年或者七八年，还是能从它们的主人那里听到关于它们生前如何尽忠职守的各种大小故事。当然，除了极少部分的狗会像"黑子"一样老死以外，狗的离去方式还包括车祸、疾病、被外地人掳走或宰杀的情况。其中，被宰杀是任何一个村民都无法接受的狗的死因。因此，当有陌生人和陌生车辆出现在村落里时，大家都会提高警惕，迅速确认狗有没有被外地人掳走的事情。而且，村中没有人食用狗肉，至少可以肯定的是没有人敢在光天化日之下屠狗或烹饪与狗肉相关的食物。甚至村民会根据狗的性别将其称为"姑娘"或"儿子"，又按照年龄来划分成"大儿子""小儿子"或"大姑娘""老姑娘"，这种情况比比皆是。到了布村，无论你走访的是哪户人家，都总能看到狗的主人与他的狗一起嬉戏玩耍、共同进食或睡觉的情景。通常，吃饭时狗一般会在饭桌的斜下方或内屋门口附近以半蹲的姿势仰望主人，等待主人的奖赏。夜晚，每户人家都会留一只狗在外面看家护院，而白天跟着主人在野外放牧的散狗以及老、弱、病、残的狗，都会被接进屋里，睡在外屋或主人卧室的地面上。

可以说，布村人眼中的狗已经超越了其原本的生物体意义，而被升华为和人类等同的存在。众所周知，在蒙古族过去的"人随畜走"式的传统牧业经济中，狗的敏锐嗅觉、锋利牙齿和急速奔跑的体能优势，降低了人们的野外劳动强度，同时也有效避免了来自猛兽和其他突发性自然灾害的侵袭。当下，蒙古族逐渐走上了借助各种现代设备和科学技术进行牲畜饲养的现代牧业发展的道路，而他们却始终没有舍弃狗，反而对狗仍旧保留着那份特殊的情感，把狗当成自己最亲近的"伙伴儿"，这一点，在布村这座东北偏远的蒙古族村落里得到了充分印证。

大凉山

关祎（中国艺术研究院）

　　学者去做田野调查，"要有好的身体，能够背起行囊走南闯北。不仅如此，他（她）要理解自身的世界，也要欣赏他人的生活。以平和的态度、平等的目光，去接触也许是完全未知的社区生活方式，相信不同族群人民生活方式的意义，以及他们信仰的真诚"，庄孔韶在《人类学通论》一书中这样写道。我很喜欢用这句话来回答身边朋友们对田野是什么的疑问，希望能让他们认识到，田野调查这项工作既不神秘也不深奥，而恰恰是十分贴近生活的，甚至带有一丝丝诗意、一丝丝浪漫。

　　2004年7月，我与老师和同学们一起来到四川省大凉山彝族自治州进行田野考察。还记得那时我们坐了30多个小时的火车，从北京赶到西昌，又坐了几个小时的汽车，从西昌来到美姑大风顶自然保护区，辗转几天时间，来到了一片完全不同于我的成长环境的新天地。那里一望无际的是山，郁郁葱葱，山间蜿蜒着溪流，似有若无。那里只有一条紧贴山崖的土公路，将我们引入山间。

　　按照习惯，我们事先买好了糖果随身携带，到了村里入户访谈的时候可以分给村里的孩子们吃，算是一点点小礼物。刚刚抵达大凉山的时候，那里的物质条件和生计方式确实给我们这些"外来人"造成了一定的文化冲击，我料想着这里的孩子缺衣少吃，分糖果时一定要小心低调，防止造成拥挤争抢的局面。然而进村的第一天，这种料想便不攻自破了。大一点的孩子接过糖果会报以微笑，他们从不争抢也从不多要，很容易满足，在这个物质匮乏的乡村地区，人们的"物质观念"似乎与我们很不相同。

彝族人的居住环境和饮食结构都很简单，烹饪方法也很单一，他们吃饭时不使用桌椅，而是大家一起围坐在地上，中间摆上几大盆食物，一人一柄木勺，热热闹闹地一起吃。在那里，我第一次吃到了一种叫"坨坨肉"的美食，是一种煮熟的猪肉块，蘸着调好味的蘸水吃，那种美味我此后再也没在城市的任何一个地方寻找到。

田野考察时我们居住的地方是村里仅有的砖房，有窗户但没玻璃，纸壳糊窗。整个村子没有自来水，没有手机信号，限时供电。那段日子，是离开我所熟悉的生活最远的一段时间。每个结束了访谈、整理好了笔记、闲来无事的傍晚，我会与同伴在村口散步或者闲坐，孩子们嬉笑着、推搡着从我们面前过去，一切都浸在夕阳金色的光芒里。贫瘠与闭塞并不是大凉山留给我们最深刻的印象。

田野让我们通过理解别人来理解自己。我很喜欢这种表述，客观上来说，每一种生存形态、每一种文化体系都具有适应其自身的特性。用一种价值观念去衡量另外一种价值观念，势必是要出现认知偏差的。这种认识对于理解社会，乃至理解人生，都是颇有益处的。

大凉山，是我曾到过的最偏远的地方，却也是让我最走近自己的地方。

寻找木雅

沈晶（中国传媒大学）

　　在纪录片《角色》进入到后期制作的阶段时，我对影片的音乐提出了较高的要求：影片主人公是一位川剧名角，所以全片音乐既要有四平八稳、一板一眼的传统中国戏曲，也要有跌宕起伏、强弱鲜明的现代西方交响乐。两者的结合殊为不易，整个音乐风格调整了五六遍，我还是没有找对感觉。这时候，作曲者跟我说，她要去甘孜高原那边看一下她的藏族阿爸阿妈。"不行。片子到了最关键时候，你不能走。"我毫不犹豫地拒绝了她。

　　不过，即使是在紧张的后期制作阶段，这个要求也不禁让我放缓手中的工作，回过头来仔细打量了眼前的这个姑娘。"你是汉族的啊？"我疑惑地问道，"对，我是汉族的。"这位名叫杨华、没有一丝藏族同胞特征的四川音乐学院作曲系老师这样回答，"但是我确实有藏族阿爸阿妈，还有一个藏族妹妹。"这话一下子让我怔住了。"这到底是什么情况？"好奇心占据了我，使我不由地和她谈起了她的藏族姐妹多吉巴姆和巴姆一家，谈起了一个聚居于甘孜州高原地区、古老而神秘的藏族分支——木雅，以及她们如何传承、保护木雅音乐的过程。

　　　　我不知道是不是每一个人都会像我一样，某个地方、某一个人一旦走近便会成为生命中挥之不去的记忆，成为生命的一部分，就像我的藏族姐妹巴姆和她的木雅。

2008 年，因为工作中一次偶然的录音，杨华结识了木雅藏族歌手巴姆。巴姆渴望将木雅音乐带到外部世界的执着与淳朴，让杨华深受触动，由此开启了她俩探索、传承木雅音乐文化的旅程。巴姆与杨华这两个藏汉家庭，也在多年的接触中产生了亲人般的感情。

> 这个叫巴姆的女孩把我带入了她的世界，使我有机会聆听木雅的音乐、感受木雅的文化。是巴姆把她的木雅、她的家变成了我魂牵梦萦的一片净土与牵挂。

听了她俩的故事，一种敬意油然而生，也触动了我心里长久以来的念头。我当时就已经萌发出了跟拍这对汉藏姐妹的念头，也才有了后来的作品：《木雅我的木雅》（下文简称《木雅》）。

像杨华这样从小接受西方教育的年轻人和木雅的藏族人真的不太一样。杨华对木雅音乐的解读，用的不再是中国传统艺术的那一套方式。更准确地讲，片尾的木雅音乐会是一位有西方文化背景的中国知识分子对中国少数民族文化的剖析。这种剖析是否正确？一方面，对原生态音乐的剖析能得到很多乐理上的新发现；另一方面，这种剖析只是一个个单纯的音乐片段，这种支离能否获得原生态文化的本真？对于一名纪录片导演来说，有矛盾的故事是影片的灵魂，但若是这种专业学术上的矛盾真的成了影片的核心，那导演又想通过这个矛盾表现什么？所以，经过长期思索，为了推动影片的情节，我抛开了素材中大量琐碎的矛盾，将影片的焦点放在了杨华和巴姆之间的感情，以及她们对木雅藏族文化的坚持与坚韧上，并试图在原生态音乐的意境中完成整个故事的讲述。在后期编辑形式上，《木雅》采取了一种截取中段

的方式，只截取杨华和巴姆人生中的一个片段，从行走开始，到
行走结束。

五年来在我们相处的日子里，巴姆常常对我说："姐姐，
其实我不喜欢唱外面的歌，我更喜欢唱我们木雅的山歌、跳
木雅的藏戏。姐姐你一定要去我的家乡。"由此开始了我一
次又一次的木雅之旅。

我曾经问过杨华："你为什么想研究木雅音乐？"她并没有
给我一个明确的答案，只是告诉我仿佛冥冥之中有一种力量牵引
着她行走在这条人迹罕至的路上。中国人常言一个"道"字，孔
曰成仁，孟曰舍生，为了追求心中的文化理想之道，总会有无数
仁人志士为了文化的道统而付出自己生命中宝贵的光阴。如果说
巴姆对木雅文化的坚守是出于对自身民族文化的一种热爱，那么
杨华对木雅音乐的执着，则是当下中国知识分子逐渐被唤醒的对
民族文化的一种自觉的良知良能。杨华的研究是非功利性的，在
我拍片之前甚至很少有人知道她在进行着这项研究。在西方文化
市场理论中，文化若无市场则无经济效应，若无经济效应则无文
化产业。在浮躁的社会环境中，杨华的平静让我十分欣赏，以身
外身，做梦外梦。我对杨华和巴姆对木雅文化的传承保护方式不
置可否，但是她们身上的那一种对文化的坚韧不拔却真的值得我
们去保护和宣传。在《木雅》中，拍片不只是记录，而是通过镜
头去寻找杨华没有给我的答案。

是巴姆和她的木雅以及一代代木雅人对艺术和生命的坚
守与坚韧促成了我职业生涯中第一个科研项目的立项，使我

们有机会在保护与传承、在传统与现代、在艺术与人生间寻找新的语汇。

就算没有杨华，也总会有那么一群人执着于类似的事情，中国文化的魅力也就在这里。在《角色》里有一章节，我特意提到了四川省川剧院院长陈智林让川剧商业化并走出国门的事情。在当年，川剧商业化如同大多数传统文化商业化一样引起了很多争议。影片中，我对陈智林的这种做法给予了高度的正面评价。按照这个理论，杨华和巴姆似乎也应该将木雅音乐商业化。但情境不同，陈院长将川剧商业化，是为了让整个剧团能够养家糊口，能够挣得一个艺术家最基本的体面与尊严，而杨华和巴姆则是立足于个体，她们的理想不需要商业化即可实践，故两者殊途同归。在《角色》的末尾，我提出了一个待解答的问题："面对他们（川剧人）的坚韧与坚持，我无数次叩问自己的内心：我和我的同龄人，为了这种文化和精神的传承，曾经做过什么？能够做些什么？我们又能在其中扮演什么样的角色呢？"这个问题不仅是在问观众，其实也是那时我心中对自己的一个真疑问。《角色》二字如一个符号，带出了无数川剧人共有的一段段过往今生。由一个人的经历上升到一群人的经历，再升华到川剧近代历史，用陈智林、"我"、川剧这三条线索贯穿整片，最终由"我"对川剧文化的感悟，揭示出当今年轻人在中国传统文化复兴道路上应该担负起的重任。而同样的，《木雅我的木雅》也如片尾所言，不仅是巴姆的木雅、木雅人的木雅、杨华的心中的木雅，也是"如是我闻"的木雅。

每一次告别阿妈都是这么不舍，但是为了心中的木雅，

　　每一次我们都这样依依惜别。

　　在一次从雅江拍摄回来的夜路上，整个剧组都疲惫得睡了过去，只有我和司机不时地闲聊几句。路上要翻越一座海拔4200米的雪山，汽车在一条没有路的山脊上斜斜地颠簸着，望着车窗外从翻滚的云层中渐渐落下的太阳和身旁深不见底的山谷，我想，《木雅》似乎就是这么一种寻找。

　　　　当吉祥祝福的木雅歌声回响在维也纳金色大厅，我和巴姆又回到了木雅。她是巴姆的木雅，是木雅人的木雅，也是我心中的木雅。

　　虽然西方传播学大亨麦克卢汉曾经说过一段颇具神秘感的预言："The Media is the Message（媒介即信息）"，但究其本质，媒介所传达的信息只是使用者内心世界外露的一径。我们可以通过逆推的方式窥视传播本体的一斑，但却很难完整地构建出其全部。更确切地说，传媒是一种方法论。方法论只是求学的基本功，最多只是一种思维方式，但却不能代替思想本身。传媒只是一条路，分两层讲：一是无论纪录片、电影、电视剧，乃至于舞台剧、编剧、编曲，都是承载我思我想的一个载体，如路上行人，路之导向在人而不在路；二是用功若偏在修路，则路愈精致愈狭窄，愈会陷入一种单纯形式主义，让思想成了依附于手段的一个附属。

　　从视听语言的角度来说，有音频、视频两种。这种分法并不是影视传媒仅有的特征，而是基于西方文化土壤所产生的结果。西方基于科技而产生的镜头语言和向外探索的哲学宗教思维，让西方传媒倚重于视听语言。而中国艺术的起源可追溯于《诗经》《楚辞》，唐三千宋八百，数不尽的三国列传，由诗而乐府，由乐府而骈体、律诗、辞赋、散文，诗言其志也，歌咏其声也，舞动其容也，三者本于心，是故情深而文明，气盛而化神。可以说，中国的艺术避不开"诗"的意境，也就避不开文字语言。所以《木雅》在音乐上和人物造型上采用了原生态音乐来塑造不同的人物形象，从内容上表达出了我想述之言，也在意境上营造出了一种宁静而朴实的心境，成都、新都桥、雅江、九寨沟、维也纳……在大量场景切换过程中，仅以片中原生态音乐勾勒，一笔带过。

《木雅》在创作手法上的突破表现为，不是仅言手段，而是用手段服务于目的，试图为中国传统文化在当代的复兴打下扎实的创作基础。在风格上，虽然采用了西方纪录片难度最大的"真实电影"的制作手法，采用了全同期声的处理方式，但其最大的特点仍在一个"诗"字。片中我采用了日记体的文字形式，将我所观察到的杨华的内心世界凝练成了短短的四百多字贯穿于整部影片，也就是这篇小文中的全部引文。

"家神"俗信

马向阳（西北民族大学）

　　我出生的村子并不大，只有百十户人家，坐落于有"陇上江南"美誉的偏远山区。它有三个不同的名字，用于不同的场合，当地人叫"马上安"，行政村落叫"马安村"，旅游交通线路中叫"马上崖村"。而今与邻村合并之后，有了一个全新的名字：西王集村，丝毫没有保留原有的名字，虽然两个村的合并只是行政上的合并，除行政工作之外，村落的文化活动依然保持原状。

　　村子里的人，都姓马。这个村子是典型的单姓村落。我喜欢与老人们谈天说地，谈古论今。从他们口传的叙事记忆中可以依稀听出祖先的来历。他们说："我们来自四川大槐树，原先我们的先人是住在四川绵竹县大槐树下的。"由于没有族谱，自然不知道祖先何时迁移至此。但是"四川大槐树"成了陇南一带很多像我们村一样的族源认同的原点。

　　村里有比较奇特的民间信仰：家神。说到家神，我在攻读硕士学位期间，曾看过大量的资料，知道了家神在陇南、定西、天水、甘南、临夏等地都有，关于家神的来源各异，有祖先神、毛鬼神、方神、土主、精灵崇拜等。因此，"四川大槐树"和家神信仰构成陇南一带比较特殊的文化空间。

　　每个村落都是一部厚厚的民间故事书，要阅读它，就得要从老人入手，因为他们是这本书的"书写者"。西王集村的家神来源多样，都有动人的故事。这个村由三个"伙儿"（原先搭伙一起过日子的血缘群体）构成。先要说说全村共同敬奉的家神，根据老人们的口传故事得知，在很早以前，大概是清朝中后期，全村只有十几户人家的时候，村里有威望的老人一起商量，要为村里"画家神案"，于是请来了画匠开工着手画家神。画家神一般比较神圣，不让妇女参与，甚至连画家神的场合也不让妇女涉足，妇女只管准备好饭菜即可，其余事情一概不准参与。当家神已经画到一半时，有两个挑水做饭的妇女，由于山高路远，挑水比较艰难，加之天气炎热，在中途歇息闲聊，碰巧有两个年轻貌美的男子赶集回家，两个妇女觉得这两个男子气度非凡，于是等他们走过之后，就随口说了句："要是把他们俩画在我们的家神案上，多好看啊！"这句无心的谈论却使得这两个男子在走了不足两里的路程后，突然觉得心痛如刀绞，没走几步，口吐鲜血而亡。此刻，画家神的画匠还在继续，陪画匠的男子比较多。突然间，有一男子神情不对，一阵抽搐过后，开始口里说一些不太正常的话语："让多嘴的阴人（指女性）把我们说坏了，要把我俩画在家神案上。"在场的所有人见状，磕头如捣蒜，连忙向神赔礼并问明来路。经过询问得知，是由两个多嘴的挑水妇女惹起的祸端。但是也只能将他们画在"家神案"上了，这是村里家神案上"乔喇嘛"和"乌喇嘛"的来历。虽然故事很简单，但是从中透露出家神来源的神秘性，也说明家神不一定是自己的祖先神。

　　也有奉"毛鬼神"为家神的。谈起毛鬼神，在西北很多地方有此信仰，而且人们往往谈虎色变。毛鬼神被称为"邪神""小神"抑或是"毛神"。尽管来历不同，相似的是，都有"害人"的说法。毛鬼神要听主人的话，为主人做事，但主人也得要善待毛鬼神。关于毛鬼神的来历有大致两种传说：一说是姜子牙的舅舅，一说是玉皇大帝的舅舅。在村里有一伙儿的先人，晚上去串门子，回家有些迟，月光暗淡，一个人悠闲地哼着小曲儿，走到离家不远的地方时，神奇地看见三只小鸡在抛食。此人见此现象，立马想起一句话：夜晚看见发亮的东西，说明地下有宝物。于是他赶紧跑回家拿起锄头就来方才看见小鸡的地方挖，挖到不足半米时，果真挖出了一个小罐子，上面有封印，他便迫不及待地用锄头敲碎，随后三面小旗蹦跳着到了他家厅堂的桌子上。没有挖到所谓的宝物，此人有些失望，便想将这三面来路不明的小旗扔出去，但不管怎么扔，扔得多么远，那三面小旗还在他家桌子上。家里也跟着出了一些比较异常的事。最后，通过巫婆法神得知，要请画匠为这些小旗画像并供奉起来。这人家里发生了很多灾难后不得不为其画像，这些画像也就成了他们这伙儿的家神，此后再没有灾祸发生过，后来才清楚这是"毛鬼神"。村里人或者邻居街坊借了他家的东西，基本都是隔夜立马还回来，原因很简单，这家的毛鬼神太厉害了。有时刚借的东西，还没有用，家里就有人肚子疼，或者口吐白沫，村里人称这种现象叫"被毛鬼抓住了！"然后经过烧纸询问，就知道原来是借了那家的东西，立马还回去就平安无事了，毛鬼神也成了他家的守财奴。久而久之，村里很多人都对他家敬而远之。听村里的老人所言："毛鬼神会跟随主人的性格，主人大方阔气，毛鬼神自然就大方了。"自从 20 世纪末开始，就再没有听到毛鬼神"害人"的事了，有也是极个别的，但已不是那伙儿的家神了。

这个村，也有一帮人的家神是自己的祖先。据老人讲述，那一帮人有个人去世后，不久将另一家的一个 12 岁的男孩子"打"去，让去当他的牵马童子。据老人们讲，当时正值六月天，农忙季节，这孩子早上把牛拉出去放了，大人在临走之时，让他早点把牛拉回来，因为家里要碾场。孩子临走时都答应得好好的，可是孩子毕竟是有玩性的，在田野山间把大人临走时吩咐的事情忘得一干二净。家里把麦子摊在麦场上，就等孩子把牛吆回来，眼看到了正午时分孩子还没有回来，家人急得如同热锅上的蚂蚁，站在门口的土台上，怎么叫喊都无济于事。原来孩子要累了，小眯了一会儿，结果睡得太沉了，忘了时间，等醒来一看，太阳已经在头顶了，孩子急忙把牛赶回家。父亲一肚子火，看见孩子，顺手夺来孩子手中的牛鞭，朝孩子的身上抽了一下，孩子准备撒腿跑，结果脚下有什么东西绊了一下，孩子便扑倒在地，没有起来，一动不动，一边的大人开玩笑说："这娃趴下还不起来！"大约过了一刻钟的样子，大人气消了，叫这孩子回家吃饭，结果孩子早已僵硬死了，大人悔恨不已。不久家里有人神志恍惚，经过询问，得知孩子被之前去世的一个"打"去当牵马童子了。这两个时常"骚扰"这一帮人，结果这一帮的妇女、孩子时不时就生病、精神恍惚，当地人说是"鬼上身"。他们要这帮人为他们画像，并敬奉，这帮人内部经过协商，最后画了像，并举行了"传神"仪式，他们就成了这一帮人的家神。

　　在这个村里，家神有广义和狭义之分，广义的家神包含方神、土地神以及诸多神灵；上文所讲述的是狭义的家神，即只有小范围的人群祭拜并敬奉，形成微小的"信仰圈"，是与部分人群有密切关系的神灵。老人们讲述的家神来历的故事为家神笼罩了一层神秘的面纱。家神与村落人们的生活紧密联系，成为村民精神文化不可或缺的一部分，村里的每个人都虔诚地信奉着。

在和平村做问卷调查

万木兰（宁夏大学）

　　第一次进行田野调查，我是和班里的小伙伴们一起完成的。关于田野点的选择，我们就进行了两次讨论。第一次，按照导师们的指导意见，田野点选在了银川城郊的团结村，并对其进行了初步考察，然而结果不甚理想。团结村基本满足了我们此次调研所需的条件，但有个问题是村里的青壮年几乎全部外出务工，留在村里的大多是老人和小孩，且五六月正是农忙时节，如果在这里进行调研，我们的访问对象可能只有老年人（按照正规的调查模式这是不行的），访问的时间也基本要在晚上进行，而村里并没有可供我们住宿的地方。后来在与导师们沟通交流后，我们又决定到L师姐的家乡石嘴山市平罗县城关镇和平村进行考察。经过初步考察后，我们几个一致认为这里很有调研价值，于是最终的田野调研活动点就定在了平罗县城关镇和平村。

　　实地调研的第一天，在解决了住宿问题后，我们就马不停蹄地到了村子里，村长很热情地欢迎了我们。在近一个小时的愉快交谈中，我们说了这次调研的目的和活动流程，村长表示会尽可能地支持我们的工作，并在知道我们下午就要开始问卷调查工作时给予我们建议——可以先从村里的创业一条街开始，然后在社区（均是失地户或土地流转户）做一部分，剩下的可到3队（均未失地）和6队（部分失地）进行。

　　下午真正要开始进行问卷访谈时，心情激动又忐忑。刚开始，我和Z同学以及T同学都不能够放开自己。第一次做问卷调查的我们毫无经验，抱着一叠问卷根本不知道该从何处下手，只好一路紧紧跟随在 S 师姐的身后看她如何做问卷。幸运的是，第一份问卷很快就有了答主，她是一位嫁到和平村的年轻媳妇，在创业街开着一家童装店。当我们介绍完自己的身份和来意时，她表示可以帮我们完成一份问卷，但是要求看看我们的证件，我们都表示理解，毕竟这年月骗子越来越多，骗人的花样也日益翻新。好在出发前，S 师姐就提醒我们要带上学生证以备验明身份。问卷大概做了十几分钟，期间 S 师姐一边解答问卷一边与女店主聊着天，从家人到事业，时不时还穿插着问一下村子的情况。我们也有样学样地问了几个与自己主题相关的问题，但因为问法不够接地气，并没有得到多有用的回答。在创业街，我们待了近一个小时，却没有多少收获，原因是一路问过去，几乎百分之八十以上的商铺主人都不是大家之前预期的访问对象，他们大多都是外地来的，只是租赁本村的房子做生意，而真正的和平村人在这里开店经营的很少，因此最后在这里，我们只做了不到 10 份问卷。经历了出师未捷的创业街后，我们决定还是到社区里进行问卷访谈。

下午三四点，正是晒太阳的好时候，社区里零零落落的都是三五成群的老爷爷和老奶奶，经过刚才的短暂观摩，我终于也可以自己独立做问卷了。一开始进展还是顺利的，但是两份问卷过后，我发现了一点问题，那就是在对村民进行问卷调查的时候不能将问卷上的问题全部一字不差地读出来，这样既吃力费时，他们可能也根本不理解我说的是什么，甚至可能会在无意识间不自觉地按照我的主观想法回答问题。意识到这一点后，在随后的问卷中我就开始用比较白话的语言来描述问卷上的问题，进程果然轻快了很多，问卷的有效率也有了提高。当专注地投入到一件事情上时，时间真的如流水般匆匆而过。八点多 T 同学过来找我收工的时候，我还在与一位腿部有残疾的大爷聊天。

据他所说，他有两个儿子，大儿子已结婚育有一子，小儿子还未婚，全家五口人蜗居在 90 平方米左右的房子里，小儿子的婚事也因此一直没有着落。整个聊天的过程中，这位大爷的态度都是消极的，有时还有点激愤。他总是几句话不离他的残疾，一边哭诉自己家庭条件不好，一边埋怨村部甚至是国家为什么不对他进行救助，还向我揭发了一些黑心肝的村干部。第一天就发现了这样一个爱诉说的访谈对象让我很是兴奋，于是在回去的路上，我就与大家聊起了这位大爷，并且激动地表达了我想以这位大爷为切入点开展我的主题书写的想法，然而 S 师姐狠狠地泼了我一盆冷水。她说："我们的主题是全面建设小康社会，你又写的是共享发展，要从全方位的角度去观察和思考，怎么能只从这一个人的个案中发掘东西。你只听他说他的生活多么艰难，你有考虑过其他的主客观因素么？有求证过他说的话的真实性吗？而且，既然他有两个儿子，好手好脚且正当壮年的，那又怎么会把日子过成他说的这样，这其中也许是有自身的问题的，这些问题你都想过吗？"我听后颇觉羞愧，是我有点太急于求成了。调研才开始第一天，确实不应该才有了一个案例且不加求证和思考，就想当然地准备拍脑袋开始研究了。

当天晚上吃过饭后，大家先是汇总统计各自一天的成果，没想到最后统计的结果还不错，比我们预期的要好。随后 S 师姐又教我们一起给问卷编码，以便后期用 SPSS 软件统计数据建模出表，这个工作也没有之前想象得那么难。掌握了要领后，不到一个小时，我们就将第一天的问卷编完了。最后，小伙伴们互相交流了一下白天各自做问卷的经验，总体上大家第一天的工作进展得还是较为顺利的。主要是在进村之前 S 师姐就根据她以往的经验提醒过我们：在心理上务必要做好吃苦受累、遭遇挫折的准备，所以才没有太大落差。问卷调查方面，除了刚开始我们几个还没步入社会的小年轻有点害羞磨不开面子、提问方式不太恰当外，其他的问题也在之后的调查中不断得到修正和改善。

万事开头难。通过第一次做问卷调查，我学习到了很多。首先，调查工具一定要准备齐全、恰当。其次，前期资料准备和概念界定一定要扎实做好。最后，要做好思想准备，既要有一定要成功的信念，也要有面对失败随时可以重来的勇气。

未至神农顶，但闻"野人"语

张宇萍（武汉大学）

2012 年 7 月 15 日早上，我们师生五人坐上了开往神农架林区的汽车。近 12 个小时的车程，我已呕吐得人乏脑晕。等到了目的地，我才知道我们住的松柏镇离风景区所在的木鱼镇尚有一段距离。

汽车中途休息停留的地方，门上贴着对联，阮老师说这对联上的"觥"字是不常用字，如果拿单字让方言合作人说，一般情况下念不出来。阮老师叫我们把这副对联记下，方便进行方言调查。方言调查，需要细心，要留心观察周围的事与物，并为己所用。还没开始真正调查，阮老师又给我们上了一课。

到达目的地时，天已黑，一找到提前联系好的酒店，我们便去找吃的了，一天的车程，简直是又累又饿。这是个小镇，夜晚不喧闹，没有城市里闪烁的霓虹灯，能听到夏虫的鸣叫。

第二天出门，我们终于得见连绵的山、飘浮的云朵，还有蓝蓝的天，就算不是旅游区，这风景、这空气，也是极好的，想着要在这里住上一个月，开始觉得令人愉快了。这里的公路和地势一样，下完这一坡，再上那一坡。路上几乎看不见自行车，都是摩托车，还有一种三轮车，当地人称之为"蹦蹦儿"。印象里，好像是起步价 3 元，然后每公里 2 元。

阮老师安排了我们这次神农架调查的行程：寻觅方言合作人、单字录音记音、连读变调调查、词汇调查、语法调查、长篇语料录音、俗语和歇后语收集等。这次活动就是要将个人与集体的力量发挥到最佳状态，这也是此次调查活动的意义之一。接下来的每天晚上我们都要集合开会：每人汇报今日工作、讨论遇到的问题、商量解决问题的办法、安排第二天的工作，并说明注意事项。每次会议都有记录。我们的调查采用分组形式，一般固定分为两组，有时候也会因为临时状况而进行调整。调查的主要方式是以我们到合作人家中为主，以合作人到宾馆为辅。先调查语音，等梳理完语音面貌后再进行词汇和语法的调查。最重要的工作是寻找合适的方言合作人。前面三天，我们走街串巷，明察暗访，拉呱聊天，只为"物色"合适的合作人。常常会有人以为我们是骗子，即使我们带着学生证等各种有红印章的证明也无济于事。等我们在神农架转了大概有一周的时间后，当地人才开始信任我们，慢慢地，我们在当地小有名气了，与当地人聊天搭讪时常会有人说："你们就是那些来我们这里调查的大学生呀。"有很多人不理解我们调查方言有什么用，我们年轻的理想主义和稚嫩的价值论根本无法引起他们的共鸣。等找到合适的合作人之后，我们一般是上午去录字音，下午调查词汇和语法，晚上开会和整理调查资料。

为了找到合适的词汇合作人和语法合作人，有时候我们还得到更远的乡村去。我们要随时留心外观上看起来有文化、识字（比如戴着眼镜、拿着书本、穿着得体等）的老人，要注意潜在合作人的活动场所与活动方式，要察言观色，要观察合作人的说话方式，还要根据我们的调查内容去找相应的合作人（诸如调查服饰词汇便去找裁缝或服装店老板等）。我们徒步走过20公里的大路，也借过自行车骑上那一坡又一坡的公路，还半路拦过载货的三轮摩托车，我们"闯"过民宅、找过文化局、去过养老院、去过高中，还走过街道、越过荒芜，也淋过雨，皮肤晒得黝黑，就为能更全面、更准确地调查到我们需要的内容。不仅要找到合适的合作人，我们还要充实我们的知识储备，我们要事先准备好调查问题，要先熟悉我们调查的内容，要学会引导合作人往我们需要的内容上多说，还要提高自己的胆量，不做扭扭捏捏的"小媳妇"。有时候我们也会气馁，也想过随便应付，也想过放弃。不过我们还是坚持下来了，收获满满。

我觉得方言调查最大的魅力，在于能遇见可爱的人儿。每一次方言调查，都要感恩每一份遇见。在神农架，我们遇见过在树下灵修的基督徒夫妇、教我们打"上大人"牌的小卖铺老板、好心载我们的载货三轮车师傅、送我们豪猪刺的老猎人、为我们用当地乐器演奏的叔叔、教我们跳广场舞的阿姨，被我们调查得脸红害羞的年轻人、上过刑福义先生课的小学退休校长……当我翻开我的调查日记，满满的都是"叔叔""阿姨""爷爷""奶奶"，我多希望再回去见见他们。

有一位老爷爷，至今还与我保持着联系，他是我们的语音合作人——张良俊。那时候他已87岁高龄，身体还硬朗，口齿清晰，识字多，特别支持我们的工作。我和谢亚娟、许腓利几乎每天上午都到他家里去录音。张爷爷以前是个商人，很有儒者的感觉。每天我们在大老远就能看见张爷爷站在门口，穿着讲究地等着我们。他几乎每天都是衬衫、西装马甲、西裤和皮鞋，还会将衬衫的袖口折起，皮鞋也擦得干干净净，偶尔还会戴顶小洋帽。张爷爷特别谦虚，说自己并没有读多少书，怕他认错字，发错音。事实上，《方言调查字表》上的每个字他都认识，字义他也清楚得很，他可以脱口而出"粫""蓋"等不常用字的方音。记忆最深刻的是张爷爷让我们陪他吃蜂蜜核桃（把核桃泡在蜂蜜里）时脸上露出的孩子般的笑容。离开神农架的前一天，我们去向每一位帮助过我们的人道别。张爷爷眼里含着泪，一直攥着我的手，让我们常回去看看。这些年，我与张爷爷一直保持着联系，有时候给他写信，有时候打电话，他时常叮嘱我要努力，要好好走人生之路。

遗憾的是，我们未能拜访发现和整理汉族创世史诗《黑暗传》的胡崇峻先生。

谢谢这些可爱的人儿，我们还欠神农架一次回访。愿还有机会可以弥补。

莫干山下新农夫

马露露（温州大学）

"没办法，一不留神就做到了第五年！"正在补种老姜的卢庄主抬起腰对我说。

在日落的光影中，夏日的燥热逐渐退去，朱老伯骑着脚踏车驶过我们的视线，天边的暮色中飞鸟归入山林，四下阒然。玉米的秸秆堆成两垛，焚烧过后有干燥的烤烟的味道，我们悄然不语，远处的颓墙没入黑暗之中。

庄主说："所有的辛苦，在这一刻也是值得的。"我们扛着锄头，一前一后，吹着口哨，回厨房烧菜。

说来奇怪，我觉得每个人喜欢的食物的味道其实早已植入记忆的基因之中，即使时隔多年，你依然想要找寻那样的味道，也会在吃到熟悉的味道时，被这偶然却又大胆的邂逅感动。

有一次，在一位老师家吃到了非常好吃的、有着纯正味道的蔬菜。问及原因才知道，原来老师订购的是一家名叫"简法"的农庄用传统古法种植出来的蔬菜。食物味道差别之大，是由于现代农业的生产方式和以前的自然种植有了很大的区别。现代农业主要是利用机械作业，生产过程中会大量使用化肥、农药、激素。

而简法农庄则不同，它是由一个"城市新农夫"卢仁创建的，还在用"最传统"的方式种植蔬菜、稻米，养殖牛羊，生产过程中不使用化肥、农药等，雇佣的也是当地有经验的老农民，采用自留种的方式，人工翻地、播种、锄草、除虫、采摘，少量采用喷灌等现代化的、对土地没有伤害的技术。所以生产出来的食物在味道上十分纯正、可口。

我是被这一腔热情、满怀热血而感动，所以决定去调查传统农业的优势与其中蕴含的思维模式。

经老师介绍，联系上简法的卢庄主之后，我在七月下旬动身了。

简法是一个坐落于湖州德清莫干山山麓的生态农庄，简法顾名思义就是要给农业做"减法"，主张去掉现代农业中过多的化学滥用，重拾传统种植方式，顺应节气，遵循自然规律，用心呵护脚下的土地，善待每一种生物。还主张珍惜食物，食在当地、食在当季，简化自己的需求，去掉过分的物质追求，过一种简朴有品质的生活，同时在做人方面追求做一个真诚简单之人。

农庄呈南北纵向，面积约120亩，四周茂林修竹，最北也是地势最高处为一个小型水塘，水塘边上有一个破旧的茅草房，远看竟有一种遗世隐居的味道。往下走是厨房和养猪羊的地方，一条小路贯穿南北，右侧是一个挨一个的蔬菜大棚，里面杂草和蔬菜一起旺盛地生长着。再往下是农庄的客厅和农民休息的房间，再往南走两侧分列种植着各种蔬菜，有杭椒、茄子、豇豆、丝瓜、秋葵、黄姜，再远处就是大片的水稻和藕塘、慈姑、茭白、菱角，远处是山和教堂。

卢庄主本人并不十分健谈，只是在说起自己的农庄和对于传统农业的看法时才会滔滔不绝。他本是上海一家企业的主管，40岁之前事业有成，家人又都移居加拿大，本可以颐养天年的他却因为受到木村阿公的感触，决心像他一样，当一次傻瓜。木村阿公用九年的时间种出了完全不用农药和化肥的苹果，他的苹果好吃到"震撼"了整个日本，一年只有2000人能排队吃到用阿公的苹果做的苹果汤。卢也相信，大自然自成一个系统，所有的物种之间存在着一个平衡和制约关系，现在不过是因为人类的过度自信，将这个系统打破，按照自己的意愿，用所谓技术的手段改造着自然。他说现在人的思维很奇怪，想吃什么就要让土地种出什么，但其实应该是土地长出什么，我们就吃什么。正如福冈正信在《自然农法》里的观点一样，他说人类用智慧满足欲望，然后陷入欲望的海洋，没有止境。人类认为的文明不过是不断地满足欲望，文明史就是欲望膨胀史。这大有一派老子"绝圣弃智"的决绝味道。所以卢在厌倦"以身创业"之后，一意孤行地投入到传统农业之中。

　　卢的房间也相当古朴，两个木质书架，几乎和房顶一样高，上面摆满了有关农业及传统文化的书籍，还杂乱地摆放着罐装食物。一个废旧门板被再次利用充当了桌子，周围有三个竹编木椅，北墙有一个八仙桌，上面放着神龛。屋顶是尖顶人字形的，传统的大梁架上铺着稻草，还有一个玻璃天窗，地板也是水泥地，角落里还有一个姥姥辈用的暗红色的木质开合家具，上面绘有传统的花卉图案。他说，这些家具都是从二手市场买的，质量没问题，而且也简单古朴。

　　七月的下旬，南方依旧是湿热难耐、酷暑难当的季节，卢庄主早晨五点就会起床，起床后的第一件事情就是绕着自己的农庄转一圈。他说，喜欢看太阳初升的时候，植物蒸腾着白雾、露珠折射出光彩的景象，一切都是那样熠熠生辉、光芒万丈。早上五点半，农民伯伯和阿姨们陆续来到农庄工作，运气好的时候还会听到不爱言谈的钱老伯唱的当地民歌，悠扬动听，即使不知道歌词内容，依然会被旋律打动。

　　早饭之后，农庄的人先根据订单去采摘新鲜的蔬菜，然后用稻草捆扎整齐，储放到冷库。方姐，即仓库管理员，会根据顾客点单要求配送蔬菜，用可降解塑料袋来包装。下午，快递公司的员工开着冷链车把装箱完毕的蔬菜运走，第二天上午，上海、杭州等地的客户就能吃到最天然、最好吃的蔬菜。

天气最热的时候，一进大棚，不到五分钟就会汗流浃背，即使这样，卢庄主依然会和工人们一起劳动。他穿着粗布衫、黑布鞋，拿一把镰刀，蹲在地里割草。由于不使用农药灭草，全靠人工一刀一刀地割，所以有的大棚来不及割草时，里面的草比蔬菜长得都要高。卢说，没办法，一茬一茬地长。甚至就放任它们长，他说野草也是绝佳的美味，像野苋菜就非常好吃，只是我们把它当杂草对待，就忽略了它的味道。他还经常给客户们配送一些，甚至教给他们怎样做菜才能把食物最好的味道呈现出来。

一日，台风来临，大雨突至，我们仍在浇地。卢光着膀子穿着拖鞋，落魄又不羁；我则把衣服撑起来盖在头上挡雨，匆忙干完地里的活儿在雨中飞奔回去。还不到晚饭时间，我俩搬着板凳坐在屋檐下看天，说着今年的收成，卢罕见地点了一根烟，瓦片下滴答的雨逐渐连成线，天色更黑，远山上的竹林升腾起白色的烟雾，几只白鹭正在寻找避雨的巢穴。卢幽幽地说，这大概就是我的田园梦吧。我默然点头以对。

洪坑村土楼之行

王子涵（中国社会科学院）

在阳光轻盈翻过七月台历的最后一页时，调研也悄然开启了新的篇章，我们跨越了天然的地理屏障，穿越了两省之间绵延不绝的灌木丛，来到距离广东梅县146公里的福建永定，感受历经沧桑的客家文化的神韵。

在尚未抵达永定洪坑村前，我的脑海中已不止一次地在勾勒土楼壮美的线条。离洪坑村愈近，这线条愈清晰明朗起来。历经近3个小时在盘山路上的颠簸，推开车门的那一刻，好似马上要见到神交多年却不曾谋面的朋友，空气都有些粘腻湿润。

临近夏季的傍晚，暮色四合。我们一行五人，拖着疲惫的身躯和大包小包笨重的行李，想找一个价钱合适又安全的落脚地。一个五十岁左右、头戴着斗笠的中年女子迎面走来，很热情地打听我们是否要安顿下来。由于此次调研的洪坑村恰好是国家5A级旅游景区，每天来这里参观的游客团很多，近年来周围的商业经济也"水涨船高"。我们心里还有些许戒备，担心一不小心遇上"黑店"。我们告诉她我们是来村落里面考察的，她见我们都是学生的模样，说自己家的儿子也差不多一般大，求学不容易，便以非常公道的价钱给我们提供了两间房。她是土生土长的洪坑人，姓赖（赖姓是当地的大姓），这几年刚修建了一座四层楼的新房子，自己住，偶尔也租借给前来旅游的客人。这个季节正值暑假旅行的旺季，看天色渐晚她就几乎以保本的价格让我们住下来，说自己家的房子少赚点钱也没关系。晚饭后，我们这一团队在一楼的大厅商议明日的行程计划，又遇到了经费的难题：整个村落早已形成了一条相对完整的产业链，想要考察当地最有特色的土楼建筑，都必须持票进入，人均 90 元。而最著名的土楼王子——振成楼，即使买了票也禁止游客进入土楼建筑内部进行参观，以确保不影响当地土楼内客家居民的生活。由于受调研经费的制约，我们首先考虑的问题是，门票的钱怎么办？怎样才能更近距离地观察和接触土生土长在振成楼的客家人的日常生活呢？我们一筹莫展，赖阿姨听到了我们讨论的内容，从二层下来同我们一起想办法，并烧了一壶热水给我们"吃茶"，还说年轻人爱熬夜、不注意休息，让我们多喝一些当地的花茶，有养肝功效。同时这位阿姨很热心地帮我们联系到了居住在振成楼里的人，约定好明早凌晨五点准时在振成楼大门口等我们，把我们带进去，并说我们只有在凌晨五点钟之前趁土楼的村民们尚未醒来，以探亲的方式才能悄无声息地进入土楼。在不影响别人的起居生活的前提下，我们还可以四处走走看看、拍拍照片。赖阿姨一下子帮我们解决了两大难题，我们五个人不由地都高兴起来。

那一晚，纵然一直绷着明日要起早的弦儿，我们依然睡得很踏实。漂泊半月，在土楼边，我们似乎找到了一种久违的安全感，像家一样，守护着远行人的梦。

凌晨四点半灰蒙蒙的天飘着零星的小雨，我们五人整装待发，心里莫名地开出一朵朵花来。在绵绵的烟雨之中，在粗犷的振成楼门口前，我们如期见到了赖阿姨昨夜帮我们联系好的土著居民赖大姐，赖大姐在雨中挥着手冲我们微微地笑着。

我们轻轻踏在木制的台阶上去感受古人的智慧，怀揣着几分敬畏。永定的每一座独立的土楼都散发着生命力，我们身处的振成楼建于 1912 年，是按八卦图结构建造的方圆土楼群，分内外两圈。外圈 4 层，每层 48 间，八卦每卦 6 间，一梯楼为一单元。我们置身于土楼的二层，抬眼向上望，彩虹般拱形的建筑下，每一个人都被青山与绿水温柔地拥抱着，灵魂深处对于人类情感的皈依被渐渐唤醒。洪坑村所在的闽西南山区，在客家人的智慧运用中，将天然的地理劣势转化为一种独有的地貌优势，依据险峻多变的山势建造出一幢幢气势磅礴的土楼，这种睿智，蕴含着中国传统建筑规划的"风水"理念。身处其中，我们不禁再一次被这种广博的情怀与才思所震撼。

在环环相扣、紧紧相依的祥和气氛中，整栋土楼的每一户人家也组成了一个紧密的大家庭。聚族而居，是根深蒂固的中原儒家传统观念，在聚集力量的共同感召之下更要求参悟到人与人之间的关系，进而扩展到更大范围的多元社会中去，来寻求和谐共处。

办"中元会"

张翠霞（云南大学）

　　大理白族龙龛村的"七月十四"，是我一直关注的节俗仪式。每年节日期前，我都会回到村里，和村民一同度过这个为期半个月的节日，2010 年也不例外。

　　可是，当我于 8 月初回到龙龛村不久，便传来了邻村的"劫难"："女人是在城里'四方街'超市上班的，从南生久村嫁到上生久村，她孩子是个姑娘，十一二了……下班回家，摩托车后面坐着她女儿。哎呀，一个人也就算了，就这样，在丽大路就翻车了啊，听说就是在向生久村转弯的地方翻了车的，妈妈是摔死了，当场就没气了，女儿现在还住在医院里，听说伤得很重。哎，母亲出殡，孩子都还在医院回不来呢。哎，真是可怜啊……"

　　文奶奶一边扫着院子里的豆渣一边对我说道，脸上的表情显得有点儿不自然。

　　"今年南生久村就是很不顺啊，村里已经连着死了好几个人了，有五六个了吧，老的小的都有。说是村里一个做泥水匠的，给人家盖房子，不小心就从搭架上摔了下来，底下都是石头、料子（木料）什么的，这样也就摔死了……"

　　在一旁坐着的何奶奶也说道："是的，是死了好几个人了。老的也有，年轻的也有，算下来今年村里是死了五六个人了……他们去问了，村里人说是问了鸡足山的一个和尚，和尚对他们说要让他们做一次会，要不然还有人要死的。"

听着，文奶奶又接着说："有人说了，他们村里修了路，到现在都没有'办会''做好事'，所以村里才会不顺的。谁知道呢……不过今年他们是要办会的，说是要办一场很大的'中元会'。"

文奶奶说的"做好事"，是指村里办祭祀仪式敬谢土地神。在我的田野调查中，村里的奶奶和大娘们始终是我最有效的"消息树"。我的确打算去邻村南生久走一遭了。

南生久村，白语称为"色给拉音"（sefgentlatyinx），隶属龙龛村委会，从龙龛村出发沿着向北的"踏石路"走约 1 千米便到了。2010 年，南生久村有 6 位村民相继去世，其中两位为老人，但是年纪也不算太大，村里人说他们是能"去好去处了"，另外四位"年纪小，死得不好"。几日前从南生久村外嫁的妇人的车祸似乎还是村民们嘴上的话题。他们不断述说着"白发人送黑发人"的不幸，而就此"要'办好事'，否则还要死人"的"预言"在村民中也不断蔓延。

"这年要办'中元会'是提前商量好的。村里过得不顺，难倒真的是因为几年没办了？'莲池会'的'经母'们问过，有劫难一定要办一台'好事'才行……人死了，活着的人是要好好过下去的。"

"盖房子动土以后是一定要'谢土'的。村里每家每户盖了房子，房诞的时候是一定要'谢土'的……前几年环洱海的村子政府都给了钱，村里的领导们用钱浇灌了村里大大小小十几条水泥路，各家各户墙上粉刷的粉刷，公厕也新建了，但是就是没有'谢土'。"

眼看就到农历七月，"村里很多年都没有这么不顺了"，"洞经会"和"莲池会"议定在 2010 年 8 月 12 日至 15 日，即农历七月初三至初六举行为期四天的消劫仪式"中元会"，如他们所说"劫难来时就要消劫，也至少求个心安"。

持续四天的"中元会"消劫仪式终于结束了。一大早，出村的主路上，几个年轻的小伙子蹲坐在路边的石墩上，正等着伙伴一起骑车到城里"做活"。

年轻人 A：你看，那是昨晚在路边烧的，你不知道他们"送"（用轿子抬着烧送品）的时候那鞭炮放得有多响，从我家门前过都能把耳朵震聋了……我说，"办会的"忙成那样，真不知道是真的还是假的。难道真的办会就不死人，不办就死人啊，反正他们信的，我不信。

年轻人 B：别瞎说，省得"他们"（所送的亡魂）还没走远呐，你还是赶紧吐口吐沫算了，你奶奶没跟你说不能乱说啊。

年轻人 B 随即吐了一口唾沫在地上。随后，见同伴没来，闲来无事便随手摘了一根路边的树枝去扒地上没烧尽的"轿子"。此时，一对拉着手推车到蔬菜交易市场卖菜的中年夫妻正从路边经过，妇人说道：

"哎……小伙子，这些类东西是动不得的。动不得的，你认得吧？小心回去头痛、肚子痛的……你们小，不懂得，我们没看见算了，看见了不说，倒是我背过了。"

年轻人没应答，扔下了手里的树枝，见同伴已迎面而来，便骑上车走了。

村落南边的蔬菜交易市场里人来人往，入村的"松柏牌坊"已经拆了，而悬于村中心主路的用于"中元会"消劫仪式的各种五色会幡和"洞经会"分发的张贴于各家户大门门檐上的黄色纸符依然随风飘扬。村中心"大场"上张贴着用毛笔书写的红色"功德板"，那周围聚集了很多人，他们都忙于寻找自己的名字并谈论着各家户"出功德"的情况。

年长的"洞经会"会长弓着背来到"大场"上，这里的小卖店门口聚集了饭后出来闲聊的人。

村民 A：阿大，您多少辛苦啊……

会长：辛苦啊，都是大家一起忙会的。

村民 B：您最辛苦了，这回可以闲几天。把村里这件大事办了，您也算是有功德了。

会长：你说的，都是大家一起的。我年老了，他们小的做得多。要说这也是全村人的功德，是村里的事情，大家都出力的，"好事"办过了，以后村里也会太平些了。

村民 A：对，对的。以后村里没有事情了（不会出什么意外事故的意思）。

妇女们不时地来往于这里并寒暄几句，谈论下"功德板"，也谈论几日里的忙碌。

妇女 A：XX 家功德出了 15 元的，够多的啊。我们家媳妇儿就拼了 2 块钱，就表表功德算了，现在我都不管了。不过我说了，让儿子、儿媳妇去给他们死去的爹挂个亡名，他们倒是去了……说是挂了三个亡名呢，说给媳妇儿家马久邑的妇女也各挂了一名，这我都不管了。

妇女 B：哎呀，人家挂功德 15 元是人家的事。你不知道，应该的。他父亲今年不是也刚去世嘛，虽说是老死，喜丧，可逢遇办会多出点儿也是好事。你看，"洞经会"会长家的女儿去了，说他老伴儿现在还是每天以泪洗面，白发人送黑发人啊，真是造孽啊。……你看办会他忙前忙后的，叫人看了心里难受呢。

妇女 A：这倒是。哎，这村里今年事情是有点出得多了。"好事"办得好，以后村里也就没事了。这不是也连着把好几年的"谢土"也办了嘛，没事了没事了，以后都会顺的。

"大场"的石凳上，村民们在这里等候入城的3路公交车。车来便一拥而上。车开了，车里的人却又聊开了。

下龙夅村民 A：你们的会昨天办完了吧，你们有功啦啊。办会这事情，相当乱了，乱也乱不完。

南生久村民 B：是啊，乱不过来了，办完了，你看人家看出来了（需要消劫办会），我们不办不行啊，你说是吧？乱完了这件事儿，村里也就没什么其他事情了。

上龙夅村民 C：我们村里办都是好几年前的事情了，有五六年了吧。这几年没什么事情，就不乱了。相当乱了，那一年我们村里办的时候是我们孩子奶奶"搭头"，啊吧，乱不完的。我们也是白天白天地去，晚上晚上地去……不过，你们村从此就顺了，我们村好几年都没出事了。

消劫办会仪式早已经结束，可是村民有关"劫难"和消劫"办会"的聊侃却不曾因仪式的结束而终止。在随后的日子里，2010 年 8 月间"办会的那些事儿"成为村民平时聊侃中的一个话题。这样的聊侃和谈话，在我之后的调查中还能不时地听到，有时很久不再听说但又会在不经意间再被提起，似乎没有人知道它们会什么时候结束。是的，村民们有关"消劫"与"办会"的记忆将一直存在，他们也会谈论，而且会一直谈论下去。

广西仫佬族的"桥"

毛筱倩（中央民族大学）

公车绕过沐浴着阳光的山坡，我戴着耳机隔绝了其他的声音，望着窗外呼啸而过的风景，思考着前方终点站究竟会是一番怎样的民风人情。我即将要在广西仫佬族居住的自治县展开田野调查。

进入县城后，我没时间参观当地的城镇，急急忙忙奔向村屯，来到目的地"石围屯"。这个村，屯如其名，村子外头用石头垒起的半身高的矮墙，将整个村子围成了一个大致的环形。内部小道纵横交错，像迷宫一样混乱，但是无论你怎么走，总能走出村子外，然而只要沿着外墙绕个圈，又能回到起点处。我尝试过好几次，最后总能回到起点。在这个偏僻的村落中，别致的建筑设计显得相当有趣。

2015年8月7日，此时我已经在村里待了一个多星期。这一天的早上，我和往常一样找村民唠嗑，结果被告知村里有一位大爷去世了，家人正准备着他的葬礼。我纠结着我去参加是否会打扰他们，但随后便被逝者房族的长老邀请参加，他还十分开心地告诉我，逝者年岁已高，这成了一场白喜事，人越多越好。于是我有幸参与了全程。

葬礼的规模出乎意料得大，逝者房族的所有成员和其他村民都来悼念，除此之外，房子之外接近半个篮球场大的广场全都成为宴客的场地，客人们从白天到黑夜一直在吃喝玩乐。与此相反，房子里的气氛则十分沉重，法师的诵经夹杂着女性亲属的抽泣声，男性家属三三两两地出入房屋，或招待客人，或给法师搭把手。这里的人都已经各就其位，只有我是坐在门口旁的小竹凳上观望。

这时，逝者的外甥女离开哭泣中的人群，来到我的身边，询问我是否可以陪同她去洗手间。这是一个将要升初中的小女孩，穿着和城市的女孩不出两样。我想没人会拒绝一位这么可爱的小女孩的请求，当然其实我早就想去外面透透气了。

"你不要离开，在门口等一等。"小女孩抓住我的手，等我点头后她才放心地进去了。回来的路上，我俩顺便在屋子外头和村民们一起吃夜宵。我笑话她胆子小，她马上板起脸来，特别认真地告诉我："有鬼，很多鬼。再晚一点就要过桥了。"虽然之前我已经有点了解仫佬族葬礼的流程，但是仍然很难想象过奈何桥时的状况。

我问她："你也要过桥吗？"

"全家人都要送外公。"

我得到她的答案后，顺着扒了几口米饭，就拉着她回屋子里去了。

屋子里的法师依旧在念经，大女婿满头大汗地跑回来，据说是刚去查看完插在河流边招呼孤魂野鬼用的食物与竹竿，等一会儿过了桥就可以砍掉竹竿，准备出棺。亲属们开始架设长条凳，底下放了盛有清水的铁盆，而逝者的长子则去外头分发红包去了。

待长子回来，所有人都赤脚朝向法师，接受法师对他们施展的法术，然后跟随法师朝不同方位祭拜了天神和祖先。这些流程结束后，所有亲属排成一列，长子在最前头带领着其他亲属在屋内转一圈，抵长条凳时不可直接跨过去，而是要踩在上面，往铁盆里投入硬币，投后方可下来。

　　我后来询问了法师这其中的意味。法师告诉我，长板凳是"奈何桥"，生人要送逝者过桥，附上一些盘缠是希望逝者在那边能过得安逸一些，待逝者到了那边的世界，生人才在法术的庇护下安心地回到阳间。过完桥后，长子将铁盆里的硬币清洗干净，倒在地上，捡起字朝上的硬币，剩下字朝下的硬币留给逝者。前一种硬币意味着逝者对后人的祝福，后一种则是后人给逝者的盘缠。

　　对于仫佬人而言，逝者非"逝"，他们是跨过桥到了另一边的世界，这个空间里，生人与逝者同在。无论是小妹说"有鬼"，还是法师说"过桥"，抑或是分为两类的硬币，都是仫佬人对待生死的二元价值观的体现。死亡并不可怕，灵魂在往另一个世界靠近时由家人陪伴着过了桥，到了那边才与亲人分别，同时也与已故的亲属相聚，在这个过程中，逝者并不会觉得孤单寂寞。

　　这是我第一次全程参加葬礼，没有预想中的那么肃穆冷清，和之前看过的一部关于死亡的电影《入殓师》里展现出的静谧素朴的氛围不同，仫佬人的葬礼非常烦琐、热闹。然而它们之间有一点是相似的，正如电影中的一句台词所说的："死亡不意味着生命的结束，而是穿过它进入另一阶段。"

稍田村寻董记

方云（华东师范大学）

对于明成化十四年（1478）的"琉球册封史"董旻，历史评价可追到平定安抚边疆的班超、马援，但有关其孝忠耿烈的一生，记述却极为简略。为了尽可能地使历史人物形象丰满以及加深对相关琉球册封史的研究，这年暑假，我与福建师范大学的胡新，一同前往江西省乐平市涌泉乡稍田村，了解明朝琉球册封使董旻的生平及相关的传说故事。

8月的山区，天气炽热难耐，经过了对几个村子的走访，终于将最有可能保存董旻家谱的村子锁定，路遇淳朴村民骑摩托车一路相引，我们顺利来到稍田村，找到了据说存有"董氏家谱"的董炳寿老人的家。

董家的老宅，就在村口西侧，偏离主干道一隅，较之村中近年新起的小洋楼，多少显得有些格格不入，也有些许的落寞。"董炳寿老人在家吗？"几经问询，未见有人应答，我们不得不一次又一次地提高了嗓门，并小心地推开了半掩的木门。"不在，出门买药客（去）了！"突然间的答话，让我们不免有些诧异。老屋并不大，因光线较暗，竟然一下子找不到回话的人在哪儿。

"你们要做什么嘛？"冷冷的语调中已经有了防范，随着竹床"咯吱"作响，我们才注意到厅侧有张竹床，床上躺着一位有点年纪的妇女，她背朝我们，一点也没有转过身来交谈的意思。我们非常客气地说明来意，不想她更加冷淡地说："没有什么家谱，不要再来了，当家人也不知什么时候回来！"再之后，除了冰冷的背影，一句话也没有了，我们只得悻悻地退了出来。

好不容易找到了线索，怎么能轻易折返？我们决定在村子里晃荡一阵，说不定等到董炳寿本人回来，事情就会有所改观。

沿着董家的老屋往村中心走，要跨过一条小溪沟。一群十八九岁光景的小年轻正在用竹篮捞小鱼、小虾，我凑上前去观看，发现他们收获还不小，看样子村子的生态还是相当不错的。后生们对陌生人的到访也充满好奇，我们告知是来调查册封使的，他们听不太懂，当听到董旻的名字时，大家都兴奋地表示："我们知道啊，那个董旻王啊！""我们听老人们讲过他的故事啊！"

我们听当地人称董旻为"王"，甚是感兴趣。"听以前的老人说，他到一个海岛上当过三天的王，披过龙袍的哦。""哪位老人讲的故事？老人还在吗？能带我们去看看吗？"年轻人立马领着我们去村子里找会讲故事的人。

不想，这位被大家称为会讲故事的奶奶，就是董炳寿家的妯娌，她的丈夫已于两年前去世了。老奶奶慈眉善目，除了腿脚有些不便，精神倒是很好。她说，丈夫生前常常给村子里的孩子讲董旻的故事，她听了这许多年，也能讲一些了。可是当我们要求她给我们再讲一遍，并打开本子、拿出录音笔准备记录时，她就抿起了嘴光笑，怎么也不肯说话了。

领我们来的小年轻们不乐意了，怕我们认为奶奶不会讲故事，就你一句我一句地说起来。有的说："董旻王到了那个海岛，被认为是中国的王，很是快活地当了两天的王，到了第三天听说朝中有人来，怕被拆穿身份，就急着乘船启程回国。海上大风大浪，幸亏得了一封印石，在神石的保护下终于顺风平安而回。"也有的说："董旻出生的风水宝地有一处水塘，塘中有七颗田螺，预示后世会出七位奇人。但乡中一小儿无知，摸走了六颗，只剩一颗，后来就出了董旻王了。""董旻王身材高大，特别能喝酒，脾气刚烈。""农民在董旻墓地前的田里耕种时，常常会犁到大石块。可是扒开泥土却什么也不见，那就是传说中的那块封印石。"

可惜的是，听说 20 世纪 80 年代末，村后山上的一处明代墓地被盗，乐平市公安局和文物所都来了人调查。人们对当时公安来勘察的情景仍记忆犹新：所见墓地的青金麻石比较高级，大家都说是董旻的墓。而村中这两家董姓人家自此以后不再和外人谈及董旻以及家中存有家谱之事。对于我们之前所遭受的冷遇，现在也完全理解了。

此时的年轻人们，激活了记忆中的董旻王故事，一点一滴、相互印证，有时肯定对方叙述的真实性，有时还插科打诨，我们听得如痴如醉，完全没留意到身边的人渐渐越围越多了。村子里的姑嫂们来了，放暑假待在家里的小孩子也出来了，"中华田园犬"们也出动了。村中一位 90 多岁的最年长者，竟然也从菜地里直接奔了过来，老人家光着膀子，露着黝黑的皮肤，接过香烟，咬在了光溜溜的牙床间，笑笑地跟我们说话。

一个下午，我们忘记了炎热，忘记了看不到家谱的懊丧，自在地喝着村民泡的凉茶，摇着老奶奶的蒲扇驱赶蚊虫。夏天院落的米枣树坠坠地结满了小红枣，身边的村民，老、中、青、幼四代人，竟然因为我们这两个陌生人重新聚合在一棵经年的老枣树下，述说与倾听着这个村子的"董旻王"，这是多么难得的"记忆之场"重现。

时代让村落经历了种种变迁和人世飘摇，而近 600 年的民间故事，却仍能如此保存，并验证着文史记录的种种事象。我们不由得再一次感悟到民俗和民风作用之强大。

琅东村的陈家大院

陈果艳（北京工商大学）

"陈家大院"是我给我们家老宅子取的名字，因为它真的很大，绝不逊色于乔家大院，当年在抗战时期还曾经驻扎过一支国民党的军队呢。此等规模的宅子本该有一个响当当的名字，遗憾的是，生活在那里的老人都已故去，问我爸和我叔，也都说不清楚，印象当中是见到过一块祖上传下来的牌匾，应该是府邸的名号，可他们年少时不认字，后来牌匾亦不知所踪。

我没有出生在陈家大院，爷爷年轻时在市区里买了一套三进院的房子，我出生在那里，但我小时候爸妈都忙于工作，他们把我丢给还住在大院的奶奶带。那时不怎么记事，只记得大院的前门出来是一大片田地，村民们总在田地里劳作；大院的后门出来即是南湖，好多大姑娘、小媳妇每天捧着一盆盆的衣服在湖边洗洗涮涮。

那会儿我是个出了名的疯丫头，去哪里都是跑着去，一路风风火火的。这也不能怪我，院子太大，屋子与屋子之间的小道弯弯曲曲，想出门靠慢慢走，真得走死。从院子里往外跑时，遇到亲戚也不叫，亲戚们刚问："阿艳你去哪里？"一溜烟儿我已经消失在转角。就因为跑得太快，有一回我冲出院子后，脚打滑了，身子直接扎进田地里，动弹不得。一位正在插秧的老农见状，慌里慌张地跑过来，像拔萝卜一样将我拔出，然后用他那泥糊糊的大手，掐着我的脸蛋说："你一定是陈振民的孙女吧！下次别再跑那么快了，回去找你奶奶给洗洗吧！"我又羞又恼，厌恶地盯着他，心想还不赶紧把手拿开？！那种又羞又恼的小情绪，过了多少年依然记得。

陈家大院的傍晚是我最留恋的时光。夕阳西下的时候，各家各户开始烧火做饭。这时就能听见东家厨房里传出："三婶，我家没盐了，快给我拿点盐来！"或者西家厨房里传出："二叔，我家柴火不够了，拿捆柴过来救急！"在外面疯跑了一天的我，掐着饭点走进大院。饭菜的香味飘满整个院子，哪家做了什么好菜，一闻便知。想吃什么了，也不用说话，站在他家厨房门口，自然有一双筷子夹着好吃的送到嘴里。这样东家吃一口、西家吃一口，回到奶奶的厨房时，基本吃饱了。奶奶还老说我吃饭少、好养活——特别有意思。

我拢共在陈家大院没待多长时间，要上幼儿园，奶奶也来到市里照顾我。后来对陈家大院的记忆，均是出自奶奶和其他家人的描述。最经典的，莫过于一支国民党的抗日部队驻扎在我们老宅子的那段了。听说，部队第二天要上前线，当晚临时借宿在我们陈家大院。深夜，一名军官拿着一个小木盒，敲开了我爷爷的房门。他对爷爷说："我明早要上前线了，不知道能不能活着回来，这个小木盒里装的是金条，是我毕生的积蓄，请你代为保管，如果我能活着回来，咱俩对半分；如果不能，这些金条全归你了。"可我爷爷死活不干："我不能帮您保管，您还是自己带着吧，您一定能平安回来！"结果呢，这支部队在前线与鬼子英勇厮杀，最后没有一个人活着回来的。哀痛之余，为保管金条这件事我奶奶不止一次地骂爷爷"死心眼儿"，害得金条全丢在荒郊野外了。但我不这么看，我坚信军官没有把小木盒带往前线，它一定是被私藏在陈家大院的某一个隐秘处！

让我急不可耐地要回到陈家大院的，除了寻宝，还有更重要的原因：一个叫"陈美丽"的小姑娘！她属于陈家的另一条分支，大概从我爷爷堂兄弟的那一代分出来。据亲戚们讲，小姑娘长得眉清目秀。而同一代人中就我和她是女孩，我也常被人夸长得漂亮，大伙儿时常拿我跟她做比较。可陈美丽的母亲过世很早，父亲酗酒，底下还有几个弟弟，小小年纪的她就承担起了大人的角色，不仅照顾弟弟，还干农活儿！光是这点就足以令我汗颜的了。

重回陈家大院，我特地挑了一个日子。这天我刚换了一辆崭新的 24 寸自行车，粉红色的。从市里骑车到郊区不算太远，一贯风风火火的我，一口气就骑回去了。多年不回去也不影响我直接找到我们家的老宅子，它在琅东村远近闻名。可是，等我进到这座久违的陈家大院，它已经不是记忆中的样子了……

恢宏的气势都还在，但由于住在这里的亲戚不多了，寂寥荒芜了很多。靠近后门的一排屋子，因为年久失修，一片断壁残垣。正当我站在院子中有些许惆怅的时候，一列整整齐齐、绿绿葱葱的含羞草吸引了我的注意，那显然不是野生的。我俯下身子轻轻一拍，整列的含羞草全部闭合！

"请你不要碰它们！"一个清脆的女声在我身后响起，我转过来，但见一位年纪与我相仿的小女子立于阳光下，面容清纯、身姿婀娜，好似从梦中走来的仙女，还飘着徐徐的仙气。我立刻猜出了她是谁，她就是陈美丽！"这是我种的含羞草，它们都是害羞的植物。""好的好的，我不碰了，刚才我只是好奇。""你是谁呀？""我是……"刚想报我的名字，不过——如果我都能从来往的亲戚里知道有陈美丽这个人，那她也肯定知道有我这个人。眼见为实，不得不承认，她有一种纯天然的、不事雕琢的美。自尊心让我把快到嘴边的话改为："我刚好路过这里，看到这个院子很大，便进来逛逛。""哦，是非常大。我从出生到现在一直住在这里，原来陈家人都住在这里，现在萧条了，好多人都搬到市里住了。"说到这时，她的语气明显低沉下去，甚是感伤。为了打破沉寂的氛围，美丽主动问我："你要不要喝点水？我住在前面，进我家来喝点水吧！""不了不了，我马上要走了！"推着那辆原本打算显摆的新自行车，我有些慌不择路地往外走。美丽也没强留："那你骑车小心点，外面路滑，别扎进田地里啊！""哦，哦！"话音未落，我已经到了大门外。等情绪镇定下来，回过头再望一眼这座陈家大院，心里竟涌上一丝理不清的难受，什么寻宝计划，早已被抛在脑后。

又过了很多年，我最后一次回陈家大院时已经参加工作了。用"回"字其实是不恰当的，当我来到南湖湖畔时，连我家老宅子原先所在的方位都找不到！这里高楼林立，已经发展成为南宁市最现代的城区。附近不仅田地全无，连一间平房也没有。我一直牵挂着的陈美丽，据亲戚们讲生活得并不如意——她那既酗酒又好吃懒做的爸爸，"让"她嫁给了广东一位做鞋作坊的生意人，年纪比她大出十几岁不说，身体还略有残疾。关键是，他把美丽当成了生男孩的机器。

如今，这片故土和故土中的这片南湖，成了富人的后花园，有钱人都以拥有一套看得见南湖的房子为荣。陈家大院毫无抵抗力地给这些高楼大厦让了地，无声无息地被拆除了。拆除时我在外地读书，年纪轻也不懂事，如果换成是现在，我肯定会给政府或者相关部门写信，强烈要求保住陈家大院——拿出资金整修，它定会依然是一座恢宏的建筑群！即使后人不能再住，也可以当作一个参观的景点，让外地人以及相当多不了解过去的本地人看看他们祖辈们曾经居住在什么样的院落里。假设保留下来了，也许生于斯长于斯的陈美丽还可以当管理员或者讲解员，毕竟没有谁比她更了解这座大宅院；兴许她就不用远嫁广东，那种生活一定不是她自己想要的！

敲下上面这些话后，积蓄已久的泪水终于夺眶而出：承载着许许多多故事的陈家大院，因为没有一个叙述的后人，它的故事连同它的躯体，统统淹没在社会发展的进程中。但这样的发展进程，真的是我们想要的吗？

乡村老宅

施杭（中国新闻社）

　　小时候因为每年暑假会去乡下外婆家，比起许多在城市长大的同龄人来说，我的童年多了那么几分乡土味儿。儿时的乡村记忆是对热热闹闹赶集的期盼；是新鲜出炉的酥饼勾起的味蕾诱惑；是疯跑在桃园摘桃浆的欢喜；是在村边荷塘戏水、抢莲蓬的乐趣；更是每次去外婆家那座老宅探险的神秘。

　　外婆家在浙江省金华市金东区赤松镇中牌塘村，曾是当地的殷实人家，几经风雨，家道衰败，终只留下一座老宅。虽不是什么几进大宅，但大门前有晒场，后院有池塘、菜园、竹园，还有各种果树。两层楼房、天井、三间两排头、上堂下堂，一应俱全。天气晴好的日子，阳光透过天井洒落一地，暖暖的味道即能洋溢周身。精致的门窗雕刻、精美的横梁与牛腿，无一不在那诉说着老宅昔日的生活过往。

　　听外婆说，老宅是由鲁班的后人所建。刚建成那会儿，每到掌灯时分，只要一有动静，就会发出时高时低的像刮风般的"呜呜"或者"呼呼"的怪声，时长时短。夜深人静起来小解，划火柴时"嚓"的一声一过，木头楼梯上就传来像敲木鱼般的声音，由上而下，时而急促，时而缓慢，期间还夹杂着像老人的叹息声。胆小的自是不敢动弹了，胆大的吼几声也就是壮个胆。

　　可一家子人整日提心吊胆的总不是个事儿，想这宅子刚建的怎么就闹鬼了呢。请来道士做了三天三夜的道场也丝毫不管用。后来有人提醒说是不是乔迁新居时，忘了请木匠吃饭怠慢了才被作弄。后来将木匠请到家里好酒好菜款待了一番，末了还送上了几块大洋。外婆说木匠在楼上住了一晚，次日那些个古怪的吓人声音就真没了。

许是外婆的故事使我对老宅平添了几分好奇。一到假期，我便喜欢与小伙伴踩着老宅内那咯吱作响的木制楼梯，去阁楼的小房间探险。

因为老宅一直无人整修，渐渐荒废下来。唯有那随意散落在院内的刻着精美图案的碎瓦、墙间裂缝和风蚀雨侵的痕迹承载着岁月的沧桑。

后来远渡东瀛求学，回乡村的时间慢慢少起来。

再回去的时候，记忆中的荷塘不见了，取而代之的是一幢幢钢筋水泥的新房。儿时的玩伴也都去了城里谋生。幸而老宅还在，宅子后院的那口塘还在，但水也已不再清澈。

老宅的大门在我的记忆中一直都是敞开着的，可随意进出，好像就是从路的这头穿越到那头的一个必经通道一般。而今只有舅公夫妇还住在里面。在天井正对面的厅堂里，舅婆编织着夏日里用的麦秆扇。"这宅子啥时候整修呢？"我随口问了一句。舅婆笑着说："等舅公回来你问他。他去田畈了，八十几岁的人，农活忙了一辈子，哪天若是不去，倒是浑身不自在了。"这话听着好生耳熟，眼前不觉浮现出直子奶奶的身影来。

直子是我在东京读书时认识的一个日本女孩，她的奶奶一辈子都住在一个叫作严岛的小岛上，在日本广岛县廿日市境内。那年直子的奶奶83岁，化着精致的妆容，举止优雅。虽然直子的爷爷去世时留下的钱足以让奶奶安享晚年，但她依旧隔日骑着自行车去附近的工厂打点临工，说是只因习惯了这样的生活。

时值日本的盂兰盆节，这是日本非常重要的祭奠祖先的节日。又逢当地一年一度的盛大海上烟花大会，于是那个假期我便住在了直子的奶奶家。那是日本最常见的"一户建"，传统的两层木造房屋，小小的日式庭院内种满了花，精致温馨。一楼的客厅内供着佛堂，二楼有三间日式榻榻米房间。听直子说，这"一户建"刚整修过，但几乎看不出刻意换新的痕迹。直子似乎看出了我的疑惑，解释说日本的房子每几年就会整修一次，这样才会更持久。

房内弥漫着约百年前昭和初期的浓郁气息，满满的怀旧感。"爸爸说明年退休了就会搬回来住。奶奶年纪大了，也需要照顾了。"直子虽不是土生土长的严岛人，但这里的每一户人家，每一家店铺，都是她所熟悉的。我不知道有一天直子是不是也会在退休后，搬回到这里。

岛上人们亲切的招呼声；那些送到手上的拥有红豆、奶油、奶酪、巧克力、水果等各种好吃馅儿料的枫叶馒头与有生吃、炭烤、蒜蓉蒸、烧汤等多种吃法的牡蛎；当然还有直子奶奶家那座满溢着昭和气息的"一户建"……所有的所有，至今在我的脑海里挥之不去。若还有机会，必定要再去岛上看看。

正想着，舅公回来了。问起宅子整修的事儿，舅公只闷闷地说了一句"不修了"。后来才知道舅公的几个儿子都在老宅边造了新房屋。二老舍不得离开，却也支付不起昂贵的整修费用，房子就那么一天不如一天了。

在天井边，摆放着一木杠抬轿。小时候，我总是喜欢钻进那长方形木笼里和小伙伴玩捉迷藏。那么多年了，它依旧静静地躺在那里。木头已有裂痕，但上面"大清宣统"等字迹依然清晰。舅婆告诉我那是以前走亲访友时用的客轿，也经常有人来借去接新娘。她轻轻拍落客轿上的灰尘，眼中满是对过往的追忆。老宅的角角落落都承载着祖辈的沧桑与历史的记忆，对他们而言，老宅更像是一种情感的归宿与心灵的慰藉。

然而随着城市的发展，乡村的环境也发生了变化，许多带有时代印记的老宅正在逐渐消失。老宅要么被推倒重建，要么因缺乏保护被侵蚀破坏。因为大多数老宅长期没有得到维护，整修便成了一项耗时耗财的工程，慢慢地也就悄无声息地淡出了我们的视线。而由老宅带来的那种宁静、悠然、和谐也随之淡去。

每一座老宅都是一个故事。只希望有一天还能带着孩子踏入外婆家的老宅。

院子里的家

李继峰（山东师范大学）

人生如寄，房子是人类身体、感情和精神的寓所，没有房子的庇护，我们会变得脆弱无比。一座赖以生存的房子是人生命中不可缺失的印记，也记录着社会的变迁。中国房屋的建筑，近30多年来正发生着天翻地覆的变化。在工业化、城市化的洪流中，人们变换着房子，不停地搬家。家越来越大，功能越来越细，书房、卧室、客厅、厨房、餐厅、健身房等分设独立空间，管网、线路铺设齐全，采光、保温条件日趋科学。家，已变成暂时的居所，祖辈们一生居住一个院落的历史似乎成了传说。

小时候，家，就是指的一处院子、若干房子，具有独立的土地和生活空间，而孤零零的一座房子，不能称其为家。老家人特别注重家的私密性，原来绝没有两层以上的房屋，一是出于保护隐私的考虑，二是受建筑材料和技术的限制。站在高处看别人家的院子，是不被欢迎的。十年来，这种情形得到很大的改观，但是，在房屋的后墙上，是绝对不能开窗的，同样也是出于对邻居隐私的尊重。农忙之余，勤快的乡人精心地打理着庭院。种植树木，有多种益处：成材的树木能够盖房；瓜果桃李能解决家人的口腹之需；炎炎夏日，高大的树木能遮阳挡光，树荫是最好的防暑之地……枣树、香椿、石榴、槐树、花椒等都是常见树木。前些年，家人还在院子里种了银杏、柿子、山楂等稀罕果木，近年来结果甚多。

老家的房屋大致有三种，泥墙的房子最为简陋。砖石为墙基，木板模具置于其上，模具内放入黏土，分段分层夯实成墙。黏土内掺入麦秸、干草等材料，以提高墙体的抗压、抗碱能力。施工多选在春秋等干燥少雨且温度适宜的季节，因墙体上升一定高度，就要停下来反复捶打，使其结实细密，并自然风干，以防坍塌。多雨或冰冻都会影响房子的质量和进度。这种房屋成本低廉，但采光差，不耐雨水，使用寿命较短，不能建设高大宽敞的建筑。房子的维修也方便简单，墙体受到雨水侵蚀，等待天气晴朗，和一堆泥重新泥一泥，就又恢复了原状。土房本身是土做的，不怕烟熏，不怕灰尘。记得那些鳏寡孤独者多是居住在这种简陋的房屋中。收入本来就少，没有了未来的希望，便不在房屋上投入太多的成本，想来也是正常的事。

二是土坯房。春秋季节，选取麦场等大片空地，运来优质黄土，捣碎，加少许水，将长方形木质模具直接平放在撒了草木灰的平地上，把湿土倒在模具内，用石夯夯实，提起模具，就是一块成型的土坯，干透后便可垒墙。一般人家，用条石或砖做地基，几层砖就叫几行碹堆，少的三五行，多的九行，条件特别好的也有 12 行的。在土坯与砖石交界处，铺一层厚厚的麦秸，避免土坯与砖石硬碰硬，起到缓冲、防潮作用。土坯很大也很重，能否轻松搬动一块土坯，是判断一个男孩是否成年的标志。20世纪 70 年代后期，也流行了几年外包皮，即房屋内侧是土坯，外表是青砖。因为土木结构，太大的门窗容易影响房屋的牢固性，门窗上部的支撑件多是木头，这也使得房屋的使用寿命受到限制。

盖土坯房子时，左邻右舍的老少齐上阵，有和泥的，有递土坯的，有掌线的，有准备房梁、檩子的……工钱没有，饭是要管的，一般两三天便可盖好。房屋的外墙，要用白灰抹平，能防止雨水冲刷，也使得外表整洁。白灰里要掺上被剁得细碎的苘瓤子，来增加黏性和牢固性。剩下的工作多由主人慢慢收拾——用稀泥泥平内墙，垒好锅台，平整地面。新盖的房子散发着泥土和麦秸的味道。老家人的阿 Q 精神胜利法也是炉火纯青，说什么"有百年的土屋，无百年的砖房"。

以上两类房屋，砖木土石是主要建筑材料，墙体厚重，冬暖夏凉，相当坚固。前后邻居之间，很讲究地基的高低，风水是次要的，因为防止雨水倒灌与地面返潮才是关键。窗户是老式的木格子窗，讲究一点的人家糊上白纸，北风一吹，呜呜作响，屋里同外边一样冷。家里来了亲戚，才舍得抱来一些柴火，烤烤火。烤火时，会冒很多烟，很呛，谁也舍不得打开门，大家就在浓烟里咳嗽着取暖。后来有了塑料纸，钉在外面，同时解决了窗户的采光和取暖问题。

土屋里，一同居住着很多小生灵。老鼠的个头最大，松软的墙体对它来说是小菜一碟，土墙上，各种新旧的鼠洞比比皆是，洞洞相连。用砖头坷垃堵上了，旁边又被掏出新洞。墙角、床底是它们的乐园，常见一堆堆新土冒出来，鞋子也被它们叼来叼去。土鳖子、蟋蟀、蚂蚁更是数量众多，特别是厨屋的灶台上，常见跳来跳去的蟋蟀，就怕它们一不小心跳锅里。厨屋屋角常有土鳖子出没，没有长出翅膀的土鳖子还是中药材，公社的土产店专门收购。家养的兔子也在床底打洞做窝，记得一年哥哥把几只大白兔卖掉了，过了几日，从床底下钻出来几只小兔，家人很是惊讶，估计是没有了母亲的哺乳，小兔们耐不住饥饿，便大胆出来闯荡未知的世界。也有人家房梁上发现过家蛇，怕是害怕，却没有人敢伤害它。老家人一直把蛇、狐狸、黄鼠狼等看作有灵性的物种，发现了最多挑走、轰跑了事。

三是砖瓦房，老家也叫"砖到顶"的房子，以前极其罕见，山东有名的院落如牟氏庄园、魏氏庄园、丁百万庄园多是这种构造。20世纪80年代初，老家开始改变模样，房屋建设大有超越城市之势，这要归功于棉花的种植和砖瓦烧制技术的提升。大规模种植棉花使得乡人们的腰包开始鼓囊起来。野庄原来有一口圆形独门砖窑，俗称"马蹄窑"，顶上放着几口大水缸，烧造青砖，烧造时间长，一次烧窑需近一个月，出砖数量也很有限。后来村里的程姓小学教师，辞职后承包下来，并建了烟筒高大的环形窑，循环工作，烧造红砖。砖坯用机器压制，成本低，效率高。这位老师很快成了全村第一个万元户。

1981至1982年，父亲连盖了两出院落，各三间砖瓦房，这在邻居和亲戚中间都是扬眉吐气的大事。盖房需要砖瓦木石，砖瓦早已算计精确，早早拉来码放在院子里（至今我仍准确地记得当时20元能买1000块红砖），两根粗大的杨木房梁也从南站集上买了回来。梁檩所需数量多，但价格贵，超出了预算，父亲便买来相对便宜的竹篙。竹篙两头粗细不一，较细的一端承载不了房顶的重压，就用两根竹篙首尾相接，用铁丝捆绑，代替梁檩。梁檩上铺了两层高粱秸秆编成的箔，撒上一些土找平，扣上瓦，就是非常时髦气派的新瓦房。后来条件好了，给三哥盖房子时，粗大的梁檩上钉上方木椽子，椽子之间以红砖相连，干净、结实、隔热。再后来，乡人们用空心楼板做房顶，水泥浇注的房顶在老家至今还没有见到。砖瓦房的墙体有24、37之说，实际说的是厘米，指墙体厚度为一砖之长或一砖长加一横砖，富有人家的37墙需要增加一半的红砖量，家底薄的人家便采用24墙，好歹也是砖到顶。砖瓦房最大的好处是墙体坚固干净，防雨防潮，讲究的人家将室内地面也铺上砖，这使得老鼠虫蚁在房内丧失了藏身之地，加之各家都使用了用水泥抹制的洋灰缸保存粮食，老鼠们美好的生活遭到重创。

现在看来，它们低矮、潮湿、阴暗，当年却是乡人赖以生息的安居之所。盖一出院落，就要耗费他们多年的辛苦积蓄。我们的祖辈、父母，像一只只蚂蚁，一生都在忙碌奔走，为了给孩子娶个媳妇，为了在亲戚邻居面前挺直腰杆，操心费力。家乡成片成片的房屋，都是在这种精神和心理下建造起来的。

追赶城镇化脚步

祝何彦（辽宁大学）

从上大学到现在，对家乡的印象既熟悉又陌生，熟悉的是我土生土长的乡土气息，陌生的是近些年家乡改头换面的变化。

我的家乡在辽西北的一个乡村，离开家乡出外求学之初，几乎每次与外市人说起家乡时总会收到"朝阳啊！那个地方可穷了"的回应，最初还会辩驳几句，说家乡已经没有以前那么贫穷了，而现在收到这样的回应也在变少，而我一般也不会去辩驳了，因为家乡变得连我都有点陌生了。记忆中的家乡与普通的东北农村有着相似的样貌：土路、平房、院子、柴堆、茅房、门前的大柳树、树下乘凉的左邻右舍、亲戚、玩伴儿、跑遍半个村子的捉迷藏游戏、农忙、热热闹闹的大年夜以及正月初一各家各户的拜年活动等。

八年前，因为政府的征地政策，村子里开始征地了，这也是家乡改变的开始。村子里征地的消息传来，村里有人很高兴，因为每亩征地能分到一万两千元的农用地补偿金，每家至少都会有三亩地，这对当时的农村人来说已经是很大一笔钱了，感到高兴的人会觉得有了这笔钱可以用来给儿子娶媳妇，可以给儿子买楼房，可以置办很多家用电器等。而这个消息也让一部分人忧虑重重，这些人大部分都是村里的中老年人，他们觉得种地是庄稼人的生路，地都占没了，以后怎么办，后代怎么办，又没有稳定的工作，也没有基本的保障，土地涉及农村人的衣食住行，种地是最基本的保障，也是最稳定的安全感的来源，所以老一辈农村人对土地的依赖程度是很深的。然而政府的征地政策是不能为一部分农村人所改变的，土地征收工作如火如荼地展开了。

我的奶奶和爷爷有三个儿女，三个人都有自己的家庭。记忆中在奶奶还在世的时候，每年过年三家人都要回到奶奶家，女人们一起边唠家常边做菜、包饺子，男人们的娱乐活动是打麻将、放鞭炮，小孩子们聚在一起更是疯狂地玩乐，等到年夜饭时间大家都挤在一张桌子上吃团圆饭，其乐融融。时隔多年那些画面仍然历历在目。原本是相亲相爱的局面，后来，奶奶去世了，开始占地了。初期规划中姑姑家和二伯家的土地都是要被征收的，于是在测量之前父亲跟母亲放下田里的农活帮姑姑家跟二伯家栽树、盖大棚，因为这样能多分一些补偿款。测量结束后姑姑给我的父亲打电话说，她听邻居说测量队有两组人，还可以找另一组测量队再去土地上测量一遍，这样就能一块地测两遍。姑姑于是想叫我的父亲再带人帮她评估一遍，父亲想着姑姑一家也不富裕，姑父身体也不好，可以借此机会帮他妹妹多存下些钱，生活也能宽松些，也就答应姑姑了。而再次评估那天父亲正好有事抽不开身，就叫二伯帮姑姑去领测量队的人测量，但是测评完，二伯家跟姑姑家吵得不可开交。原来那天二伯带人去姑姑家的地测评时写了自己的名字，也就是把姑姑家的地当作自己家的地来测了一遍，那么这份占地补偿款最后就会给二伯。姑姑找二伯要回补偿款，二伯不给，甚至一分钱也不打算分给姑姑，两家因为此事多次吵架，我的父母多次努力缓和两家的关系，双方都无动于衷，就这样两家再无来往，甚至平时见面也会故意避开。

第一批占地结束了不久，村里传闻政府又下来文件说是要占村子里的房子建工业园区，而且房屋评估也在近期开展，于是各家各户都开始忙碌起来。盖房成了全村人的主要事业，几乎所有人都扔下了田间的农活儿以及外面的零活儿，外出打工的人也陆续回到村子里投入到盖房的事业之中。记忆中我的家原本有一个很大的院子，夏天会种满蔬菜，冬天父亲会向菜园放很多水，结了冰就成为我的天然溜冰场。院子里还有三颗粗壮的枣树，每颗枣树都长过房顶，枣子成熟时每天都会吃到新鲜甜脆的大枣。院子外还有一棵枝繁叶茂的杏树，父亲说那是山杏树，虽然口感不是特别好，但成熟以后满树的金黄也成了我和玩伴童年的乐趣。

后来院子、青菜、溜冰场、枣树、杏树都不见了，因为它们都被砍掉改建了房子，父亲在原来居住的房子前两米的地方又盖了两排新房，整个的院子都盖满了房子，上面还加上了彩钢结构的板房，由于挡光，屋子里有些阴暗。转眼一个月的时间，整个村子都发生了翻天覆地的变化，几乎家家都是能盖房子的地方都盖上了房子，能加彩钢房的也都在房子上加上了蓝顶彩钢房，甚至主房与新房之间的距离太近，再扣上彩钢房，从大门望向院里，所见只有黑漆漆的一片。离我家不远的姑奶奶家就是这样的，每天分不清白天还是黑夜，屋子里只能每天都点着长明灯。后来测评工作展开了，每家房子的院墙上都用红色油漆画了一个大大的红圈，里面写着"拆"的大字，后来全村都画了"拆"字，动迁却没了消息。

起初村民们还都在等着通知，后来两年过去了，村里人每天都生活在黑漆漆、潮味浓重的屋子里。夏日的树荫下左邻右舍围在一起唠家常的情景愈加少见，随之更多的是抱怨声与人心惶惶的谈论，动迁消息成了村里人的重要谈资。在村里人数次组成村民小组去省里上访之后，动迁的情况在三年后终于有了一丝消息，村里人说上面领导下来跟村民们谈价了，根据房契上的面积分给每家一到两户 60 平方米左右的楼房，然后计算完院子里的其他物件，每户还要倒贴给政府一部分的钱才能住上楼房。还有村民说要分给村里人的房子是棚户区改造的一部分楼房，房子卖不出去了才来卖给村民的。村民觉得这样太不值了，听家里的大人们讨论，住楼房以后会比在农村住开销增加很多，而且要离开住惯的家以及熟悉的左邻右舍也是大家所抗拒的原因之一。所以这次谈价的 89 户村民只有急于给儿子娶媳妇和不想再住黑漆漆的房子的 8 户人家签了合同，他们搬家之后房子就被推平了，变成了一片废墟。

　　动迁仍旧是杳无音信，村民一开始抱有一丝丝的希望，到现在说起动迁的消息都不敢再相信了。村里的中老年人仍住在漆黑的房子里，年轻一些的人一般都搬入市区生活了，人越来越少。城镇化的脚步还是会不断向前迈进，不会因为一两个乡村而改变。要让乡村适应城镇化，需要给予走出乡村的人们以足够的生存能力，让农村人不惧怕生活方式的转变，让他们离开土生土长的环境也能在新的环境下活得有希望。

初见"文化掮客"

宋小飞（中国社会科学院）

这一天啊，总算过完了。我不知道我这一天的见闻用这个词——"文化掮客"来描述是否合适，可这就是我能想到的一个"标签"啊，尽管在田野中我一般并不会给人"贴标签"。

上午，我早早来到火车站。和小赵同学约好在火车站见，我们之前仅见过一次，还不熟悉。还好，我记忆力不错且没有脸盲症。再见到他时，他也刚到，没让他久等。

拥堵的车站、燥热的天气、沸腾的人群，让我一点儿也不想在此多停留，偏偏听说这个火车站没有正点开过车，火车晚点是常事，正点才不是正常咧，因此，我们必须在此多做停留，等待火车到达与启动。在焦急地等待火车的同时，他不停地看表、与人通话，过了一会儿，远处跑来一个小个子女生，气喘吁吁，满脸通红，在燥热的天气里，做跑步这项肺活量比较大的运动的确是让人很崩溃的。他居然带女朋友一起去做田野调查！不过看着他们甜蜜地拥抱在一起，虐着我这个单身狗，我突然顿感悲凉，囧里格囧。

等了一个多小时之后，广播里终于说可以上车了，我背着我的大书包——我记得有一次在图书馆碰见我一师妹，她当时就说："哇，师姐，你的书包好好大哦！装的都是什么呢？"——还拖着个大箱子。这次做田野调查的时间可不短，那里买什么都不方便，必须装好所需的物品啊。其实当时我就恨不得把箱子扔掉。在拥挤的、奔跑的人群中，我也奋力地跑着。没吃早饭，又被虐了一个多小时，拖着大箱子，背着大书包，终于挤上了去往吉林的火车，我也算用尽了"洪荒之力"啊。

坐在火车上时已经中午 12 点多了，我早饭没吃，午饭目前也没有地方去吃，肚子发出很大声响向我抗议，而我无语。只能无奈地幻想着下车应该是能吃上饭吧。两个多小时之后，终于到了吉林站，结果来接的人要我们直接去北山。在灼热的太阳底下站了半个多小时后，还没等到公交车，于是我们决定打车前往张家。没想到他家那么远，在吉林的郊区。

颠簸了半个多小时后，我终于见到了传说中的这位张老师，看见小赵和他寒暄，我着实怀疑眼前这位害我忍饥挨饿地奔波一大天的人很可能只是一位"文化掮客"。

这位张老师据说也是萨满后代。他父亲曾是萨满，他家是汉军萨满。他们家族均住在乌拉街。他父亲的名字我曾听过，因为此前访谈过几位萨满，都是他父亲的徒弟，对这个名字我还是有印象的。张老师的父亲已故去，张自己原是小学教师，但是张为了宣扬自己家族的萨满传统，早在几年前就提前退休，转而钻研萨满文化了。从他给我们展示的他收集的照片、他收集的萨满器具、他整理的萨满专有名词来看，他是很用心的一个人。但是，今天从见他开始到告别他的这段时间里，他的话语间流露出来的均是萨满能带给他多少利益，我能感觉到他是想靠萨满文化出名获利。他会不停地问同来的小赵，问他的老师什么时候能够给他出书，什么时候能帮他做什么事情……看得出他的焦急与忍耐，小赵也很无奈，只是应付着"快了，就快出版了"和"快了，就快办完了"。

在这位张老师家待了两个多小时，我们才告辞。大热天的，终于要吃上饭啦。我们便邀请张老师一起吃晚饭。我们三个已经是一天没有吃东西了，此时的我早已经饿过头了。吃完饭，很快找到一家小旅店，顺利住下。

躺在小旅店的床上，我回想着一整天的经历，总觉得和自己想要的调查内容差距很大，内心顿时有种焦虑感。小赵跟我做田野，我也颇感不便，他不像来"做田野"的，倒是像来游玩的，做田野还带着女朋友？呃……我决定，从明天起我要和他们"分道扬镳"。等我醒了我要告诉他们。不过我还是赶紧睡吧。调查还要很久，这只是刚刚开始。

街津口的赫哲族神树节

葛玲（中央民族大学）

我是个赫哲族姑娘，在考上中央民族大学的民俗学专业之前，民族的认同感还是一个隐性因子，没被唤醒，也没想过自己可以走进自己的民族，了解她、热爱她。

在 2016 年的暑假，我申请了学校的研究生自主科研项目，得以有机会去我心向往之的地方——赫哲族聚集区。这个聚居区称为"三乡一村"。"三乡"指的是同江的街津口赫哲族乡、八岔赫哲族乡和饶河四排赫哲族乡，"一村"指的是佳木斯敖其镇赫哲新村。整个调研路线是按照凌纯声先生的《松花江下游的赫哲族》的沿途路线来选择的田野路径，希望循着民族学家的足迹开启自己真正意义上的田野之旅。

按照之前所拜访的国家级"伊玛堪"传承人吴明新的说法，我还有个赫哲族姓氏"葛依克哈拉"，属于"葛依克勒"氏族，拥有了这个古老氏族的姓氏使我感到特别骄傲和光荣，感觉自己已经有了一个专属的民族身份。东北的夏天比北京要凉爽。开启自己的田野之旅是在八月份，对于今天的赫哲人来说，七八月份是旅游旺季，也是赫哲族的狂欢之季。在这个时间段里，密密麻麻的有很多活动和节日。这次调研我就听说了三场，分别是第二届赫哲族渔猎文化节、中俄边境文化季、赫哲族首届"呼日堪"神树节。调查中我经历了后两场。近几年来，由于少数民族的文化越来越受到重视，赫哲族作为黑龙江省的特色少数民族之一，黑龙江省委、省非遗部门以及学术研究中心都一直在通过打造地方品牌、制作文化名片，积极地为赫哲族的文化传承发展、宣传推广而努力。

　　做田野给我留下深刻印象的是参加当地的首届"呼日堪"神树节。举办地点是在同江市街津口赫哲族乡，具体的祭祀地点是在街津口乡的民族生态风情园里。"呼日堪"神树节，源自赫哲人的祭拜神树的习俗，据街津口的乡长孙俊俊所说，赫哲人信奉万物有灵，每逢七月十三有祭拜神树的传统，在这一天，族人们就聚在一起，除了祭拜神树也祭祀熊神、虎神、鹿神、鹰神，祈求神灵赐福、护佑族人吉祥平安。我是头一回参加这种活动。活动于 8 月 14 日举办，在前一天下午，我跟随本次调研的报道人——尤雷夫妇，驾车来到同江市街津口乡准备参加这场活动。由于这个时节是旅游旺季，就在前不久的 8 月初，在八岔赫哲族乡刚刚结束了赫哲族渔猎文化节，而在举行完这场神树节之后，来自"三乡一村"的演出人员还要前往饶河参加"七月十五"的河灯节，因此演出人员行程非常紧凑，排练非常紧张，而想要和演出人员进行深入访谈的确有些困难。而且，毕竟是第一次参加自己民族的盛大活动，有很多准备不充分的地方。面对这么一场场面颇大的活动，全身心投入调研工作已不可能，索性就把自己当作一个普通民众，来参加一场赫哲族聚会。在这场活动中，值得高兴的是在平时学习赫哲语的微信平台上的很多素未谋面的一些长辈和同龄的族胞们，在这场活动中见面了，我们不再感觉是陌生人了，而是血脉相连的亲人。

　　赫哲人是能喝酒的，从踏上街津口乡（当地人叫"盖金口"）时，也许是许久未见，也许是"族"情难却，跟随着赫哲族"莫日根"（赫哲语"英雄"）尤雷——我的主要报道人，我们在晚上不到 5 个小时的时间里，转战了三个地方，喝了三拨酒，吃了三拨鱼。赫哲人吃鱼必有酒相伴，喝酒必有鱼做菜。进了赫哲乡，吃鱼喝酒不是难事。第二天一早，我换上民族服装，来到一位同族的开饭馆的哥哥家吃早饭，在结束早饭之时，恰巧碰到了昨晚一同喝酒的赫哲族"依日嘎"（赫哲语"赫哲族之花"）尤忠美，她和这位哥哥的父母是多年未见的亲戚，当看到我们的早饭是豆浆、油条时，觉得不够表达自己见到亲人的兴奋和激动之情，便和饭馆的叔叔婶婶们每人喝了三大碗啤酒作为早饭，并对我说："知道为什么喝酒吗？因为我们是亲人。"把我看得目瞪口呆。

据说，这次神树节，赫哲族聚居区的各乡各村来了近千人，各个赫哲族的聚居区都有自己的节目进行会演，整场节日庆典是以舞台化的形式呈现，最有看头的是"祭祀溯源"。赫哲族的舞者们将这种祭拜神树的习俗通过舞台呈现出来，让观看过的人无不感受到这个民族的神秘和悠远。但是，有个插曲，让一些前来参加活动的赫哲老人略感不快。原因是，在最开始两位萨满（一男一女，男萨满是主祭祀，女萨满是"阔里"，作为男萨满的助手）进行祭祀时，一位男萨满的萨满神帽和神衣被缠住了，耽误了接下来的祭祀流程，所以两位萨满并没有向天地洒酒以示敬畏，而是直接将祭祀的酒洒下只对神树进行祭拜，而后点香、上香、退场。当时，台下就有赫哲老人说道："祭祀的流程错了，哪有不对天神、自然神祭拜的道理，这样会遭来神灵的不快的。"随后给我们解释应该怎么祭拜，应该怎么做。赫哲族每每祭拜神灵或者聚会喝酒前，都要先用手指蘸酒，向天空中点撒三下，以示对天、地、自然的敬畏，并感谢各个神灵给予赫哲人食物和美好的生活。也许真的如赫哲老人所说，就在大家结束了上午的祭祀与文艺会演，下午进行一些其他游戏活动时，本来晴朗的天，开始快速聚拢乌云，就在主舞台的正上方，一块黑云笼罩着，下午的演出比赛刚刚开始，大风开始劲刮，豆大的雨点急而猛地落下，越下越大。吹倒了舞台架，吹翻了铺在舞台上的地毯。暴风骤雨强势袭来，比赛的选手也是花容失色（此时是赫哲族"依日嘎"评选以及赫哲族服饰的展示环节），赶紧跑到观众席的塑料棚里，雨势大而急，容不得谁离开，只能待在棚子里，衣服、鞋子被打湿，整场雨来得急，持续了近一个钟头。在这过程中，几个棚子里的"三乡一村"的赫哲人拉起歌来，雨势越大，歌声越亮。我也渐渐融入歌声中，听着各个乡镇演出队的赫哲同胞们欢乐自由地表现自己乡屯的赫哲族歌曲，渐渐地，雨势转小，停了。邻座的赫哲长辈不禁笑着说道："咱们的歌声，神灵听到了，开心啦。"由于雨来势汹汹，把广场上支起来的做篝火用的木头全都淋湿了，原定的篝火晚会——跳"温基尼"（赫哲语跳"太平舞"）取消。我们一行人选择离开街津口回同江，下山途中有很多树木杂七杂八地倒在路边，驾车离开后回来往刚刚举办会演的那个半山腰望去，唯有那山顶聚着一团黑云不散，山尖直插云霄，灰黑一片，其他地方则天光渐明。据说当天的天气预报并没有说会降大到暴雨，自己不禁打了个寒战。

凌纯声著的《松花江下游的赫哲族》和拉铁摩尔著的 *The Gold Tribe: "Fishskin Tatars" of the Lower Sungari* 都是在 20 世纪 30 年代对松花江下游的赫哲族的历史、宗教信仰、文化以及生产生活进行田野调查的成果。这对赫哲族来说，是文字版的历史记忆，为后来的很多研究赫哲族文化的研究者积累了最为丰富的田野资料，但对我来说，沿着学术前人的足迹去寻访祖辈生活的地方，更是一种激励，也增加了使命感。

西河阳村的三峡移民

魏娜（辽宁大学）

采访杨兰国老人的那天下午，天有点阴，乌云挤在一起，眼看着要泼下雨来。怕雨淋了摄像机器，我们夹了两把伞，出了四合院拐道上了大路。

几天前，我们在西河阳村（山东烟台的古村落）做田野调查时，不时听到村民们提及"移民"的字眼儿，细问之下才知道，村里还有四户从三峡迁移过来的人家。在巷口聊起这几户移民，当地村民的回答各有不同。不过有一点倒是一致得很，问起这四户人家，大家口中便只用"移民"二字代替他们的具体姓名。待到细问可知迁过来的人家叫什么，村民只是笑笑说不清楚，"移民"在村民眼里不是个体，而是代表着从三峡迁移过来的一个整体。终于，在采访的第十天，我们敲响了"移民"家的大门。

给我们开门的是主人的侄子，他引着我们来到一方不大的院子，院里杂乱地摆着农具、渔网，院子一角生长着一棵茂盛的柿子树。透过柿子树垂下的枝丫，我们看到院子的主人——73岁的杨兰国正坐在走廊的一条长凳上，捣鼓着自家的鸡槽。空气里的水汽潮闷，混着十几年的光阴。这个有点佝偻的老人，看到我们进来，马上就起身打招呼，待我们说明了来意，老人热情地招呼进屋。屋里的大件是一只藤床，靠着走廊整齐地码着空啤酒瓶，与院子的拥挤相比，倒是显得有些空旷。听到我们想询问两地的风俗习惯有哪些不同时，老人取了一包烟分了一圈，摄像的男孩子连连摆手，末了老爷子自己点了一根，狠狠地吸了一口，打开了话匣子：

"这两地的风俗很多是一样的，不过二月二、三月三我们那边不过的。过端午嘛，端午不吃粽子，吃馒头，哎，馒头。还有啊，船上的水往湖里倒不能说倒，要说水滑了；吃鱼不能说翻过来，也不吉利。男方娶亲是要敲锣打鼓走到女方家吃顿早饭的，图喜气，然后女方家的亲属再跟着一起回到男方家里。"

门口的狗在吠，隔着 1500 多公里，"一辈儿老重庆"像是重新跌进了歌乐山。故园此声，乡心梦不成。老人和家人是在 2001 年 8 月从重庆市忠县东云公社忠州镇九蟒村迁来山东省烟台市龙口市诸由观镇西河阳村的，住在这边的四户人家分别是老人及其哥哥、弟弟、侄子，在老家的时候，他们这一大家人住在同一座院子里，感情很要好。除了西河阳村，在这个小镇子上，还有四个村庄散落着从重庆迁过来的移民们，他们来自同一个村庄，如今住在同一个镇子，相互成了彼此的亲人。当时，他们从重庆坐了一天多的火车，第二天才来到山东的新家，据说当时全村的村民集体出动，在村外的道旁，敲锣打鼓夹道欢迎。老人一家对此很是感动。到了新家，因为晕车，老人在床上躺了三天才敢下床。后来因事又回重庆待了一段时间，因为重庆早已没有了家，所以很快就又回来了，回到新的村落，这一住就是 15 年。在老家的时候，老人住在长江边，除了田间劳作，还会驶着小船去长江打鱼，用来补贴家用。来到西河阳村，在完全不一样的环境里，小船和渔网变得无处可用，正如在江里行驶了一辈子的老人，离开了长江水就找不到自己的价值了一样。院子里随意摆放的小渔网，是家里的年轻人休班无事的时候在小河边抓鱼用的。老人指着渔网说："这种渔网和我在老家的时候用的那种是没法比的。"老人闲不住，可如今 73 岁的年纪也无法到工厂里工作，老人说："如今就连扫地、看大门的活儿，都没人让我干了。"除了忙地里的活儿，他还养了20多只鸡。谈到家乡，老人眼里依旧放着光："我当然还是想回去了，那边还有鱼打，在那边生活了快一辈子，还是有感情。但回不去了，现在家就在这儿。"

第二次去杨兰国老人家里时，见到了老人的女儿和女婿。他们在院子里支起了小方桌泡了茶，一一端给我们，两口子反而对我们比较感兴趣，没等我们开口提问，就先问起我们来。双方就随意交谈着，渐渐又谈到了长江的刀鱼。说到吃，主人家的小儿子就饿了，起身去了厨房。和老人的女儿聊到生活习惯有何改变时，她说："我们以前不吃馒头的，顿顿米饭，来这儿学会了蒸馒头，对了，这边蒸馒头，在馒头底还要垫上苞米皮。不过我们还是不喜欢吃馒头，喜欢吃米饭。"刚说完，她的小儿子啃着馒头从厨房里出来了，听到这话倒有些不好意思吃了，把馒头藏到了背后。看到这，他妈妈说："孩子从小在这边长大，所以生活习惯都是这边的，说的话也是这里的方言，这边有的话我们听不懂，他都能听懂。等我们老了，就没有说重庆话的了，都成这边的人了，对重庆也没有什么记忆喽。"

老人的女儿和女婿说，老家周围都是山和水，一般都是步行或坐船，根本不会骑自行车。如今到了这边，自行车也是刚来的时候学会的。门口停了一辆车，是新买的。之前拿东西不方便走路，就用背篓背着，解放双手。我们好奇地问起家里是否还有背篓一类的物件时，老爷子兴冲冲地进屋取了背篓，来不及掸落灰尘就背起让我们照了几张相。背篓大，越发衬得人辛苦，仿佛里面藏了一整个老重庆。不过，背篓在这个新的地域里没什么用，因为老人的女儿曾经背着背篓去镇子上买东西，与在重庆一样，将物品放在背后的背篓里，可回到家时，背篓里的东西少了好几件。接连几次后，就再也不敢背着背篓去镇子上了。之前和村民聊天时，村民曾说前些年在街上碰到背背篓的，就知道是移民。在西河阳村的村民看来，背篓是移民的标识。在重庆时，村民们把背篓安放在后背上，承载着他们的日常生活，如今背篓只能被淹没在杂物间，落满灰尘，成为一种记忆。老人手抚着岁月累累的背篓，忍不住一声叹息。

村子东头有一棵 600 多年的老槐树，被村民称为"仙槐"，是镇村之树。这棵老槐总归是福荫这片土地的，才让这世世代代、南来北往的人们得以立足。这晚，老街上空空的，月亮很圆，照着老槐，也暖着柿树。

裹着粉红头巾的田野初体验

张琪（宁夏大学）

刚得知要去村落做田野调查的时候，我的内心是喜悦的，因为当时的田野调查在我心中就像是一场乡间旅行或者奇遇。在我这个外地人的想象中，宁夏地区的回族村应该洋溢着异族风情，新鲜的事物总会让人充满激情。

经由熟人推荐，我们决定去兴泾镇寻找合适的田野点。徐博士带领我们来到了兴泾镇镇政府，镇长将兴泾镇六个村子的基本状况给我们介绍了一下：北三村包括了泾华村、黄花村、十里铺村这三个村子，经济比较发达，城镇化进程较为明显，村民们大多数搬到了居民楼里。南三村包括了兴盛村、泾河村、西干村这三个村子，富裕程度不及北三村，但是肉牛养殖很出名。随后镇长非常热情地给我们推荐了兴盛村，这是当地著名的肉牛养殖村，还给我们提供了一个小助手——村官，帮助我们到村里调查。村支书和妇联主任热情地给我们介绍了兴盛村的基本情况：兴盛村人是1983年响应国家政策从泾源迁移过来的，回民占总人口的比例达到99.8%。大伙儿都觉得挺有意思。经过商量，我们最终选择了兴盛村作为田野点。

选定田野点之后，大伙儿的心就定了。虽然村子里的回民比较多，但是有教派之分，老教和新教的信徒各占一部分比例，不同的教派有各自的清真寺，村民们一有空就会选择去清真寺做礼拜。考虑到兴盛村的信仰情况，我们在穿着上倍加注意，虽然天气炎热，但我们还是将自己包裹得严严实实，穿着长衣长裤，扎着精干的马尾，开始了正式的田野调查。

道路正在修建，通往兴泾镇的大马路尘沙飞扬，虽然车窗紧闭，但是扑面而来的尘土，依然让人难以呼吸。路面坑坑洼洼，车子备受颠簸，我们的心也随之一上一下。天气并不凉快，午后的阳光更是灼热，快要将人烤化了。我们拜访了村部之后，妇女主任带着我们去参观村子里面养殖规模最大的养牛场。还没走到养牛场附近，一股浓郁的、新鲜的牛粪味就扑鼻而来。养牛场内有一个大院子，院子的地上铺满了玉米，想必就是牛的饲料。养牛场的雇工热情地给我们介绍着牛的品种，虽然周围臭烘烘的，但是头一次看见这么多头牛，我不禁有些小小的激动。村民拉着一头骡子缓缓地从我们身边走过，向着农田的方向走去，这些景象对于别人来说可能早已司空见惯，但对我来说，却倍感新鲜。

调查的第一天，大伙儿低估了太阳的毒辣程度，都忘记带防晒的各种装备，只能冒着烈日在兴盛村里四处寻找村民进行问卷调查。我们挨家挨户地敲门询问，可惜年轻人都外出打工去了，家中留下的一般都是老年人和儿童，一些老人对于家庭总收入等资金方面的问题表示不太清楚。这是问卷调查过程中遇到的问题之一。为了更快地完成问卷调查，我们分成3个小组，分头行事，结束后再约在一起碰面。第一次下乡，女生的脸皮都比较薄，我们对于和老乡搭话这件事总是有些羞涩，生怕被拒绝。但是问卷总得做，访谈总得进行，我们就互相给对方打气，从一开始的结结巴巴到后来的流利问答，那些所谓的小情绪，在调查这件大事面前变得不值一提。

第一次调查并不如我们想象的那么顺利，村民对于我们的到来充满了疑惑，直到我们表明自己是宁夏大学的学生之后，他们才稍稍放下戒备。当我们询问一些问题时，村民们会表示自己不太听得懂我们的提问，因为书面语和专业术语过多。为了更好地完成调查，我们尽量将问卷上的问题简单化和口语化，不懂的地方再详细给老乡们进行解释。这样下来，才算是完成了一份调查。由于我是外地人，在与老乡的交谈过程中，时常会由于语言不通而产生交流困难的情况。这时，同行伙伴作为宁夏当地人，在我身边承担着翻译的工作，帮助我和村民们进行沟通。我们一个人负责提问，一个人负责记录，团队合作就是这么默契又和谐。

为了能够更好地融入村子里，拉近我们与兴盛村人的距离，我买了一条粉红色的头巾将头发包起来。天气十分闷热，我不禁感慨穆斯林妇女们对于信仰的虔诚，她们的虔诚可以战胜任何炎烤的天气。太阳晒得人头脑昏昏，而我们依然坚持着在村子里寻找着合适的访谈对象。这时候一个回族大叔骑着自行车经过，在询问过我们的身份之后同意了我们的访谈请求，并将我们带到了他家的偏房，还给我们倒茶、拿葵花子。大叔看着包着头巾的我，满怀疑惑地问道："你是回族还是汉族？"我尴尬地笑了笑道："汉族。"大叔说："听你的口音和看你的长相，都不是我们这儿的。"虽然乔装打扮混入村子内部的计划失败了，但是我这副样子打开了回族大叔的话匣子，以服装为契机，他开始跟我们讲述起他家的事情。简单的问卷调查到了最后变成了诉苦哭穷大会，大叔的话头劲儿太足，刹都刹不住。他希望我们可以将村支书的"恶行"上报给政府，希望我们"替天行道"，对此我和小伙伴只有苦笑。除大叔说的那些话真假有待考证之外，我们只是小小的学生，能做到的就是将所看所闻所想写下来，其他的是一点忙也帮不上，这也是我们的无奈之处。我第一次意识到，在田野调查的过程中，访谈者提供的信息并不一定是百分百真实，我们不能仅凭一人之言就下论断，应该努力地在访谈者的话语中找到最有用的那一部分。村支书他们所站的角度和村民所站的角度不同，看待事物的态度与方式自然不同，对待同一个事物，就会有两个甚至多个看法。我们需要做的，就是在二者中间找到一个最合适的点，尽量做到真实地描述事实。

田野调查就是不停地走路，为了走访到更多户人家，我和小伙伴两个人每天都得走上十几千米的路程，两个人被晒得红彤彤的也毫无怨言。我们陆陆续续地走访了很多户人家，让我印象最为深刻的是兴盛村清真大寺的马阿訇。他认为现在的环境与以前不同了，宗教信仰淡化严重，伊斯兰教出现了人才断层，所以他致力于经学堂和培训阿訇方面。他认为一个人能够代表一个民族，互相监督很重要，也希望自己坚定的信仰能够感化他人。他的女儿在陕师大学习阿拉伯语，并且坚守着自己的信仰，一直佩戴着头巾，哪怕被别人指指点点也毫不畏惧。我们在访谈的过程中，深刻感受到了阿訇对于伊斯兰教的虔诚以及他对自己子女的殷切希望。

兴盛村让我看到大千世界里的一角，看到了回民村与汉民村的不同之处。兴盛村的中老年妇女们一般不识字，她们通常十五六岁就结婚了，然后早早地生下孩子，留守家中操持家务。对于外界，她们几近于一无所知，丈夫和孩子就是她们的全部世界，温饱能够得到保证就是她们最大的需求。在村民的眼中，现在的生活比以前好过多了，但是人的欲望是无止境的，温饱问题得到了解决之后，人们又开始追求新的物质上的享受，与之伴随的是新烦恼的出现。比如 M 阿姨，她的孩子在外上学，老公外出打工，虽然家里不穷，但是她一个人待在家里会时常感到寂寞，希望有人能够陪她说说话。再比如 Y 大叔，虽然家中新盖了房子，也添了家具，但是还银行贷款是他最大的烦恼，他想要做些小生意却苦于没有资金进行周转。这些烦恼都是村民们在生活中多多少少要遇到的，如何得到解决也是个值得思考的问题。

　　对于我来说，田野调查真是甘苦自知、苦甜参半。与原先浪漫又不切实际的想象不同，它充满了汗臭味。好的是，我们经过这几次调查，体会到了农民们生活的不易。书本上学到的知识，只有运用到实际问题上，才算不枉所学。

行走在香格里拉

马良成（中央民族大学）

心中对一个地方充满爱，不仅因为那里有可爱的人、感动的事，更因为我曾经驻足过，那儿寄托着我的梦，牵动着我的心。是人生中每一个这样的地方让我学会了在常怀感恩与参悟中成长。

当我第一次踏上心早已向往的地方——香格里拉市哈巴雪山上的两个"藏回村"（他称）：哈巴村和兰家村时；当我怀着美好的举意离别故乡、离开学校、道别朋友来此奔走做田野时；当我们一路上听到的都是关于香格里拉的美、香格里拉的神奇，一路观看香格里拉的宣传片时；当我真正与之相遇时，我深深地爱上了这片净土。

一路颠簸着，不是九曲十八弯，应该是数曲百多弯。过虎跳峡，面包车司机很熟悉路线，车子的前行似乎是从山脚一直绕行而上到山顶，周围风光秀美，植物繁茂，虎跳峡路段很危险，路窄，但属柏油路，道路通畅，没有滑坡和泥石流，弯道多，在上山阶段时路边的安全系数高。从丽江出发，几个小时后我们来到了哈巴村下属的龙旺边村。

到达后我们才发现，这里是一个世外桃源，植物被保护得很好，一路上看到的基本都是红彤彤、香喷喷的花椒，还有水果林木。当地人的汉语水平偏高，但说话和用语与汉语极不同，如："你吃鱼"说成"鱼吃你"，"来吃饭"说成"吃饭来"，"你干什么"说成"你什么搞"；我们说"拿"，他们说"抬"，如"拿电话"，则说成"抬电话"；炒面叫"糌粑"，牦牛跟黄牛杂交的崽儿叫"犏牛"。

初次食用酥油茶感觉就像喝纯牛奶一样，不大习惯，所以就没有再喝。当地人的话语中有我们不大能听懂的词汇，用方言不能顺畅沟通，得用普通话或慢语跟他们交流。交流结束后，我与好友一起随村子口走到河边看水景，龙旺河边有久经冲刷后的很漂亮的鹅卵石、大理石，水流湍急，清澈见底。

这里的人很喜欢用煮熟的洋芋来"打蘸水"吃：枣子、包子、桃子、苹果、麦片茶水、肉带骨头、泡菜、鱼、花菜加碎肉、鸡蛋、米饭、骨头汤等。村里多种花椒、水果，苞谷主要用于喂鸡喂牛，不当经济作物。有一部分到外地求学或打工回来的人汉语说得好，可直接交流。当地民风淳朴，当我行走于村落，发现几乎每家都很宽敞，养狗少，没有大门和围墙，门不上锁，感觉可以夜不闭户，这或许是养狗少的一个原因，当然也有几家养了藏獒。从早到晚大家都在忙着摘花椒，但这样对居家人数有一定的影响，也对白天家访带来了一点儿困难，白天大家都不在家，只得晚上出访。

当地孩子很少打闹、争吵，基本不讲粗话，团结友善。除个别在外工作和打过几年工的人以及在校大学生穿着有失传统外，老年妇女着藏服，中青年着汉服，小孩子着汉装，也有戴盖头的。8月份来到这里，为留下美好的印象与回忆，帮忙摘花椒是很受欢迎的，有时走出来去做事也是一种体验与意外收获。

当地集市之日，我来到山下的阳山村（在山的另一面还有一个村叫阴山村）。集市还算热闹，来自兰家村和龙旺边村的妇女多有戴盖头的，这也证明了他们是这两个村中的回族人，这样能有别于周围的其他民族。这里有农村信用社、杂货商铺、炼油厂

（花椒油）、炸核桃厂、超市。在集市转了一圈后，我随兰家村的人一起坐拖拉机来到兰家村。当地有近40户人，住得相对集中，道路为水泥路，上坡路段多。穿过林间小路，路不是很泥泞，多有石头，树木多，树高挺而笔直，山泉清澈可饮用，山景很漂亮，在上面可以看到两个村及阳山村的全貌，也能看到玉龙雪山。这里有牧场，也有人家为了放牧居住在山上的。这里的人很好客、懂礼仪，当客人离开时，总以礼物相送，如核桃、花椒、蜂蜜、重六、天麻、娃娃鱼等。

　　当地人从早到晚都在摘花椒，我也尝试着去帮几户人家采摘过，我多想发明一种采摘花椒的机器，能像采摘棉花那样节省劳力，但又想：上天创造了花椒这个样子，人又需要它，那么只有付出辛劳，忍受刺痛，这样的生活也才实在，才有价值。就像当地的一位年过半百的中年人说得那样："如果不辛苦也就不能体会到生活的难易，也就不知道不付出就不会有收获的道理，也就不能体味到苦尽甘来的道理，手被刺扎了不要紧，关键是，这也是一种收获和快乐。"虽然他家的花椒相对来说最多，但感觉他很健谈，心态也很好，常常面带笑容。

　　当地人过"开斋节"（回族的三大传统节日之一，类似于汉族的春节），我有幸参与其中。那天村里人也很早就集中坐在清真寺旁边的篮球场周围，球场中间放了三个大簸箕，用来盛放自愿做油香粑粑的人家送来的粑粑（有点特殊，中间有两道空，叫经道，这也是一个标志，只有当地的回族人才会做这样的粑粑，由于历史原因，这样做也是为了记住自己的祖先是陕西人，是回族穆斯林），以及由昆明等地寄来的已经按人户数分好的糕点。在清真寺阿訇、管事做了发言和相关事宜的安排后，大家就开始热闹地分发糕点、糖果，最后每家得到一大袋，满载而归，甚是欢喜。

开斋节仪式结束后，当地居民喜欢去上坟，坟山植被茂盛，周围多有放马、牛、骡子的，这些牲畜都不打鼻孔而是用绳索牵着走，他们很小的时候就有名字，有头目，只要叫名字和做特殊暗语，他们就会纷纷归来，村里人也不常看守他们，任它们在一个片区吃草，偶尔也会有被偷的现象。每到一处坟地，当地回民都要坐下来诵念古兰经，悼念先人。我们也坐一旁参与其中，但没有诵经。

吃饭时，当地清真寺的阿訇对我开玩笑地说："马老师，酥油茶之前你都没有多喝，以后如果有机会来当上门女婿，不能不会喝酥油茶，今天一定要学会喝，一定要珍惜机会哦。"我笑了笑说："好。"并鼓足勇气尝试着喝下了一碗，慢慢地又接着喝下第二碗。

哈巴村委会居住着藏族、回族、纳西族、汉族、白族、摩梭人、彝族等少数民族，民族间能够和谐相处，互相尊重、理解与谦让。村主任对当地的经济、人口、商务、道路、村社基本上都十分了解。13个村基本上都村村通了水泥路，最大的一个自然村社就是哈巴村。以龙旺边村为主体，全村除三家汉族、一家藏族外，基本上可以说都是回族，他们自身的民族认同也是回族，只是生存环境处于藏区，也不大认同他称的"藏回"，只是着装和生活习性上具有特殊环境、特殊文化背景下的藏族特色。所以叫"藏回"实在有点不妥当，回族就是回族，藏族就是藏族，民族信仰各有不同。

为了庆祝节日，兰家村宰了一头牦牛，我也有幸尝到了纯正的牦牛干巴，很香，很可口。站在兰家村今天刚好能看到哈巴雪山（5395米）的顶峰，很漂亮。当我们结束调研活动后，村里的几个孩子老早就给送来了花椒、核桃、雪莲花做纪念，阿訇也为我们准备了一小瓶当地的蜂蜜，感觉很温馨，很暖人。

短短的相遇相识，让我对这里的一些人、一些事，对哈巴，对香格里拉产生了感情，这里对于我来说，变得那么的亲切。当我怀着不舍与离别之情，渐渐地远离，一路在车上听到的都是不断重复的关于香格里拉的歌曲，我的心里更多了几分留恋与不舍之情，这份情是那么深沉，那么令人难以忘怀。当我随后行走于香格里拉县城时，心中和脑际常常回荡着这两个村的孩子们和乡亲们的笑脸，当我渐渐驶离他们，远离香格里拉，踏上通往丽江的行程中时，我感到，有感动的事与值得珍惜的人，对一个地方才会有浓重的怀念。

盛夏时节的温暖

李沫燃（石河子大学）

　　我们的田野点选取在天山脚下一个贫困的村落——新疆巴里坤县石人子乡韩家庄子村，这里生活着热爱草原的蒙古族、哈萨克族和以往迁徙而来的汉族。初进田野，看到我即将居住的简陋的平房，望到那只有板子的床铺，闻到不远处飘来的乡土气息，我的心瞬间从好奇、激动坠落到欲哭无泪，这一切让一直居住在城市的我有些不习惯。

　　刚来田野的前一个礼拜，一直是老师带着我们在周边一家一家地做访谈，一个礼拜后，老师不再带我们，让我们自己行走于田野，让我们自己去寻找属于我们访谈的对象，就这样四个忧心而心怯的孩子开始了人生中第一次独立的田野。我天生就是一个大大咧咧的姑娘，学着带队老师的模样对周边房子的主人开始盲目地"打扰"，而迎面而来的是无视和提防的眼神，这使我逐渐产生了一种抵触田野的心理。这样像"夜游神"似的在周边走了好几天后，最终发现我没有得到太多满意的资料，同时愿意成为我访谈对象的人也很少，这令我感到有些苦恼和自责。

　　一天，无意间我抬头望了望天空，看到天空是如此美丽，蓝天白云就在头顶，云是那么纯白，鸟儿自由地在我头顶盘旋着，不远处就能看到一座座由翠绿点缀着的雪山。我不知道世间竟有如此美丽的地方。闭上眼睛回想着曾经的失败，回想着老师所交代的注意事项，不知不觉眼前浮现出村民在乡间劳作的情景，突然有一种冲动：我要融入他们的世界，逐渐成为他们中的一员，与他们一同享受属于他们的"快乐生活"。

我仔细规划着剩下的20天的"田野生活"，用笔记本描绘出周边居民的分布图，寻找着属于"自己"的访谈对象。直到那天以后，我才真正进入到属于我自己的田野生活中。现在回想起当时的状态，依然觉得很美好，因为后期伴随着我的是盛夏时节的鸟语花香，是敞开心扉的快乐。从那以后，我每天穿梭在绿茵小路上，行走在蓝天白云下，畅谈在绿油油的庄稼地里，感受着属于他们的世界，在那里我体会到了朴实而纯真的快乐，体会到乡间各民族不分你我的信赖。

记得有那么一天，我踏着轻盈的脚步、带着微笑去寻找我的"谈心人"，但是这两家都住在离我的居住地20多公里以外的地方，为了能节约时间，为了能早日得到我想要的资料，我一个人坐上了车。可是下车后，面对长得一样的房屋，我感到陌生，只好拿着地址四处询问，寻找着我的访谈对象。这两个田野对象都是哈萨克族人，问了很久，才找到一家，我坐下来与他交谈，不知不觉一个半小时过去了，我准备去找另一个访谈对象时跟他说了声："对不起，打扰您了！"而他却很慈祥地留我吃饭，我初来乍到，十分不好意思，委婉地说："那边有人等我。"我走出房门准备向他道别时，他的夫人裹着头巾，从屋里急速走出来，拿出一把奶疙瘩，塞到我的手里，用哈萨克语急着跟丈夫说了一些话，他看我有些不解，笑着跟我翻译说："我那位说，现在都中午了，你没吃饭就走，跑了一天了，一定很累，你走饿了就吃些奶疙瘩，垫一垫！"我对他们夫妇连声说："谢谢！"他的妻子似乎听懂了我的感谢，脸上露着微笑。

我看着她那带着皱纹的微笑的脸，感到这是我看过的最美丽的微笑，是我见过的最温暖的笑容。望着远处的高山，看着近处的有点泛黄的小麦地，手中拿着奶疙瘩，脑海中浮现着那张温暖我内心的脸……路上我捧着奶疙瘩边走边吃，虽然奶疙瘩很酸，但是我觉得它很甜，一直甜到我的心里。

土鸡蛋

张丽（北京师范大学）

　　土鸡蛋是既普通又不寻常的物品，作为生活物资流转于乡土社会，除了在乡土社会里消费之外，也由乡村供给城市，土鸡蛋本身的价值传递着两种社会形态间的相互认知。

　　在白鹭圩固定的商业摊位前，一般不容易见到土鸡蛋的身影。等到逢双的圩市上，才有热闹的交易。圩市呈十字形蔓延开来。东西是主要干路，东面经过理发店、粮油店、米酒店等店铺，又行经一片鱼塘后，可以进入白鹭古村兴复堂、书箴堂。南北方向为狭长的通道，南面靠近新街的位置是白鹭本地人经营的固定摊位，各种蔬菜、瓜果、鞋袜、衣物，多从外面运来。由南往北走，可以见到售卖豆腐、薯包、菜包、肉包、油条、鱼类等鲜物的摊位，带着热气的食物从锅里、竹笼里一屉屉地取出来，吸引了村落里赶早的人及赶着做早饭送小孩上学的人。人们趁着腾腾的热气要打包带回家去，好开始一天的生活。这一带是十字路口各个方向交汇的所在，如果被前面的热闹吸引了，就很容易忽视后面那一条靠近水渠的长20多米的小街，这里是土鸡蛋主要的交易场所。

　　"我们这里的土鸡蛋要是你们自己去买的话，就一块六或者一块七一个，我去帮你们代买的话就一块五一个。"这是白鹭田野调查基地的管理员刘桂兰经常会对来到村落里调查的人讲的话。作为村落生活的观察者，这里售卖的各种形态的蔬菜都散发着吸引力，从传说中供给皇宫的芋头、蒜苗、蒿子秆儿、包菜、芹菜、小葱、尖椒、薯子，到各种对外来者来说有些难以辨识的蔬菜品名，在各家的主妇框里、篮里、地上一一摆开来。白鹭话是市场交易的"官方话"，会说一口流利的白鹭话才不会被圩市的人认作外人。否则，你的语言、容貌、行装会被当地人迅速地判断，从而给予新的标准，包括要买的土鸡蛋的价格。与刘姐口中的说法一样，在不会讲白鹭话的亲属圈中，我拿到的价格是，一个土鸡蛋一块七。

乡土社会与城市社会对土鸡蛋有一个基本的认定，即由野生放养且绝对不含饲料的鸡产的蛋。乡土社会的安全信任度在日益工业化、居住空间趋于紧凑、生活频率加快的城市人看来，是相对安全的，城市人的生活空间折叠了当下的紧张与乡土生活的温馨浪漫回忆。土鸡蛋被消费的过程成为一个远方的都市人享有乡村慢节奏生活的过程，又连带着亲情、乡土、家族、回忆等只能无限地畅想着闲暇时光的美好事物，城市人对乡下生活的想象关联着对城市的厌倦与对乡土的留恋，土鸡蛋无疑成为两者之间的友好交流物。由土鸡蛋而来的土鸡，也非常抢手，一只土鸡经常会被卖到 150 元左右。赣南地区要生养的小媳妇经常会嘱咐乡下亲戚带几只土鸡放到家里来养，这样方便了取用，也保证了土鸡的来源是乡下。

北方社会同样也流行土鸡和土鸡蛋，它们既是身体的最佳调补品，又价廉易得，因此也成了北方乡土社会流行的人情礼品。在我的老家，晋南地区的土鸡蛋并没有上涨到那么贵，父母所生活的阳城—晋城—长治，几乎贯穿了他们幼年、年轻及年老时的所有生活记忆。在孩子来到这个世界后，土鸡蛋进入了我们的日常食谱，邻居送的、老家人带的、父母买的，每天两个土鸡蛋成了孩子基本的补养需求。在我的印象里，土鸡蛋是跟阳城紧密联结着的，以至于一旦有人提起土鸡蛋，我的脑海中便会立刻浮现出幼年生活过的白涧村、西南村。土鸡蛋同时也关联了父母、阳城话、亲戚、核桃树、柿子树、小米饭、酸菜面。随着父母亲来到北京生活后，我母亲的那一口阳城话竟然越来越浓，感觉每天都有人在跟她练习对话。有一次父亲也忍不住感叹了起来："你妈这阳城话真是土不溜溜的。"那一刻，我瞬间明白了，母亲原来时刻生活在家乡，并把自己的家乡生活带给北京人看。让母亲经常感叹的还有北京的物价："咱那里的柿子只有一块多一斤，到了北京就好几块钱了。"不仅有浓浓的阳城话，家里的日常餐桌上也在频繁地上演各种面食：手擀面、刀削面、饸饹面、打卤面、羊肉烩面、炸酱面、西红柿面，后来又辗转从长治老家专门带了一台压面的机器来，这下，面食制作到位了，完全满足了全家人对面食的渴望。在"异域化"的大都市中，我们三代人生活在一个属于我们的生活世界里。父亲通过回忆向我描述着他年轻时北京城的样子，他对北京的回忆与年轻、毛主席、大学、勤工俭学、分配等词汇联系在了一起，我们也时常生活在这样的对中国六七十年代文化的憧憬中。但是，分配已经变得遥不可及，尤其是住房分配。父亲开始感叹现在的北京，也时常对着窗户外面的一片树林发呆。

　　在白鹭帮忙给我们买土鸡蛋的刘姐，终于住进了村里新修的楼房里。这之前，刘姐家本来在村里的兴复堂。房子老了，多雨的天经常会漏雨，跟乡政府申请重建并没有得到批准。后来为了保护古村，刘姐搬进了1000多元一平方米的楼房。据说乡政府采取了一家一户劝说的方法，并带着村里的元老们到浙江、安徽的古村去看，白鹭的祠堂、老房子才得以保留下来。刘姐楼房里的生活，虽高居于土地之上，连接了自来水、马桶、洗衣机和现代化的厨房，但日常生活中还是离不开田地工作的。刘姐的爱人去了广东打工，村里传说每个月能挣七八千元，所以刘姐不用做最苦的种水稻，只是简单种些蔬菜自己食用。可是刘姐时常会抱怨："他哪里赚得到钱呢，这次回来都没有给我钱，还是我自己的钱给孩子用。"刘姐的爱人回到家里会帮着刘姐种种菜，或者到河里去捉鱼，村子里的婚丧病娶总是要参加的，在一位易姓老孺人去世后，这位兴复堂长房参与了丧事活动，上礼金的时候从口袋里拿出了厚厚一摞钱，在那一摞钱顺着手臂的方向滑向上空的时候，一张张纸币终于伸展开了，露出了缝隙且排出了弧线形的队列。那一刻刘姐爱人的身份似乎是被象征出来了。

一直以来，对所怀疑的白鹭土鸡蛋的价格，我终于有一次在跟村里一位中年妇女聊天时知道了当地人的定价，与此同时我还知道了种植甜叶卷的事、售卖花生和黄豆的老人们的事、去太安寺庙"会缘"的事。那一刻我明白了，白鹭的生活于我而言是"域外"的，白鹭人给我的土鸡蛋的价格，其实不是他们自己标定的，而是由我自己来决定的。

地方官的"圣旨"

张畯（兰州大学）

2010 年 8 月 28 日，对我来说是一个难以想象的日子。这一天，乡党委书记给我刚刚面世的谈及家乡的著作，浇了一瓢凉水，并下达了"禁止发行"的"圣旨"。我在后记中说，著作一旦诞生，就与作者没关系了，自有它的生命旅程。但我绝没想到，它独立的生命结束得如此之早。我从来没有想过它的面世会让有的人恐慌，并不惜动用权力试图消灭这种恐慌产生的来源——著作本身。

事情需要从头说起。我花了 3 年多的时间，和在当地任教的同学完成了一部关于"种田乡"的学术著作。最后一部分记述了"5.12"大地震后家乡分发救灾款和物资的过程。谈及家乡多少有点出于私心，是为了给我的前 30 年一个交代，给出生于此、祖辈和父辈曾生活于此的农村一个交代，给我们这一代在农村长大的人一个交代。

写书的动机是个人化的，也是自愿的，没有什么功利的想法，说到底是一件良心上的事，包括几万元的出版费，也是用自己的工资支付的。出于补贴印刷成本的考虑，在书出版后，我的合作者刘老师想通过当地乡政府给农家书屋补充几本。为此他找到乡党委书记，当天，他给我发来了短信：

　　刘：刚才联系乡党委书记，他看了"5.12"地震部分，非常生气，要找事，追究责任，你看如何？

我：若此事是他在任的事，把书收回，不再理他，冷处理一段时间再说。学术的归学术，政治的归政治。我们这是学术著作，不是新华社内参。

刘：今天下午他把我叫去，狠批一顿，说这是严重问题，若有人以此为据上告，上面下查将是杀头，要我转告你此书不能发行，若要发行，把这一章节删除再发行。

我：谁告？告谁？谁杀头？杀谁的头？现在是学术充分自由的时代。任何以政治权术威胁学者的行为，无一例外地会在历史上留下骂名。从古至今，学术很难超出学术发挥作用，它仅仅停留在关怀社会的层面，不管是人治、法治还是德治，从来没有也不会有学术治国的时代出现。出现了的话也不正常，即便费孝通也只是关怀社会而已。他能将此书的作用看得如此之重要，真是高看了。他作为一名认真的读者，仅在这一点上我感谢他，他对这一部分逐句研读，很想知道他的读后感，其实他的做法已将读后感行动化了。他不是书未出版时就想挂名吗？按他的逻辑，他既是原告，又是被告。杀头者和被杀头者都是他自己。他既是屠夫，又是被宰制者。

刘：他最担心的就是查实，他要承担责任，杀他的头，这事对他来说很敏感，地震款的事上了网，省上下来查，给他惹了不少麻烦，对此他很恐慌，还说这是我瞎编，要我承担责任。我回答是乡村干部所说，他叫来所访干部对证，整了一下午，总之说得很严重。他说不能发行，当时说得很严重，他一再强调这是我的错误，不该做此事，要做也该让他看一下，不能这样，而且说如果出事要我负责。

我：我知道此事已给你带来了很大压力，但你要记住，做学术始终坚持的是求真精神，我们没吃没贪没拿，身正不怕影子斜，谁心虚、谁慌了阵脚事实已很清楚，但这已与学术无关。求真和社会关怀是学术的底线，中央纪委查来也是同样，你只要保证你不是瞎编就行了。而且没有必要提供被访人，他自己找去得了。该谁承担责任谁心里很清楚，我们只要承担学术的求真责任就行了。口口声声追究别人责任的，先问问自己的责任何在？不做亏心事，不怕鬼敲门。至于发行的事，不是我说了算。他有能耐可以去找国家新闻出版署，正好在出版史上可记一笔。

我以为这部分内容的最大作用在于真实的记录，这种记录来自于人类学学者的职业敏感和忧患意识，因为"不记下来就会没有了"。而在这件事发生后，我认识到，记录的意义不仅仅在于记录。一个看似简单的记录，变成白纸黑字的时候，已经有了自己的生命和力量。

乡党委书记很严肃地警告我们，要我们承担责任。这使我想起了前不久发生的地方警察赴京抓记者、抓作家的事，按该事件的逻辑，如果基层都是这种办事逻辑的话，书记先生说不准还真有将我们"缉拿归案"的迫切想法。这使我的后背生出一股寒气。

那天与刘老师联络的短信本来怕妻子看见替我担心，想删除的，不料被敏感的妻子发现，然后她仔仔细细地读完了乡党委书记所指出的最后一章。而恰巧那两天妻子全文看完了《南方周末》关于谢朝平的《报告文学带来牢狱之灾》的长篇报道。妻子没搞清我的"问题"与谢朝平的"问题"的区别，以为我也会受到地方警察的逮捕，有了一种大祸临头的恐惧。一再提醒我上有老、下有小，不要吃力不讨好却引来祸害。我怎么解释也不能消除妻子的担心。那几天，有一次给母亲打电话，母亲突然说，你写的是啥书，出了啥问题了。我不知道什么人把消息传给了母亲，但我知道不是妻子。我赶紧让母亲宽心，啥事都没有。

我感觉这本书给自己的家人和朋友都带来了压力，有一种负罪感。但转念一想，这一切担心从何而来？它来自于害怕我的书的乡党委书记。那他为什么会对一部学术著作如此担心呢？他将学术表述误读为政治审判，惶惶不可终日，为此做出了超越于他的能力和职责范围的"禁书"的决定，但他已无法看清自己的行为是否符合逻辑。在全能政治逻辑的影响下，乡党委书记自然而然地认为，自己的意志也是全能的，不管是"后汶川地震问题"中的悖反逻辑，还是"禁书""收书"这样的事以及对学者的侵犯都在他的掌控之中。即便如此，面对一个原始和简单的记录的时候，他深深的惊恐仍然难以掩盖。

为了消除担心，我还是去打听了这位乡党委书记是何人，问来问去他是一位亲戚的亲戚。而且在写作初期，知道我们的著述计划后要求在书中挂名被我拒绝的就是他。母亲得到的消息也是通过亲戚知道的，我这才放下心，料事态就此打住，不会再往下发展。同时为了让这位亲戚的亲戚消除后顾之忧，让同学告诉他，书不会发行，并将当地已经传出去的几本书全部收回，包括他自己手中的那本，不给他添任何"麻烦"。

后来，母亲来兰州家里，我想把书藏起来，但她还是从书柜中找出，翻看了这本书，也读了令乡党委书记恐惧的最后一章，然后说："闲着呢！"（即"不要紧"）倒是母亲来替我宽心，我此刻感到了母亲的伟大，鼻子一酸，差点掉下泪来。

　　秋凉了，经历了这件事，我的心情也很悲凉。靳勒可以用"石节子村美术馆"来面对自己的石节子村，李沛峰可以用电影《白银》来面对自己的二道湾，我却在成书之后无法面对"种田乡"，我不知道这该算我的悲哀，还是故乡的悲哀。

我能为"朋友"做点什么？

裴子锐（中央民族大学）

当我这个一米五几的小女生，一手提着 26 寸的大行李箱，一边背着一个大编织袋，还抱着电脑和一箱矿泉水，在一个下着雨的傍晚，听到提前答应好会开车从村里到镇上来接我的一位村民说雨天路滑这几日村子里的车都出不去的时候，我的心里多少是有点焦虑和小崩溃的。

当我第一次问"您多大年纪了"，听到的回复却是"我也记不得了，怕是有四十七八吧……我儿子多大我也记不清了，怕是二十四五吧……"；当我给小娃娃的糖果被他不小心掉在泥土里，我还没来得及阻止又被他迅速捡起来塞进嘴里时；当我看到小男孩、小女孩们蹲在路边大便，完事后自己随手扯一片叶子擦屁股时，我是有点小惊讶的。

但是不久，所有的小焦虑和小惊讶，都变成了新习惯。习惯了用山箐里流下来没有经过处理的混着泥沙的水；习惯了每天两顿饭，顿顿吃猪油，一个月长十斤；习惯了上坑里坑外都堆了牛粪猪粪的旱厕所；习惯了在山间陡路上走来走去，爬上爬下。

我更喜欢上了村里的生活。喜欢没有 WiFi 和没有那么多手机消息找我的安静生活；喜欢不再关注时装与时尚的生活；喜欢每天和村里人聊天唠嗑，了解一切我好奇的东西；喜欢听这群有着很高的音乐天赋竟然信仰基督教一百多年的苗家人唱赞美诗，不是基督徒的我也受到感染，常常跟着唱；喜欢和他们说说笑笑，"你在我们这里这么长时间还不回去啊。要我说，你莫回去了，嫁给我们苗家做媳妇"——"好啊"；也喜欢和村里人分享我自己在生活中遇到的喜怒哀乐。我喜欢这个地方，喜欢我在村里的朋友。我喜欢上的这个山村，连它的名字也有点诗情画意——芭蕉箐。

芭蕉箐作为某高校的田野调查点，已经十年有余。学校还在村里建起了房子作为调查基地。十几年间，来过芭蕉箐的老师和学生，也有数百人。如今的芭蕉箐村人已经对我学习的这个专业相当了解。"他们就是来和我们侃，了解情况，搞调查，研究我们苗族的习俗，来研究我们的信仰，回去了写成论文。"村民们这样向外村人介绍我们这群常来打扰他们的外来者。但是，村民们并不是特别理解我们。"其实啊，我们看来，你们就是到我们这里下乡来玩的，你们问的那些问题，都没什么意思，都是我们习惯了的。"我的"饭东"和我说了他的心里话。"我们还是希望你们这些专家老师们来帮我们多搞搞经济，我们太贫困了。比如，教教我们怎么养猪啊、种果树啊……"听闻村长每年都会对来到村里的老师学生这样说，但是他的希望应该是一直也没有实现过。我想对他解释说，我们做的田野调查，虽然不能解决眼前的现实问题，但是可以使这里的文化让更多的人了解和关注，从长远看，会有好处的。"自己的研究就是对田野最好的回馈"，在村子里生活，我常常这样鼓励自己。但是，又觉得这样的解释，对于村民们来说，也未必是有力的，毕竟生活中的大多数人还是"务实"的。

虽然当老师、学生们到村里人家里聊天访谈，当地人都是很淳朴、热情、礼貌地"来，板凳坐""吃柿花""吃红薯""在我家吃饭吧"，即使农活儿很忙的时候，也要多少陪来家里的老师学生坐一坐，聊一聊，而绝不会拒客；虽然已然明白我们外来者的说话和提问的目的性，也还是对这些多少有些重复的"傻"问题给出一定的回复；虽然很多村里人还是喜欢和我聊天，说说笑笑，但是，我的到来，最让村民感到高兴的，仔细想来，还是因为我做了几件"实事"。

有几户村民的房子在一条即将修建的高速公路的规划线路上，他们才盖了几年的新砖房面临拆迁，土地也面临被征收。这对他们来说，是天大的事，却也无可奈何。这种情形下，他们在纠结的事情，就是家里的砖房没有很好地装修，没有贴瓷砖，而他们听到流言说，不装修的拆迁房可能会赔得很低，所以都在考虑要不要给房子贴上瓷砖。但因为无法确定流言的真假，担心误听误信，若装瓷砖的几万块花费拿不到赔偿就白白浪费掉了。在他们看来，我是有知识、有文化、懂政策的"大学生"，于是他们就向我求助。我查遍了网上的资料，又打电话到当地国土资源局咨询后，告诉他们贴不贴瓷砖，影响不大。村民们的心终于踏实了些，很感激我，还特意烤了很多红薯和山药给我做零食，表示对我的感谢。

还有一次早上"家访"，遇到男主人肾结石犯了，疼得卧床不起，一家老小正为他祷告。我查了资料，建议先吃点可以止痛的"头疼粉"，好些以后再去医院看医生。"头疼粉"是村里很常见的一种药粉，成分主要是阿司匹林和对乙酰氨基酚，能治疗头痛、牙痛、痛经等，是当地常用的止痛缓释类药物。男主人吃了半小时以后，就松快、舒缓多了，还从床上起来坐到门前烤太阳，和我聊天。"你之前来我家来的比较少的嘛，怎么偏偏今天来了？偏偏在我犯病的时候来了？还告诉我可以吃头疼粉。刚刚我们一家正在祷告呢，求神让我的痛、我的病好起来，你就来了。""我以前只知道叫头疼粉，就是治头疼的，不知道还可以治别的疼痛啊。""感谢主的安排。"

村里人平时也对我友好热情，但他们最开心的时候，还是我这个"大学生"帮忙解决了生活中的实际问题的时候。这也是我最开心的时候。

没有真正长时间下过田野以前，总有别人问我，你们这个专业做的事有什么实际意义？调查完了又能怎样？每当面对这样的发问，我常振振有词，要先让更多的人了解和理解不同地方的文化，这和解决实际问题一样重要，甚至更重要。可是，田野之后，不再是别人这样问我，而是我自己这样问自己。我能为这些对生活有着很多实际需求的我的朋友们做点什么呢？

学者、研究者的角色，要做的是学术研究，并不必须带有解决实际问题的使命，但是每一个研究者不仅仅是研究者，同时也是现实生活中的人，是有血、有肉、有情感的人。乡村常常是有很多待解决的现实问题的，面对农村的贫穷与凋敝，面对拆迁甚至强拆，面对疾病，面对死亡等，我不免动容，也感到有些无力。我们学习并致力于文化解释，学术研究也是站在长远的角度和一定的高度的，这些宏大的意义不可否认。但与此同时，对于田野中的我们的朋友们的切身的现实问题的回应和解决，也应该是心中装着田野伦理的学者都应时刻思考和在意的。或许一个研究者的这些行动和帮助可能只是力所能及的微小的事，或者只够解决一村一舍的问题的行动也是有局限的，但在我看来，那也是学者作为朋友应有的情谊，也可以是作为田野调查给当地人带来打扰的一点点弥补吧。

捐或不捐

高其才（清华大学）

在广西金秀进行田野调查期间，瑶胞淳朴善良，没有遇到多少次需要我这样的调查者捐款的情况，一般出的钱都是我自己参加活动吃饭的份子钱。如 2004 年参加朗庞做社、2009 年帮家众节等即为此类，因为参加者每人要交点钱来买菜。也有几次是遇上古陈的修庙、建学校等公益活动，修庙、建学校费用不少，需要大家集资，我便拿出 100 元作为支持。这些都是我自愿拿出的，没有人"明示"或"暗示"我。这些年，我碰到的有人向我明示或者暗示捐款的情况大概只有两次。

一次是在下都东，武哥与某家村民关系较为密切，经常带我去他家坐，好像也在他家吃过早饭。武哥有时也介绍点他家的情况：男主人身体不太好，不能干重活，家里的收入来源单一，家里有两个女儿，读书不错，学习上费用压力比较大，武哥曾向我提及，有无可能在北京找一找人，替他家女儿结对帮助。2011 年 8 月我去下古陈时，他家大女儿考上了广西民族大学，专业似为柬埔寨语。我一直没有接话，也没有答应，每次听后都没有什么表示。我是这样考虑的，田野调查期间会碰到各种各样的情况，生病的或者经济困难的也会遇到，一则我能力不大，稍微表示一点没有问题，但也不太能解决问题；二则主要是怕影响调查，出现由此迎合我、讨好我的情况，影响田野调查的真实性。我认为，我主要是通过调查瑶族的习惯法而为瑶族人民做事，这是最根本的。

　　另一次是 2012 年 10 月 25 日，我随某镇司法所的王所长去共和村调解纠纷。在村委会办公室旁的农户家吃过午饭后，我又回到村委会办公室请村支书赵书记帮我再找些材料。赵书记找出一些，我征得赵书记的同意后在村委的复印机上复印。这时，王所长说："村委会资金很紧张的，要给他们一些钱做复印费。"我满口答应，忙拿出 200 元钱给赵书记。赵书记不肯收。王所长说你要收，复印要纸张的，到街上每张要五毛、一块呢。这样，赵书记有点不好意思便收下了。

　　那天稍早时，赵书记比较明确跟我说："高老师，你看能不能帮我们想想办法，让我们村委会的电脑通上网络。"他说："我们这里不通网络，还很不方便。"这个我没有敢接话，听听而已。

　　在下楼准备上车时，中午喝得有点多的镇综合办小韦搭着我的肩，说："高老师，你看到那学校没有？"他指了指对面的村小学，那是广西武警部队援建的。小韦对我说："高老师，怎么样？山区里的孩子很困难的，你捐点钱？也不要很多，一两千就可以了。"我听后也没有搭腔，他也没有再多说了。

　　这时，王所长说："下次你来时，应该带点北京的特产来。"这也是这些年来，我第一次听到调查对象有这样的要求。其实，这样的要求是比较合理的，我也曾不时地有过这样的想法。不过，每次或因从深圳过来金秀，或因其他原因，一直没有这样做过。这时我有些脸红，除了给武哥带过一点茶叶之外，我大多是在深圳买条烟带过来，或是在金秀本地买烟或肉、菜去调查对象家，或是付些食宿费。确实，带些北京的特产，意义应是不一样的。

第三部分

秋 篇

金华斗牛

宣炳善（浙江师范大学）

我在读大学中文系时，特别喜欢读鲁迅与周作人两兄弟的文章。一方面，因为他们都是绍兴人，和我算是半个老乡，有一种家乡情愫；另一方面，周氏兄弟的文章风格完全不同，对照着读，有很多意想不到的收获。我之所以走上民俗学之路，正是因为读了周氏兄弟的文章得到的启发。

记得在大三第二学期的时候，也就是 1993 年上半年，我看了周作人的《药味集》一书，其中《缘日》这篇文章，让我至今记忆犹新。周作人在这篇文章中对自己的省悟历程做了反思与介绍。周作人说："从前我常想从文学美术去窥见一国的文化大略，结果是徒劳而无功，后始省悟，自呼愚人不止，懊悔无及，如要卷土重来，非从民俗学入手不可。古今文学美术之菁华，总是一时的少数的表现，持与现实对照，往往不独不能疏通证明，或者反有抵牾亦未可知，如以礼仪风俗为中心，求得其自然与人生观，更进而了解其宗教情绪，那么这便有了六七分光，对于这国的事情可以有懂得的希望了。"就是周作人的这一段话，完全改变了我的人生。因为之前我对古代文学与现当代文学非常感兴趣，但看了周作人的这段话，我就对民俗学感兴趣了。我的民俗学引路人是周作人，兴趣发生转变之后，我就选了陈老师的民间文学课，以增加对民俗知识的了解。

在 1993 年 6 月，有一次我在学校图书馆里看《鲁迅全集》，当翻到第五卷时，没想到第一篇文章就是讲金华斗牛。这篇文章是《观斗》，全文只有 500 多字，非常简短，大意是说中国人其实也爱斗争，特别是当时的军阀，但军阀们只管自己斗争，而人民则只是看，并不参与其中的斗争。这篇文章我当时并没有看懂，也不知道鲁迅写这篇文章的目的是什么。鲁迅以调侃的口气说看了 1933 年的《东方杂志》，才知道金华有斗牛，不过和西班斗牛却是两样的，西班牙是人和牛斗，我们是使牛和牛斗。看了这篇文章，我才知道原来金华还有斗牛这种民俗活动。

这篇文章引起了我强烈的好奇心。鲁迅文章中的金华斗牛，说的是民国时候的情况，那这种民俗还存在吗？之前，从来没有人向我说起过金华斗牛的事，而当时我所就读的浙江师范大学就在金华，自此我对金华斗牛产生了浓厚的兴趣。之前因为爱看周作人的书，对于民俗学已经有了一些感觉，于是就特别留意地方特色民俗，对于金华斗牛的兴趣也就这样培养起来了。

1993 年 9 月刚开学的时候，也就是大四的第一个学期，我在图书馆翻看当地的报纸，无意中看到 1992 年 10 月 5 日的《金华日报》上有关于金华市首届斗牛大奖赛的新闻。讲的是 1992 金华斗牛节暨秋交会，当年在金华市人民广场还举行了迎牛仪式，并在湖海塘斗牛场举行了金华市首届斗牛大奖赛。这个新闻说的是文化搭台、经济唱戏的事，也就是用斗牛的民俗活动招商引资，促进地方经济的发展。看了这个新闻，我才知道，原来鲁迅文章中说的金华斗牛仍然还在发展，而且以市政府的名义举行斗牛大奖赛了，这个新闻给了我巨大的刺激，促使我想要了解更多的信息。

当时看报纸时，我已经错过了第一届金华市斗牛大奖赛，没有看到金华市首届斗牛大奖赛的盛况，很想进一步了解。于是我马上就去了《金华日报》社，才知道当时金华斗牛由于政府的倡导，已经激发了民众的积极性。因为斗牛大奖赛一等奖的奖金是一万元，这在当时是一笔巨大的财富。也正是通过《金华日报》，我才知道金华的斗牛是以雅畈镇白鹤庙的为代表，就借了中文系黄华童老师的自行车去雅畈镇白鹤庙调查。

我第一次的民俗学田野调查就是骑着自行车，而且是骑着借来的一辆自行车，去雅畈镇白鹤庙做的调查。中午从学校骑自行车到雅畈镇白鹤庙，大约需一个多小时，我一路上不断地问路人，最后终于到了这个田野调查点。白鹤庙在一座山的山腰上，这座山就叫铜山。当时在铜山白鹤庙接待我的是张根生老人，我介绍自己是浙江师范大学的大学生，想了解一下金华斗牛，想要替金华斗牛宣传宣传。张根生老人非常欢迎，他曾经做过村上的干部，长得很瘦，但为人热情，很有组织能力，而且他说的话我基本都能听懂。当时他是白鹤庙斗牛培训场的负责人。通过调查才知道早在1992年3月，雅畈镇徐店村、雅桑园、张麻车、彭上、麻园、小窑上六个村的27位老人就以张根生、徐顺宝为召集人成立了"金华县（现为金东区，下同）雅畈镇铜山白鹤庙斗牛培训场"，并得到了雅畈镇人民政府与地方派出所的支持。也就是说，民间早就在复兴这一传统的民俗活动了，比金华市政府组织的斗牛大奖赛要早得多。

通过调查得知，当时斗牛场的捐助单位有7家，分别是：金华斗牛游乐中心捐助1000元，雅畈翻砂厂捐助300元，雅畈丝厂捐助500元，金华铸造一厂捐助500元，金华色织布厂捐助1000元，金华造漆厂捐助400元，雅畈横店毛头村委捐助100元。1993年澧浦镇下宅村金蓉庙也建立了临时斗牛场，但没有派出所的治安许可证，在第二年就停顿了。

第一次调查主要集中在"斗牛民俗的恢复"这一中心主题

上，而且我搜集到了两则关于金华斗牛的传说。当时没有录音笔，也没有照相机，就是用钢笔写在一个练习本上。记得张根生老人对我说，他们其实并不叫"斗牛"，在金华方言中，是叫"牛相操"，就是牛打架。后来社会上、媒体上都用"斗牛"，他们也就跟着用这个词了。金华的斗牛是有讲究的，没有庙是不能斗牛的，也就是说，金华斗牛是围绕庙而展开的。第一次调查十分成功，因为当时的老人们对于金华斗牛的未来有许多美好的憧憬，他们认为这是一个地方特色传统，要发扬光大，但他们最缺的就是资金。因为买一头斗牛当时至少要 700 多元，而养斗牛的成本也很高。通过调查，我才知道，原来在民国时期，只有有钱人家才养得起斗牛，养斗牛也是地方家族力量的体现。傍晚我走的时候，留下了我的姓名和单位，当时大家都没有手机。

但我没有想到的是，当我结束调查回到学校后的第三天，也就是 9 月 14 日，雅畈镇白鹤庙以张根生为首的四位老人居然开着一辆拖拉机到了我们学校门口。他们四位老人下了拖拉机后到中文系党委来找我，说是我曾经来调查过他们。当时我正在上陈老师讲的民间文学课，中文系的领导就把我从教室里叫了出来，要我和这些老人讲清楚。原来他们来学校是要求学校为他们的斗牛活动捐款。中文系的领导说，捐款这一行为要由校党委批准才可以，于是我就带他们四位老人去了校党委办公室，但校党委办公室的老师却说这个捐款的行为必须要由地方政府开具证明，学校是不能直接与金华县雅畈镇铜山白鹤庙斗牛培训场发生业务上的关系。大家在办公室说了半天也没有结果，最后这些老人失望地开着拖拉机回去了。临走的时候，张根生很严肃地对我说，斗牛的活动是要搞的，要我继续提供支持，不能放弃。

两天后的 9 月 16 日，也就是农历八月初一，铜山斗牛场举行斗牛比赛。因为事先这些老人对我说 9 月 16 日有斗牛比赛，要我去看一下。于是我又骑着借来的自行车去雅畈镇白鹤庙，这是我第一次看到金华斗牛。因为上次去调查金华斗牛时，只是调查了一些问题，并没有看到斗牛的活动。而且第一次调查是在白鹤庙里，所以连牛都没有看到。

第二次调查是亲眼看到了民间的金华斗牛，才发现金华斗牛的民俗活动其实很危险。因为拆牛手们要将斗得起性的牛分开，这需要技巧与勇气。当时，一位拆牛手在将牛分开时，脸上被牛角划了一下，流血不止。另一位拆牛手则抓住斗牛的尾巴，结果牛拉着人在水田中奔跑，拆牛手就变成了泥人，观众们却哈哈大笑。所以觉得当时的场景和看鲁迅的《观斗》一文的感觉完全不同，因为鲁迅一定不知道金华斗牛其实是十分危险的活动，金华斗牛并不只是看客的行为，也有拆牛手的积极参与，而且风险很大。

9 月 16 日是我第二次去调查金华斗牛，主要就是看斗牛赛。斗牛赛结束后，当我问这些老人关于斗牛的具体情况时，他们就不太热情了，也不太愿意回答我的问题，这与我的第一次调查形成强烈的对比。因为前几天，我第一次去调查时，他们很热情，但这一次，由于我没有帮他们做好募捐，他们的态度就明显冷淡下来了。当我问一些关于买牛、养牛与斗牛的技巧的问题时，他们就说这些问题不重要，关键是要有经费，这让我很无奈，因为我只是一个学生，当时没有什么钱可以资助他们。在这个斗牛的地方民俗复兴的过程中，我起不了什么大的作用。后来，他们也没有开地方政府的证明来学校募捐。张根生老人在 2015 年去世了，我还是很想念他，因为他是我第一个民俗学田野调查的访谈对象。

这样，我的民俗学田野调查就陷入了困境。不过说来幸运，后来发生了一件事情，让他们改变了对我的态度。原来有一位义乌的外地人自称是地方干部，拿着一份介绍信来找他们这些老人，说是要帮他们发展金华斗牛，但需要前期活动经费，于是这些老人们就给了这个人200元。没想到后来此人就失去联系了，而对方提供的介绍信上的单位却是假的，这些老人去找这个单位时，却发现并没有这个单位，老人们当然是上当了。当我第三次去调查时，他们就对我说起这件事，并评论说我的单位至少是真实的，而且我从来没有向他们要过钱，还给他们一些礼物，所以两相比较，还是我比较可靠，于是调查就继续下去了。后来我对徐顺宝老人则进行了重点调查。

徐顺宝老人是金华婺城区雅畈镇竹园村人，1942年生。他的父亲是徐余卿，已经去世，其所养斗牛的艺名为"蝴蝶架"，在斗的过程中善于使用"挂"这一竞技动作。徐顺宝的祖父是徐有塘，其所养斗牛的艺名为"落田架"，其斗牛特征是一下水田就使用"挂"这一竞技动作。徐氏三代为斗牛饲养世家，有丰富的斗牛饲养与训练经验。通过田野调查，我认定徐顺宝老人是金华斗牛项目的省级非遗传承人，这也得到了金华市文化局的认可。现在徐顺宝是这个项目的省级非遗传承人，后来经徐顺宝的推荐，董锡清也成为这个项目的省级非遗传承人。

1994年上半年，我的本科毕业论文的题目就是《金华斗牛研究》，当时本科毕业论文的指导教师是陈华文老师。后来这篇本科毕业论文在上海的《中国民间文化》1995年第1期刊出，可惜的是后来这个刊物停刊了。在这篇文章中，我认为金华县东部是金华斗牛的发源地，这一地区在历史上曾是越人的集中居住区，金华斗牛最初是越人的竞技活动。金华斗牛经历了传承主体与客体的双重演变，即由唐代的水牛相斗变成了明清时期的黄牛相斗，而传承主体也由唐代的越人变成了明清时期的汉族。金华斗牛在明清时期也与地方家族力量有一定的关联，也是研究地方宗族文化发展的辅助材料。总体上说，在中国的南北两大斗牛系统中，金华斗牛是具有丰富历史内涵与民族融合特征的竞技型民俗，是地方民间文化演变的活化石。

当中文系的同学们在图书馆查资料时，我却经常骑着借来的自行车下乡调查，当时骑遍了整个金华，才发现金华斗牛的民俗只分布在金华的东北部，而且通过调查发现了民国时期金华县18个斗牛地点的分布情况。其分布情况如下：

（1）源东乡石岩寺，在农历五月十三关公生日开光斗牛。

（2）曹宅镇方乐殿，在农历六月二十一邢侯出巡日斗牛。

（3）曹宅镇官田乡神堂殿，在农历八月十三胡公生日斗牛。

（4）山桥乡山口村东紫岩殿，在农历九月十六邢侯生日斗牛。

（5）新狮乡紫岩殿村的中紫岩殿，在农历八月十三胡公生日斗牛。

（6）罗店镇罗大门西紫岩殿，在农历九月十六邢侯生日斗牛。

（东紫岩殿、中紫岩殿、西紫岩殿三个殿在"文革"时被毁。）

（7）仙桥镇潘村方六相公寺，在方六相公生日斗牛。

（8）雅畈镇铜山八保白鹤庙斗牛，每年端午斗牛、农历十月二十六开光斗牛。

（9）澧浦镇下宅村金蓉庙，下半年开光日斗牛。

（10）竹马乡金店村白竹殿，在农历八月十三胡公生日斗牛。

（11）多湖镇牛皮塘村法明寺，在农历九月八日开光时斗牛。

（12）长山乡石门村关王庙，在农历五月十三关公生日斗牛。

（13）城南乡董宅村、山脚下村殿岩山十八保殿，在农历八月十三胡公生日斗牛。（十八保殿在"文革"中被毁，后来1985年4月民间集资在十八保殿原址上建了大黄山湖海塘斗牛场，1986年建成并开始斗牛。）

（14）灵岳乡湖湾村湖湾庙，在农历九月二十一司生老爷生日斗牛。

（15）灵岳乡山口殿，正月十六方六相公生日斗牛。

（16）孝顺镇中柔村八宝殿，农历八月十三胡公生日斗牛。

（17）孝顺镇刘下殿，农历九月九斗牛。

（18）苏孟乡牛店村新殿，农历十月十六开光日斗牛。

民国时期金华县的18个斗牛地点有一个共同的特点，就是都有寺庙的分布，一般都在特定的时间斗牛。这也就是张根生老人对我说的在金华没有庙是不能斗牛的一个老规矩。

在本科毕业论文的撰写过程中，我发现钟敬文先生在1931年的一篇题为《金华斗牛的风俗》的论文中，已将东方的金华斗牛与西方的西班牙斗牛相提并论，并指出金华斗牛是农业时代祭神的竞技民俗，与西班牙斗牛作为狩猎时代的遗风不同，这给后来的研究指明了一个方向。

但自从2003年以来，由于斗牛平时不耕田，饲养成本高，而斗牛赛事少，在金华本地举行的斗牛表演也主要是义务性的公共免费表演，经济效益不好，许多农户因此将斗牛转卖或宰杀。2005年4月5日记者何百林在《金华晚报》第一版刊登《徐老汉忍痛卖"林冲"》的新闻报道，引起了一定的社会反响。原来，在2002年，徐顺宝买了一头斗牛，取名"林冲"，但在2005

年 1 月，徐顺宝老人把牛卖掉。3 年来，这头名为"林冲"的斗牛到外地参加表演的收入不到 1500 元，而买"林冲"的费用就要 3200 元，每年的饲养费也都在 2000 元以上，严重亏本。目前有关金华斗牛的宣传、重视程度还不够，没有形成可观的表演市场。目前金华养斗牛的牛主的年龄段是 60～75 岁，而拆牛手的年龄段是 40～66 岁，总体年龄偏大，年轻的传承人比较少，金华斗牛面临着传承人过于年长的不利形势。

溆浦，楚辞的故乡？

田兆元（华东师范大学）

在中国做田野，有与西方早期人类学家在美洲、澳洲和太平洋海岛做调查完全不同的情形，那就是那些地区的人们没有文字，他们的历史是那些人类学家和民俗学家建构起来的，在中国则截然不同。你到的任何一个地方，可能都有一批文献描述过了，几千年前就有文字记载的大有其地。就是在边陲之地，没准都有苏东坡、杨升庵之类的文人在那里待过了，有几首诗写在了那里，有某个文集描述过那里的传说了。文明古国的田野，没有文献的功夫，那得小心点。尤其是那里有几位饱学之士，把地方史和地方民俗搞得个烂熟，你一开口，可能就是外行话。过去，所谓的学院派把他们称为地方学者，那么我们是什么呢？假如与地方对立起来说的话，那是国家学者？世界学者吗？

我大概算半个《楚辞》研究者，或者至少是爱好者吧，因为过去写过几篇论文，还谋划着写一本关于《楚辞》的书，当然后来没有写。这年十月，受文化产业策划大师张建永先生的邀请到雪峰山景区考察。他是张家界《魅力湘西》作品的主策划，他虽然当过大学校长，但是却认为《魅力湘西》才是他平生最杰出的作品。我们到了湖南溆浦，第一站是枫香瑶寨，那个寨子倒不高，但是那条小路的陡，我觉得不能再增加一度了，感觉都快九十度垂直了，可是那些车子咆哮一下都上去了。

在那里我见到了几位高人。一位是雪峰山生态旅游集团的老总陈黎明先生，一个壮美的汉子。他说这里是屈原待过的地方，

屈原有诗："入溆浦余儃徊兮。"我大吃一惊，《涉江》的这个"儃
徊"，可真是没有几个人敢大声读的。他们很坦荡地说，屈原的
很多诗歌都是在这里写的。假如说是在别处，我们肯定要说这是
在攀附名人了，但是《涉江》里写得明明白白："入溆浦余儃徊
兮"，"朝发枉陼兮，夕宿辰阳"。这些都是当今湖南地方的风物
地名，可不能说是无中生有的。这个湖南汉子，虽然是个老总，
但是感觉像个高级记者，喜欢自己写文章、写报道来描述雪峰山
的景色与人文情怀，文采飞扬的。那里要是没有修公路，爬进去
一定很困难。屈原当年到那里，还有一只小船，但是在两面大山
的夹击下，有些彷徨迷茫，那真是太自然了。要说那里是穷乡僻
壤，真是不假，到现在很多地方还是国家级贫困地区，行政的主
要工作是扶贫。包括雪峰山生态旅游区，其中重要的功能就是扶
贫。但是这样偏僻的地方，屈原偏偏就在这里待过。要是不懂一
点《楚辞》，在那里真就 out 啦！

　　晚上我们到山上尝了点当地热烘烘的美酒，顿时就云里雾
里。第二天起来一看，森林密布的大山，云雾缭绕，几片轻雾漂
浮在屋宇间，立刻感到屈原所写的：山峻高以蔽日兮，下幽晦以
多雨，霰雪纷其无垠兮，云霏霏而承宇。这景象就在眼前，太真
切了！于是拍摄照片数幅，对付一首顺口溜上去，微博就发了。
一时间，点赞者无数，自鸣得意。还有几位台湾的辞赋学家，也
是鼓励了好几句。后来我才知道，溆浦弘扬屈原文化，做了很多
的工作。比如城里有屈原广场，还有涉江楼等，溆浦县城到处都
是屈原的符号。但是要是没有去过溆浦的人，谁会将它与屈原联
系起来呢？后来我问那些搞屈原研究的，他们很多人心里只有秭
归、汨罗和郢都，对于溆浦所知就是不甚了了，专业的研究者尚
且如此。

在中国搞田野调查，不懂古籍，真是不行。还有就是懂一点，不要以为就是自己懂，当地人不懂。现在地方对于自己的文化挖掘，可谓挖空心思了。古书里面只要有几个字和地方相关，都会深入挖掘出来。何况屈原那么多的诗歌，很多都是难以割断和溆浦的关系呢。

那么我们是不是就可以拼田野调查，看村夫野老怎么说，搜集来分析分析，搞出新见解。但这也未见得就会比当地学者有多大优势。一是当地土话，还要请当地人翻译，优势真是没有办法建立起来。当地有人可是又懂古籍又懂民间传说的。那里有一个老先生，网民叫"考古老头"，实名叫禹经安。他看到我在微信信手写的那些《楚辞》句子，便先是赞扬一番，然后装着重复一遍，写上那些《楚辞》的句子。我一看，全明白：他实际上就是在改正我的错误，错字掉字，都补上了。我是他们请过去帮助"挖掘文化资源"的"专家"，他们对我是非常的客气，这时候我们自己一定要知道轻重。我曾经见过一些"专家"为地方把脉，那个 low，真是没法说，讲一些皮毛的东西，让地方上的朋友听了直摇头。对于我们这些所谓的专家来说，真是要引以为戒。

这个"考古老头"不仅考古知识多、古文功底好，就是田野资料也掌握得不少。说屈原在溆浦待了多少年，有依据吗？当然《哀郢》有"至今九年而不复"的句子，但是这真的不足为据。但是"考古老头"给我说了个事：说有个老唱本，上面说，屈原有几个女儿，大女儿如何，二女儿如何，三女儿如何。在当地人的表述中，很多人认为自己是屈原的后代。那里有几个村子都姓屈。民间传说不全是空穴来风，民间传说与屈原诗歌形成一定的互证，更是值得关注。屈原文化在这里是立体的，是被一种带有崇敬心情的民众传承着的。是不是真的是屈原的后代不重要，只有真的在传承屈原文化，才是真的屈原儿女。

　　屈原的《九章》的很多篇章确实是在这里写的，比如《涉江》是一篇代表作。《九歌》呢，也是有的。我们说说《橘颂》吧。在雁鹅界古村落，老乡端出来一盘橘子说，这就是屈原写的橘子，很甜。我是大为惊讶，前段时间正为宜昌老乡卖橘子出主意，要他们打《橘颂》牌，到底哪里的橘子是屈原写的对象呢？在一个把屈原与自己的生活紧密联系的地区，你能够说他们都只是在牵强附会吗？

　　在回程的路上，我看到《今日头条》有一条新闻：《溆浦，楚辞的故乡——著名民俗神话学家、华东师大博导雪峰山之行》。原来这是雪峰山老夏的手笔，他的工作那么忙碌，可是一点儿也不会把写文章的事放在一边。虚实相间，写得很幽默。一不小心，我成了他的田野，自己在调查，没想到自己就被调查、被田野报告了。我认为，要是我们的表述对于他们有正面的意义，那就是一件有价值的事。有人在说自己的家乡是"楚辞的故乡"，我是心里充满感激的，因为他们在主动承接这份文化遗产，承担这份责任。有人会说，他们是为了旅游。我觉得拿文化为盾牌发展旅游，没有错，你为什么不说自己的家乡是《楚辞》的故乡呢？你是不是没有文化认同感呢？文化资源是公共的。文化是一种认同。我们其实是应该为那些认同文化传统的企业点赞的。每天有成千上万的游客来到溆浦，在这里知道了屈原，有什么不好呢？所以，田野工作，互为田野，是不是一种值得关注的事情？

　　但是，我接着就要到湖北长江大学参加"荆楚文化"的学术研讨会。荆州为楚郢都，应该是屈原在那里展露政治才华的地方。他们的资料袋上印了屈原的《橘颂》的句子，这立刻让我联想到溆浦了。我是湖北人，还在长江大学做兼职教授，他们会骂我吗？

楚人是大气的，强调文化是共享的。有个故事说，楚王打猎把弓箭丢了，下人要去找，楚王说，楚人丢东西，楚人捡到，不用找了。这很大气。据说孔子听到了，就说，不要管楚人什么的，就说"人失之，人得之"，就可以了。这当然很有心胸。后来老子听到，就说，为什么要区别人和物啊，就说"失之，得之"。看上去境界更高。但是我们还是觉得后面的是与己无关的评论，而楚王是实实在在的当事者。他是楚王，当然要想到楚国。溆浦、郢都都是楚地，为什么要区分溆浦的橘子还是宜昌的橘子呢？从出生到流放，橘子是伴随它的风物，也是他的精神寄托。所以，只有大家都来弘扬屈原精神，文化才能够做大。我们计划着到那里去做一场真正的溆浦文化研究与屈原文化研究，而不仅仅是这样一场浅尝辄止的初探。

我们回到开头的主题：田野，不能不懂文献。反过来，做文献研究的也是不能够离开田野谈文献的。台湾的辞赋学者高莉芬教授没有到过溆浦，看到我的一些网络日志，深有感触地说：不到溆浦，不能谈《楚辞》。我曾经是研究神话学的，后来提到神话研究的民俗学路径。为一个同学的博士论文出版写了个小评论：诸葛亮研究的民俗学路径。很多朋友找我要他的书，说我们研究诸葛亮，都是文献上来的，我们想看看民俗学路径是一个怎么样的路径。我回答说："到田野去。"当然，民俗学的路径，还有其结构与互文分析，即将语言、行为与物象的结构当作不同的互文形式，立体地分析文化事象。

无论是田野还是文献，不要认为只有自己是专家。还有，不要以为就是你在田野别人，可能你自己早就是别人田野的对象了。

　　其实，民俗学的田野是与人类学的田野不一样的。民俗学更应该注重"采风"。它采集的材料本身就是最为重要的成果，比如音乐、歌谣、技术等，其本身不仅仅是拿来研究的，而是现成的资源。就像萝卜，民俗学拔回来就可以了。带点泥是可以的，但是带回来一大堆土，这不应该是民俗学做的事。因为民俗学研究的对象是：生活的华彩乐章！民俗学应该研究显在的重要的传统精华，保留的是传统社会的宝贵遗产，所以是"采花大盗"。《楚辞》及其民俗传说，就是溆浦的华彩强音。

湄洲岛拜妈祖

游红霞（华东师范大学）

大家都在讲"生活不只有眼前的苟且，还有诗和远方"，对我来说，田野是令人向往的"远方"，它被学界看成是研究生们的"成人礼"。

农历九月初九，是重阳佳节，也是妈祖的羽化升天日，湄洲岛妈祖祖庙里都会举行隆重的仪典来纪念这位女神。为了跟随田老师的课题组赴湄洲岛调查，我学习了妈祖的相关文献，还把《湄洲岛传奇》和《妈祖》这两部电视剧重温了一遍。

带着对妈祖的崇敬之心，在丙申年的九月初七，我们师生四人踏上了赴湄洲岛的田野旅程。如今高铁拉近了时空的距离，从上海只需五六个小时便抵达了莆田。莆田的出租车里播放着《爱拼才会赢》这样的闽南歌曲，司机则操着一口浓厚的"福建普通话"与我们谈天说地，顿感一股乡风乡韵扑面而来。我们在文甲码头乘上忠湄轮渡，随后邂逅了数个来自汕头、台湾等地的"朝圣"团，他们或身着各自妈祖分灵庙的庙服，或身着朝圣旅游团的统一服装，有的手捧妈祖像，有的手捧鲜花或各式各样的贡品，表情肃穆，准备前往湄洲岛的妈祖祖庙朝拜。

初登湄洲岛，远远就能听到从妈祖祖庙传来的鞭炮声和鼓乐声，环望四周，是浩瀚无边的轻涛碧海。夜渐深了，台风"艾利"开始肆虐，一时间狂风四起、骤雨如注，却丝毫阻挡不了各方信众朝圣妈祖的步伐。在妈祖祖庙，我们见到了传说中勤劳、热情、朴实，对妈祖有着深深眷恋之情的湄洲女，她们从头到脚的考究装束印证了那首传唱已久的歌谣："帆船头，大海衫，红黑裤子保平安。"道长们念着《五福灯》《玉枢宝经》《上帝宝经》《三官宝经》《北斗经》《消灾解厄经》等经文，进行安奉、进表章、建坛、做供、八卦、进贡等仪式敬奉妈祖。而后，湄洲女们与来自岛上 14 座宫庙的"头人"和"福首"们集齐向妈祖跪拜。那一刻，我们也融入其中，对妈祖顶礼膜拜，似乎这位东方女神并不是高高在上的"天上圣母"，而是一位洞悉人间酸甜苦辣的、和蔼可亲的长者，以慈母般的大爱精神照拂着她的"子女"们。

从妈祖祖庙拾级而上，经过"升天楼"，终于看到了那座仰慕已久的妈祖石雕像。而在台湾云林县的北港朝天宫，也屹立着同样一座妈祖雕像。她们隔着台湾海峡深情对望，牵系着两岸同胞的血缘亲情。这使我想起了余光中的那首诗："乡愁是一湾浅浅的海峡，我在这头，大陆在那头。"怎能不让人心生感慨啊！人们都说，"有海水的地方就有华人，有华人的地方就有妈祖庙"，妈祖啊，您曾经安抚了多少飘零在外的游子们对故土的依恋之情……我们在九月初九那天看到了台湾"大甲妈"的代言人激动得热泪盈眶；看到了马来西亚紫竹堂的华人信众们漂洋过海前来对妈祖虔诚礼拜；看到了湄洲岛的若干旅行社马不停歇地接待来自世界各地的朝圣旅游团。朝圣者们都是妈祖的孩子，回到了妈祖的故乡"认祖归宗"。

我们师生一行带着妈祖赐予的满满祝福离开了祖庙，经过岛上的"闽台风情文化旅游街"，在一家莆田风味小吃店小憩。老板娘夫妻俩曾在上海打工，听说我们也是从上海来的，一下子便拉近了彼此的距离。老板娘打开了话匣子，她说自己是土生土长的湄洲人，无论身在何地，都会在家里供奉妈祖神像，早晚跪拜，还说有妈祖在身边，就感到像仍然在家乡一般的亲切和踏实。妈祖不仅保佑着他们的平安健康，更舒缓了人们的思乡之情。

在湄洲岛鹅尾神石园举行的"海祭大典"将丙申年九月初九妈祖羽化升天日的活动推向了高潮。活动开始前，风仍潇，雨未停。来自妈祖祖庙和台湾、东南亚等地区妈祖分灵庙的嘉宾们在台下就座，一起见证着这一神圣的妈祖仪典。典礼开始了，一系列仪式环节有条不紊地进行着。礼炮响起；擂鼓，鸣号，上供；仪仗队、仪卫队就位；主祭人、陪祭人就位；司礼生、舞生就位；行进献花篮之礼；奏《迎神曲》上香；收香；奠帛；恭读祝文；行三跪九叩礼；奏《海平》之乐，行初献之礼；奏《和平》之乐，行亚献之礼；奏《咸平》之乐，行终献之礼；行放生之礼；向妈祖行三跪九叩之礼；焚祝文、焚帛。到此，"海祭大典"礼成，恭颂妈祖起驾回銮，仪仗队、仪卫队退场，主祭人、陪祭人、司礼生退场，舞生退场。"海祭大典"持续了一个多小时，现场虽是人山人海，人们却是鸦雀无声，虔诚地观礼，膜拜妈祖。不知不觉间，台风似乎停歇了，天空中乌云尽散，日光洒满了海面。天晴了！这也许是妈祖显圣显灵呢！

这次到湄洲岛妈祖祖庙"朝圣"的田野考察，使我们受到了妈祖文化的感召，深深感叹于妈祖和平、无私和大爱的文化精神，似乎经历了范根纳普所说的，从世俗到神圣、再从神圣到世俗的"过渡礼仪"，是不是完成了民俗学人的"成人礼"呢？

田野，是心怀神圣信仰的修行；而朝圣，是对共同文化根脉的依恋和认同情感，也是一种文化乡愁吧。这份乡愁，正是我"心中的田野"。

酿酒猜拳记

严修鸿（广东外语外贸大学）

在福建省梅州乡村的农户，多有自己用糯米酿酒的习惯，做出来的甜米酒，当地叫作"娘酒"。这种糯米酒有一定的滋补作用，生了孩子的产妇，常要吃上一个月的"鸡子酒"——用姜炒鸡，然后将鸡肉与米酒一起炖熟来吃。

一般家庭一锅糯米酒需用糯米 20 斤，要先放到桶中用冷水浸上一夜，次日将其蒸熟，做成"酒饭"；倒进直径 1.5 米左右的"摸栏"（竹编的扁平的容器）里摊凉，也有直接用清水去浇凉米饭的；把凉了的糯米饭放进用"布荆"（牡荆）树叶洗好的酒缸内；将"酒饼"（酒曲）研磨成粉后撒在糯米饭上，然后进行搅动，待均匀后再把少许酒饼粉撒在上面，放在阴凉处，酒饭就会慢慢发酵，冬天约 15 天、夏天 10 天左右之后，这酒饭的"酒井"中就会渗出香甜的"酒娘"（江米酒）来，而尚未出酒的糟就叫"野娘子"；将酒娘倒进容器里加入适当的水煮熟，煮好后就是香喷喷的糯米酒了，叫作"生酒"，可以直接舀来饮用。为了延长保存期限，也有将生酒装进"酒瓮"，放在谷糠、稻草中，生火焖熟的，叫作"炙酒"。

"蒸酒"工序虽然不复杂，但要注意卫生。有"屙糟豆腐伶俐酒"的讲法，即酿酒要特别干净。酒缸要用牡荆的叶子擦洗干净。又有"蒸酒磨豆腐，唔敢称师傅"一说，说的是酿酒是一种必须每一次都认真对待的工作，不然，酿成了酸醋，就是失败了。还有在饭甑上以及酒缸放一把菜刀的习俗，说这样可避免

"阴人"（逝去的先人）的骚扰，这样饭就能一次蒸熟蒸透，酿酒时就能顺利出酒。

农家做米酒，一年四季都有，但多数在农历八月以后，俗话说"九月九，蒸老酒"。在冬至前做好米酒，冬至那天酒娘与酒糟混在一起时加入清水，可做成比较浓郁的"年酒"。

压榨了酒液的糟，叫作"糟嫲"；而还包含酒液的糟，则叫"酒糟"，可以拿来配菜，比如可以炒苦荬菜，或者腌制肉制品、豆腐等。

酿酒的技艺自有讲究，各家都有独特的法宝与经验。步骤很多：先将浸泡好的糯米，在"插子"（撮箕）上沥干；用饭甑蒸糯米饭，盖子上方放一把菜刀，用于辟邪；蒸好的"酒饭干"，饭香十足，然后要洗酒缸的"布荆"（牡荆）叶，做"酒饼子"，让米饭发酵的酒药，多加则酒更浓郁，少加则酒甜；摊凉的酒饭与酒药混合后，加一些井水，中间挖一个小坑，叫作"酒井"，放上"布荆"树叶；酒缸上盖一层干净的布，上方盖一个簸箕，冬天往往会盖一些保暖物。酿酒时还会用到"糟罍"，这是过滤酒糟的一种竹编漏斗，一头敞口，一头封闭。

喝酒难免要猜拳。

连城属于闽西，闽西各地喜饮酒、斗酒、闹酒，连城亦不例外。作为一个外乡人，在该县进行地理语言学的调查，两年来我在这接受友人们的盛情邀请，至少也醉了20余次吧。酒缸、酒折、酒罍、酒罐、酒瓶、酒糟、酒饼、酒甑、避邪防酸的法宝"刀"、鸡头酒、鱼头酒，以及一些新的规矩，也就随口问到，随手记下来。东部的"赖源红"，西部的岩头老酒，东北的塘前老酒，都是久负盛名的。连城的米酒文化，经过我亲身实践，"舍身饲虎"，终于有了一些答案。

与闽西其他县份一样，连城酒风盛行，为此猜拳的场景也十分常见（嫁女及丧事的宴会上不猜拳），多数成年男子都知道些猜拳的规矩。多数以地方口音来叫唤口令，但因连城方言复杂，因此各地也兴起一种发音为半官话的叫法，也很流行。

猜拳助兴，先要讲些如"满堂红""顺遂""新年好""万代兴隆"的吉利话，这叫"戴帽"。出拳时，要"拳到口到"，保证出指与猜拳口令同步。猜拳之前双方要先握一下手，之后开始猜，每句前面要先以"全福寿"（但语音讹变为"请口手"〔tsʰiaŋ²¹fv⁰ʃɯ²¹³〕或"请把手"〔tsʰiaŋ²¹po²¹ʃɯ²¹³〕）打头，而原来完整的字音是〔tsʰe²²fiɛ⁵⁵ʃɯ³⁵〕。

一是出拇指，拇指不翘（以免做出自傲的姿势）；二是食指加上拇指，食指不射（不指着他人）；三是以食指、拇指之外的三指来比画；四是出拇指之外的四指；五是出张开的五指。"上不出三，下不出二。"（出三不以拇指、食指、中指组成，出二不以无名指和小拇指组成）出两指、四指时忌并拢，不然就被人认为是动武时的"手刀"，会招人误会。拳紧握，则为"零拳"。

猜拳，城关地区说的口令是："宝一对"或"宝对手"（猜拳双方都是"零拳"，加起来为0）；其余依序为："一顶高升"、"两人（相）好"、"三星（高）照"、"四季发财"（四逢也有人说"封"（大）喜）、"五子登科"、"六六（大）顺"、"七巧"、"八仙（到）"、"长长久""久久长""快来到"、"满堂（红）""十子满间"。

在猜拳之前，有的人还会以官话助兴唱一句"一杯是叮当，二是二花莲，三兄弟，四姐妹，五是五金魁，七巧是八马久久长"作为起兴。打通关时，以三杯为限，若做东的输了三局，那一般赢的一方会把第三杯自己饮下，以示礼让。其余乡间的规矩与此类似，偶有细微差异。还有猜"双杯"的，就是你出二我出五，合起来是七，猜对了对方要喝两杯酒，如果没猜对自己要拿起酒杯闻一下酒。如果出的是三加四的不算赢。

　　觥筹交错、吆喝比画之际，那节奏缓急有致、韵律抑扬和谐的猜拳行令，构成了好一幅热闹欢乐的喜筵图！

天津刘园村的祥音法鼓

刘智英（天津大学）

"仄呛仄呛仄仄呛，呛仄呛仄呛呛仄"……久违的鼓点在
2016 年 9 月 25 日的星期天，从一个不起眼儿的小区中传了出来，
除了传出的鼓声，还传出了负载在无形鼓谱上中外文化其乐融融
的交流氛围。

上午九点，在天津大学国际交流学院马教授的带领下，我们
一行人赶往刘园祥音法鼓的现居地。在路上，因为参与此次田野
考察的人中有不少留学生，马教授为了让他们更快地进入访谈情
景，首先普及了整个法鼓的背景和此行的目的。刘园村的祥音法
鼓并不同于其他天津皇会的法鼓形式。政府把刘园村的全体村民
集体搬迁到一个小区，继续维系着原有的乡音、乡情，每每出会
时的情况跟村中差异不大。

来到法鼓老会的会所门前，首先映入眼帘的是稍显斑驳的门
面和门匾上的六个大字"祥音法鼓老会"。一进屋，几任新老会
长以及会员就把我们当作重要宾客，十分热情。在简短的自我介
绍后，要求每一个留学生在田野工作开始之前在记录本上留下自
己本国和异国的名字。接下来，精神矍铄的王振东和田文起老先
生给我们介绍了法鼓的历史、故事、会具、鼓谱，非常生动。其
中最有趣的一件事情是，祥音法鼓最珍贵的会具鼓箱极尽了民间
工艺之能事，上面雕满了各种民间吉祥象征物，像柿子、葡萄、
白头翁、凤凰等。来自乌克兰的安娜指着凤凰纹饰，用不是特别
流畅的汉语说："呀！恐龙！"我觉得十分有意思，便给她解释起

来："凤凰，不是你们说的恐龙，它是中国的一种代表吉祥的大鸟，百鸟之王。"安娜马上借助手机软件查找了很多关于凤凰的资料。还有一幕，是来自尼日利亚的杨德义，主动要求体验现任刘会长边挑茶挑边娴熟地走着套步的感受，大家纷纷赞成。刘会长教给他一点简单的套步，当德义跳起来"茶挑"的步伐时，显得十分得意。可这时刘会长说："你边走边抖，边按我的步伐前进。"杨德义是怎么也弄不好，最终只能作罢。当他放下茶挑时，眼中充满了对刘会长和这些爷爷辈的老艺人的钦佩，对他们的传承传统文化的精神竖起了大拇指。

接下来，马教授为了锻炼我们独立做田野访谈的能力，让我们两人一组，找准各自要采访的老艺人，进行较为深入的访谈。留学生们都拿出来事先准备好的问题，从姓名、年龄、入会时间等开始问起，从开始简单的一问一答，后来就变成了老艺人对自己的法鼓历史的回忆，留学生们已然抛掉了之前准备好的问题，即兴与老艺人们交流起来。

最后，每个留学生都谈了自己对于这次田野考察的体验。马来西亚的娄缃漪学到了对非物质文化遗产采取"滚动式保护"的方法，并说这是她从书本上完全看不到的方式，田野带给了她太多的触动。来自土耳其、信仰伊斯兰教的嘉丽通过民间技艺的传承困难，反思了自己国家的文化，准备回国后为自己国家的传统文化出一份力。乌克兰的安娜说她看到了中国人不屈的精神，一种劲儿，也激起了她自己想继续探索中国文化的劲儿。尼日利亚的黑人小伙杨德义对老艺人的坚持同样表示了钦佩，说以后想利用自己的专业向自己国家宣传东方这个了不起的民族。最让人印象深刻的是，马来西亚的娄缃漪提出："我们留学生有一门活动实践课，我是他们的小班长，我们通过商量决定，就把这门实践课变成向老艺人拜师的仪式。"这时几个老艺人站了起来为这认识并不久的留学生鼓起了掌，王振东老先生饱含深情地说道："小娄，你这个提议太好了！它不仅仅是一个提议，它是对我们坚守一生的文化的一种肯定，它是年轻一辈与年长一辈再次交流的大门，也是中外文化互相学习碰撞的机会。"

这一天，对于在场的每一个海外留学生来说，是受益终身的一天。

红山峪村的幸福生活

刁统菊（山东大学）

记得1998年10月初，刚刚确定要跟叶老师读民俗学专业的硕士研究生，那时候还懵懂无知，不知道民俗学是干什么的。等到读了几本书，上了半个学期的课，开始跟着山曼老师或者叶老师出去做田野的时候，才知道"田野"是什么意思，它确实是"希望的田野"，常常有令人兴奋的发现，虽然也充满着奔波和辛劳。

最气人的，是读书期间每次要出去做田野了，舍友总是一脸羡慕地说："啊哟，你们又要出去旅游了。"如果是现在，谁要跟我说这句话，我肯定会很淡定地点点头，不置可否，但在当时，真是连解释也不想来一句，"一言不合就动手"吧，揪着她的衣领，冲她"吹胡子、瞪眼睛"。不过，现在也没有人再说"做田野就是去偏僻的地方旅游"之类的问题，说明民俗学已经被很多人所了解和体认了。

其实我在读硕士的时候就做了城市民俗调查，地点就是济南的芙蓉街，时间应该是2000年的冬天。我和同学一人负责单号，一人负责双号。早晨八九点钟我敲一户人家的门，始终敲不开，我便加大音量，谁知从里面传来一声大吼："赶紧走，睡觉呢！"邻居过来给我解释，那是一个出租车司机，干夜班的。我还碰到过一个大爷，给我做面条吃，聊得高兴了，问我有没有对象，说是保证给我介绍一个"温良恭俭让"的小伙子。他家祖上是做珠宝生意的，还送给我一个小小的翡翠葫芦，我至今珍藏着。

　　印象最深的，仍然是在红山峪村做的田野。我的硕士论文和田野地点都是导师确定的，叶老师考虑到我做田野方便，让我和《红山峪村民俗志》的作者田传江联系，后来又安排我的另一个同学也去红山峪做节日的研究，这样我俩有时候就能结伴同行，但是大多数时候还是我独自一人去村子。我去村子，要转换几条路线，第一要先从济南乘火车或汽车到枣庄；第二是从枣庄汽车站坐汽车到码头村；第三在码头村的村口下车，要等电力三轮车，再拉我去红山峪村。这个过程要花费很长时间，最痛苦的是晕车，颠簸得厉害的时候，我感觉自己快不行了，随便倚靠在哪里，就再也不想动了。坐三轮车的时候，如果碰上刮大风，那黄土就钻进衣服里、鼻孔里、牙缝里、头发里、耳朵里。等我到了红山峪村田大爷家里，我一打喷嚏，发现自己打出来的竟然是黄土。

　　在红山峪村，我可以说是过着比较幸福的生活。田大爷家门口就有自家栽的葱，我随便拔起一棵，简单洗掉泥土，用煎饼一卷，再配上咸菜，便是人生美味。那是我自小吃惯的食物。红山峪村有自己制作咸菜的习俗，"桃花开，杏花败，李子开花炸咸菜"。咸菜不仅放得时间长，还能下饭，村里人人都爱吃，谁家要炸咸菜的时候，香味远远飘出去，邻居都会跑来观看、点评一番，因为每家做出来的味道、颜色都不一样，就跟韩国主妇做泡菜一样，一家一个味儿。做咸菜的配方和具体过程，让我说，不如请田传江大爷来讲，但是那种味道究竟有多香，人人都可以想象出来，四个字就可以解释："盐香雨肥"。就像炒菜的时候若不放盐，那味道极其难吃，但是一旦放上盐，天壤之别马上就显现出来了一样。咸菜的配料里少不了盐和酱油，那种咸香的味道只要闻过，终生不忘。我曾经带着田大爷的咸菜上火车，总有人不断地嗅嗅，"什么味儿这么香？"后来发现味道是从我的手提包里传出来的。那个手提包被咸菜汁浸透了，放在宿舍里，好久都还能闻到香味儿，用它拎着书去教室，也常有"鼻子尖"的同学好奇地张望。

村子旁边有一条季节河，当夏日有暴雨的时候，河水便能流淌起来，白天有主妇浆洗衣物，夜晚有一帮"吃货"捉螃蟹。我通常是跟着田大爷去捉螃蟹，只要拿着手电筒往水里一照，螃蟹就会顺着光集聚过来，我们便趁机捕捉。不多大会儿，带去的小桶就填满了，我们将螃蟹拎回家，倒在大盆里，用水泡上一夜，早晨起床后，螃蟹差不多吐干净了沙子。这里的人们都是喜欢油炸螃蟹，别的方法也不好做，因为螃蟹太小。这样的快乐，是我从小都没有经历过的，每每想起，嘴角总是不由自主地抿起来。

现在多少人还能看到满天繁星？我心里就始终有一个缀满星星的天空，终生难忘。那是一个秋日的深夜，我起床出来要上厕所，起初还觉得挺冷，又害怕，抱着肩膀发抖，偶然一抬头，我猛然呆住了，只见满天星星，熠熠闪光却又透出十分的安详、宁静，一下子晃了我的眼睛。当时已经是深夜，村里极其安静，连犬吠声也不闻，偶尔会从山上传来一声狐狸的叫声。我不知不觉地泪流满面，突然有一种皈依的感觉。寂静而孤独的夜空，荡涤了我的恐惧感和孤独感，从此深深地把红山峪刻进我的心里，它在那个瞬间变成了我的第二个家乡。多年以后，我每每仰望夜空，当年那个夜晚我傻呆呆地站立却又满怀感动的心情又会涌上心头，当年那夜寒冷却又动人的风景又会浮现在眼前。

我做博士论文的调查也是在红山峪。那时手机通话费还很贵，漫游费更贵，我若有事找北京的同学，便发短信。当时用的是诺基亚，编好短信后得找一个有信号的地方发出去，但往往等我找到信号，短信内容也没了，手机也不能自动保存，真是让人捶胸顿足啊！受了几次教训，我学聪明了，先找信号，再编写短信。等找到信号以后，我发现还不能随意变换姿势，因为稍微一动，信号就丢了，于是我就高举着手机，杵在那里一动不动地编短信。村人经过，大为诧异："嗨，小刁，你这是干什么呢？"我就说："哎，别过来。等会儿再给你说。"倘若有人站在那里不动，静默着好奇地观看，过不了一会儿，就会围着好几个人看我发短信。那种情形没有几年，后来村子周边有了基站，手机信号也大为改善。

最有趣的是洗澡。现在村子里家家都有太阳能，甚至浴霸也很常见了，十年前还不是这样的。夏天还好说，用大盆储水，白天太阳晒透，夜晚还能热乎乎的。冬天就不行了，尤其是快到春节的时候，大家伙都要好好洗个澡。其实洗澡也可以去枣庄市里，但是我容易晕车，想想坐三轮车、汽车那种痛苦的感觉，我宁肯不洗或者在村子附近的一个公共澡堂洗。那个澡堂也不常开，碰上开放的时候，简直是人满为患。水流又特别细，没法痛痛快快地洗，洗起来呢，又不知道背上究竟有几只手在搓，也不知道自己往后搓背的手到底搓到了谁的背上。尽管如此，每次洗完，和邻居大娘、大婶一路回家，大家都是很高兴地、嘻嘻哈哈地收拾，没有吹风机，便用毛巾包上头发，谁也看不出来我哪里和村里人不一样。

我一度以为和当地人一样，是最好的状态，后来发现不是这样。有一次我参加迎亲的队伍去邻村，因为是以摄影师的名义参加调查，所以我可以尽情拍摄，甚至要求喝交杯酒的新郎新娘等等我。这时候我听到有人议论我："你看，听说那是滕州来的记者。""不是吧，我怎么听说是济南的研究生。""不是，是北京的博士生。"不会吧，北京的博士生，怎么看起来不像，穿得跟我们差不多啊。"我向来怕冷，除了棉袄以外，我还套上了羽绒服，腿上是从村里的集市上买来的棉裤，真的非常暖和。因为有时候我要陪着一些奶奶在村里有太阳的地方晒暖儿，穿少了根本经不住寒冷。后来《滕州日报》"天南地北滕州人"栏目来采访的时候，记者一下子就发觉我不是当地人，因为我作为田大爷家的一个家庭成员帮他们端水招待记者时，我总是用"请""谢谢"，而村里人使用的敬语跟我不同。他们就问我是谁，怎么看起来像当地人而又不像当地人。我意识到着装的问题，从那时起我就开始略微注意一下，保持适当的距离，效果就开始不一样了。

冬天很冷，手冻伤了，田大爷和大娘就给我找来麦苗煮水泡手，还把家里唯一的一张电热毯给我用，这样我在晚上也能整理资料或者写日记了。但是毕竟在室外待的时间也不少，尤其是要陪着奶奶们晒太阳，所以手和耳朵还是不可避免地冻伤了，有一年春节，我在婆婆家什么也没干，就在炉子边上烤手、暖耳朵，三天下来，手心里的红点儿才消失了。我对初中时候的冻伤记忆犹新，冻伤的手，到春天的时候特别痒，只有疼痛才能让你忘记那种痒痒的痛苦。晒太阳造成的另外一个后果，是皮肤黑得厉害。2005 年我上班以后，跟着山东省民俗学会刘会长去为省民俗学年会做前期协调工作，刘会长意识到当地人员总好奇地看我，他便替我解释："我们刁老师其实不是这样黑的，她是做调查晒太阳晒的。"我现在想想还觉得好笑，那得多黑啊。但是又觉得温馨，因为刘会长对每一个青年老师格外关照，连这些小地方他也能考虑到。

我说在红山峪村做田野，是过着幸福的生活，不仅仅指的是有好吃的、好玩儿的，以及被当作家人来照顾的亲切感，更多的是我的调查被村人接纳，得到了良好的配合。这其中当然少不了田传江全家的帮助。田传江的父亲是当地有名的外柜先生，一手毛笔字写得极好，人品也格外受到尊重；田传江的母亲，一到当地有女子出嫁，倘若是由她送亲，那便是极大的荣耀；田传江的夫人，我叫她大娘，勤劳、善良，任劳任怨，娘家的家风也颇有佳名；田传江本人，本分、厚道，在乡镇人大工作，村人敬仰。住在这样的人家家里，以田传江表侄女的身份进入村里的亲属网络，对于田野作业来说自然是极佳的。然而更多的红山峪村民以他们的朴实和善良接纳了我这个完全陌生的、不时问一些看起来傻乎乎的问题的人，比如我有一次问，你们家早晨起来谁倒尿罐？是男人还是女人？被问者呆愣愣地看着我，貌似完全被我震惊了，这个问题还用问吗？初时他们对我不断追问娶媳妇、嫁闺女之类在他们看来平淡无奇的东西感到厌烦，问我："你结婚了吗？""没有呀。""那你去结一次不就知道了。""可是我结婚和你们这边不一样啊。"我愣乎乎的这句话又把他们堵得无言以对。但是很快，他们对我熟悉了，在我嫌弃采访机整理录音太困难而完全采用笔录的时候，担心我记录不下来，让我慢慢写，他们慢慢说。有一年中秋节的时候，有一个老太太喊我去她家过节，我顺口答应了，第二天上午碰到她，她问我怎么没来呢，我才发现她家桌子上摆满了菜，内疚感一下子击中了我，我不由得反思，该怎么样对待这样的老太太。做田野作业，真正给访谈对象添麻烦的是，一件事情打乱了他们正常的生活节奏，有时候还要人家回忆不愿意再提起的往事，更有像我这样辜负了一个老太太的期待和真诚的事。

　　田野作业当然不是仅仅有这些趣事，也有会让人激动的发现。在天津舒大爷家，他老人家给我讲自己的母亲去世时的安葬问题，让我明白嫁女即使在去世以后也与娘家的命运有着重要的关联，当时我激动不已，简直可以说是欣喜若狂。但最难忘的，还是那些有趣的事情，红山峪村的是一种类型，也有另外一种趣事类型，可以说是糗事。我们在山东东营村做调查的时候，下午一点多午饭结束后，我因为特别疲劳，面对着一个李姓上门女婿，问了第一个问题："李大哥，你贵姓？"当时我并没有马上反应过来。几个师妹们哄堂大笑，李大哥本来被一群女学生围着，拘谨得不知该将手搁在哪里是好，听到我这句话马上也笑了，状态放松下来，而我也被这个口误给震醒了，因此接下来的访谈效果极好。事后师妹们问我怎么想到这个办法的，我说："哪有，完全是太累了，脑子不转了。"

　　我的田野，一开始觉得是苦乐参半，再往后是苦中作乐，而现在竟是盼着离开教室和书桌，多去田野，多去红山峪村。因为离开我出生的村落较早，现在说起"家乡"来，我反而想起的很多都是红山峪村的那些大爷大娘大叔大婶们。所以苦乐之境，该看我们以怎样的心态来拒绝或者接纳对方。

滇西有群"契丹人"

朱彤（云南民族大学）

在我来到云南之前，我从未听说过在当今时代还有这样一群"契丹人"的存在。

契丹，是一个对于生活在现代文明社会的人来说只存在于书本和影视作品中的古代族群，在历史上早已不复存在。但近两年来学术界对这"契丹"的关注力度却逐年增加，原因在于有人发现在云南西部施甸地区存在着数量庞大的契丹后裔。2016年10月我开始了一次前所未有的田野调查历程，去探访这个契丹后裔群体。

云南省西部的保山市施甸县，即是这次田野调查的目的地，这里就是最初发现有契丹遗存的地方，也是现今"契丹后裔"生活人数最多的区域。在对契丹后裔这个群体做研究之前，我从未到过云南西部靠近边疆的地区。很难想象，这个远离中原的边远地带会世代生存着一群来自于遥远北方草原的契丹族群后代，他们的第一代是出于何种复杂的原因决定从遥远的北方迁徙至此，尽管我还不得而知，但是猜想着他们世代远离家乡迁徙于此总要有一个支撑他们的坚定信念。带着这些疑问与不解，我踏入这一片对我来说具有神秘色彩的地域。

从昆明到施甸，横穿大半个云南省的旅程，我们一行三人经过了9个小时的长途跋涉。施甸是个四面环山的小小县城，空气格外清新，天蓝得仿佛伸手就可以碰到。在已经要进入深秋的季节时间仿佛在这里走得要慢一些，大朵大朵的各色鲜艳花朵还在这里招摇地开放着，在乡间的村落里家家户户的门前都种着柿子树，橘红色的柿子像小灯笼一样高高地挂在枝头。

这次调研所选择的几个田野点大都是汉族集中聚居的村落，我们每天顶着蓝天白云走入这些村落，经过几天下来的走访我想我似乎可以理解从元朝到现在将近八百年的时间，契丹后裔们为什么会一直生活于此。由于四面环山，气温在一整年的时间里都较为温和，气候不仅适宜人类居住，同时也有利于粮食作物的生长。如同云南其他地区一样，施甸是多民族聚居的地方，有汉族、布朗族、白族、彝族。但是令人奇怪的是，通过我们的实地调查发现，原本是契丹民族的后裔群体现在却大多数以汉族族群聚居在一起，有的契丹后裔的村落整个村都是汉族，并没有其他少数民族聚居。

其实经过仔细查阅资料和实地访谈后，我们就了解到了其中的原因。从史料中我们可以得知，当年的契丹族群是追随元朝军队征战到云南，在战争结束后由契丹首领所率领的契丹军民，戍守此地，作为官员驻留，在今施甸地区建立长官司来管理当地居民。这些留下来的契丹人为了更好地管理地方百姓，在不断与当地民族融合的同时更是世世代代加强对汉文化的学习，就这样经过了一代代的文化传承与民族融合，契丹民族已近乎忘却了自己祖先的游牧文化，大多数已变成了继承汉民族文化的施甸当地汉人。但事实如果真的只是描述得这样简单的话，那么这群来自于北方草原地区的契丹后裔早就泯灭在历史当中，而不会至今还有着完整的族群认同意识来等待着我们的发掘。

在施甸地区契丹后裔聚居的村子里，都存在这样一种现象：在最初的契丹人定居下来之后，随着历史的发展与朝代的不断变更，顽强生存至今的契丹后裔族群基本已完全变更了自己本民族的姓氏。就拿我们所在的调研点来说，他们由最初的契丹姓氏"耶律"改变为"阿"姓，在接下来的时间里，或是为了更好与当地民族相处，或是为了躲避敌对势力的封锁等，他们不断改变着他们的姓氏，又由"阿"姓改为"莽"姓，直到近代绝大多数的契丹后裔又由"莽"姓改为了"蒋""杨""赵"等更为传统的汉族姓氏。因此，在施甸地区也流传着这样的现象，只要两个人互相询问对方的家族姓氏变更，如果从第一代祖先的姓氏开始变更顺序就一样，那么就可以说明，他们基本是同一祖先，如果他们的姓氏流传变更不同，哪怕只有一个不同，那也说明，他们虽都同属于契丹后裔族群，但他们并没有共同的祖先。

　　粗略估计，整个施甸地区约有十几万的契丹后裔，在经过上文所说的姓氏变更之后，现如今生活在此的绝大多数契丹后裔以蒋姓为主，他们作为现代云南地区的契丹后裔的主要群体，是能够代表施甸地区大多数契丹后裔的现状的。

　　从施甸县城驱车20分钟，就可以到达契丹族群最初发源的地方，即施甸长官司的驻地，也就是现在的甸阳镇大竹棚村。当我们进入契丹后裔聚居生活的村子，首先看到的就是契丹后裔们为祭祀祖先所建立的蒋氏宗祠，不同于内陆部分地方的汉族宗祠，在这里，祠堂的正门处描绘着有关契丹民族起源的青牛白马图，在正门的两边是一副具有深刻意味的对联："耶律庭前千株树，莽蒋祠内一堂春。"这些契丹的后人们并没有忘记自己的祖先是来自于遥远北方地区的游牧民族，他们世代供奉耶律阿保机为自己的初代祖先，他的牌位被恭敬地高高摆放在祠堂的最中间，有的契丹后裔所在村落的祠堂中还供奉着阿保机的塑像。除了供奉阿保机的牌位，在蒋氏宗祠和契丹后裔家庭内部都会供奉写有耶律、阿、莽、蒋等姓氏流传谱序的牌位，这表明他们内心最原始的一种期许——契丹后裔们在家族内部一代代都接受着这样的教育，长辈们用自己的言传身教在日常生活中无形地影响着后辈的族群认同观念。在没有间断的家族祭祀过程中，一代代的契丹后裔并没有忘记他们从遥远地方经过无数艰难困苦才在此地定居下来的契丹先祖。伴随着每个蒋氏契丹后裔成长的，是生活中长辈讲述的一个个关于契丹民族坚强勇敢的小故事，以及他们族群是如何在漫长的岁月中迁徙到云南定居下来的历史。

　　来到此地使我感受最深的便是，在这漫长的 800 多年岁月中，虽然这些定居在这远离中原政治文化中心的契丹后裔们已渐渐乃至完全丧失了他们本民族原有的风俗习惯和文化，但当我同他们交谈时仍能清晰地感受到，流淌在他们血液里的那股属于草原游牧民族特有的骁勇却从未被抹去。无论是历经沧桑的老人，还是充满朝气与活力的年轻后裔们，他们无不坚信着自己是曾经建立过庞大帝国并统治过广阔土地的契丹人的后代。虽然他们从未亲身经历过祖先当年的荣耀，但他们却从不怀疑祖先取得这份荣耀的真实性，并严格要求着自己和后辈：绝不能辱没了这份来自遥远过去的、祖先赐予的神圣礼物。

缅甸小保姆

熊威（中山大学）

一个 14 岁的花季少女，本应有一个温馨、浪漫、快乐的童年。可是，阿芳是一个缅甸人，生活在战火纷飞的缅北。在还需要被照顾的年纪，她却开始了自己的第一份正式工作——当一名保姆，在中国瑞丽照顾鲁老师家一岁零四个月的小若若。

由于社会环境、家庭条件、成长背景、生活水平的差异，阿芳想做好保姆的工作，也不是一件简单的事情。首先，她要从思想观念上来改变自己的身份角色，了解和熟悉自己的工作内容；其次，她要摆脱自己在缅甸日常生活中习得的那一套育儿经验，重新接受一套中国中产阶层养育孩子的理念，并付诸实践；最后，她要在与鲁老师家庭特别是小若若的互动中不断积累经验，慢慢学会处理与小若若相关的一切事情。

随着现代育儿经验的普及和推广，特别是在科学和理性话语的主导下，培养一个健康、聪明、可爱的孩子，已经成为无数父母的基本期望。即使是生活在边疆地区的同胞，只要他们有条件，都会尽力给自己的孩子提供最好的物质条件和成长环境。作为一名小学老师，无论是社会地位还是工资水平，鲁老师都算是一个典型的中国中产阶层的妈妈。

鲁老师是保山的汉族，她老公是福建的汉族。由于工作的原因，夫妻二人才在瑞丽安家落户。对于鲁老师而言，她也在不断地适应瑞丽的新环境，她给我讲过一件事："刚来这里的时候，我看到他们都穿拖鞋，我说我肯定不会穿拖鞋出门的。后来，怎么样呢，自己还不是天天穿拖鞋出门。"

时光荏苒，鲁老师在瑞丽已经生活了六七年。和当地处于相同阶层的中国父母一样，她希望给孩子一个美好的童年。因此，在很多细节上，她一丝不苟。比如，小若若有自己的专用毛巾，只要用过了之后，就必须消毒。女儿年龄还小，身体抵抗力还很弱，鲁老师担心细菌和病毒通过毛巾传染给小若若。作为一个母亲，她需要给自己的女儿营造一个绝对干净的生活空间，尽量减少一切不安全的因素。

但是，这一切对于阿芳是如此陌生。虽然鲁老师也会给阿芳解释其中的原因和道理，但是，她还是不理解为什么小若若的毛巾需要消毒，而且如此频繁，哪怕只是稍微擦了一下脸。在阿芳以前的生活环境和成长经历中，受制于物质的匮乏和生活的贫穷，他们每天起床后，需要考虑的第一件事是如何填饱一家人的肚子。如果遇到战争，还需要考虑怎么逃避战火的侵扰，最大限度地保护自己的人身安全和财产安全。当他们的生命都受到威胁的时候，如何活下来，是他们需要首先面对的问题，哪里还有精力注意生活卫生和科学育儿。

因此，当阿芳刚来到鲁老师家里的时候，她不仅需要理解给毛巾消毒这种行为背后的原因，而且要严格按照鲁老师的要求，认真地用消毒液给毛巾做处理。

当然，给毛巾消毒只是一件较为典型的事情。用鲁老师的话说："过来了之后，她什么都不会，我还要教她怎么穿衣服、怎么漱口，她们缅甸人平时在家里都习惯了，东西随便丢，很脏很乱，我还要教她做这些事情。我比较喜欢她的一点是，虽然都不懂，但是她愿意学。"

阿芳和小若若，一个 14 岁，一个 1 岁多，同样是小女孩，但是，两个人的出生，就决定了两个人的命运。阿芳出生在缅甸，从小就受尽了生活的折磨和外人的歧视，如今，她需要靠服侍人来生活。而小若若，出生在中国边境一个中产阶级家庭，享受着优越的物质条件和生活水准。我有时候在想，面对眼前的生活落差，阿芳是否会产生心理上和情感上的波动？设身处地来想，如果换成是我，我也能接受命运的安排，但是，我内心肯定会郁闷和不满。

鲁老师给我讲过她与阿芳的日常对话："阿芳有一次问我，姐姐你每次给小妹妹买的奶粉都是 400 多块钱一瓶，我们缅甸那边的孩子都是喝几块钱一包的那种。她很不能理解，我说，情况不一样嘛，我们现在有条件，给妹妹吃好一点。我们家经常有人生病嘛，阿芳问我们为什么经常感冒，我只能说，你们缅甸那边很脏很乱，平时长期在那边生活，你们都习惯了，抵抗力很强了，我们这里不行，我们的抵抗力没有你那么好，所以容易感冒。"

就现实情况而言，对于阿芳来说，保姆这份工作真心不错。在没有亲戚、朋友介绍的情况下，当地人一般都不愿意雇佣缅甸人。阿芳能到来鲁老师家里，是经人介绍的。"现在，我们一般都不放心把孩子交给保姆带，特别是缅甸人。我跟她遇到都是缘分，以前我们家是开厂的嘛，她的两个舅舅都曾经在厂里面打工，和我们家比较熟，我们还比较信任他们。后来，我们家的厂不开了，也还跟她那些亲戚有一些联系。后来，他们把她推荐过来了，我们看了一下，觉得也还不错。"亲戚介绍是一回事，鲁老师能够留下阿芳，主要是看重了她愿意学习这一点。阿芳过来后，对于如何照顾孩子，可能还不太熟悉。鲁老师慢慢教她，从如何给毛巾消毒做起，阿芳也不断摸索，慢慢习得了中国中产阶级养育孩子的一套生活经验。

大家都在说，如果阿芳在鲁老师家里生活得时间长了，慢慢习惯了既有的生活环境、生活条件，再让她回到南坎的家中，她可能还不大适应。

我问阿芳一年能够回去几次，她没有正面回答我，只是说了一句："那边不打仗了，我就可以回去。"在后来的聊天中，鲁老师说了一句话："她那个家，能不回就不要回。"其实，我们从这句话里面可以读出很多信息，包含着无奈、辛酸与痛苦。

阿芳是一个很孝顺的孩子，对家里人很关心。在鲁老师家里，她每个月可以挣到700块钱。有时，鲁老师还会给她一些零花钱。按理说，在吃饭和住宿都有了着落的前提下，阿芳一年也可以攒一些钱。

但是，她的家庭拖累了她。"那边孩子也多，越穷越生，越生越穷。阿芳是比较听话的，有的时候也很老实。他爸爸在缅甸那边是吸毒的、完全败家的那种。他的几个哥哥也是在缅甸，什么事情都不做，就等着钱用。我们每个月给阿芳700块钱工资。隔两个月，她的家里人就把这笔钱要走了。我问过阿芳，你以后在中国生活啊、考驾照啊，这些都需要钱，要不要我们帮你攒一点钱。她还小嘛，也不是很懂这些。我说下次你家里找你要钱，你要是有1000块钱，就说只有700，这样你自己还能留下300，那样四年后，等她18岁时，她也有些钱嘛。但是，我问过她好几次，她也不说话。可这些事情我们必须要经过她的同意。"鲁老师说。

现实很无奈，阿芳就是生活在这种家庭里面。作为一个有血有肉的人，她与自己的家庭有着割舍不断的情感，这既是她能够来到这个世界的缘由，也是束缚她生活的"紧箍咒"。其实，我

们都很清楚阿芳以后的命运。她不大可能再回到缅甸了，等到 18
岁左右，她可能就会嫁给一个中国人。但是，由于缺乏很多手续
流程，她的婚姻只能是事实婚姻，即使成了中国孩子的妈妈，一
辈子都生活在中国，她还是缺乏一张中国的身份证，享受不到一
系列优惠政策。因此，在我们的研究中，这种跨国婚姻家庭往往
很容易陷入贫困，形成一种贫困的世代传递。阿芳的未来会是这
样吗？

石龙村的时光碎片

马秋晨（文化部）

石龙村，一个普通的云南村庄。我第一次走出贵州，因来昆明旁听云南大学影视人类学的课程，才有了在云南的三个月生活，也才有了在石龙的 10 天田野经历。

影视人类学的出现是以实践为先导的，在 20 世纪 60 年代才发展成了一门学科。而在此之前，民族志是以文字为唯一的表达形式的。这门学科中一直存在着两种声音，一种是我们使用影像是为了给文字服务，让民族志内容更加丰富，更看重影像的资料学性质；另一种是影像和文字同样是一种能独立表达的形式，我们要利用它的语法来表达，形成一种新的表达方式，不再仅仅局限于固定化的文字。在这次旁听过程中，我需要系统地学习如何用影像语言叙事，如何用影像的语法来表达学术的思考。

通过与其他 7 位同学三个月课程的学习，我们完成了对不同类型民族志影片的赏析、不同主题和形式的短片观摩。课程讲授结束后，我们来到大理市剑川县石龙村，在这里通过 10 天时间完成中期短田野。这是我们在这个课程中完成的第一个完整的影片。那段记忆是丰富多元的，有每天早上的那顿饵丝，有每晚的头脑风暴会，还有跟着拍摄对象到地里干农活、田野基地里的地铺、白族调"小心肝"、白族霸王鞭的音乐……但其中印象最深刻的还是大家的短片，这部短片不仅是要完成作业，而是要将三个月的训练进行整合，从田野调查、前期拍摄、剪辑构思、后期剪辑、初剪成片放映整个流程的实践中，成就我们大家的石龙记忆。

在石龙的每一天，每个组之间都会相互提出问题和质疑，老师与学生一块儿讨论，甚至让我们的被拍摄者参与讨论，让他们不仅只以当地村民的角色出现在我们的片中，还让他们成为我们每一部影片的共同合作者。在田野中，"他者"是相互的概念，在石龙村民的眼中我们同样是"他者"，我们通过田野调查了解石龙村的同时，当地的百姓同样通过我们的调查了解到我们以及我们身上的文化。我们采用影像的方法来完成一个民族志，不是要把文字简单地影像化，而是文字与影像有着各自的叙事语法，我们要利用影像的优势和自身的语法表达出对某种现象的关注和思考。当面对"他者"文化的关注思考时，传统观点要求我们做到忠实记录，尽量用客位的姿态来看待问题。"经典民族志作者自信运用所谓'科学的方法'，获得了一种纯自然的'客观性'，因而，他们所撰写的民族志是一种以客体为中心的民族志形式，其表述方法是'第三人称的、外部描写的、纯客观方法的、语音学的、行为性的、遥距感知经验的'。"但不管研究者如何想客观地反映出那个"真实"的存在，其本身都存在着一定的局限性，个人的主观思维始终会不可避免地影响着田野调查。所以马林诺夫斯基的见解是，你不必真正成为"文化持有者本身"而理解他们。这是要进一步理解"他者"的含义，就像一首诗中所说"你站在桥上看风景，看风景人在楼上看你"，使用影像本身就是对传统民族志研究方法的反思，而其本身同样需要再反思，是内部视角和外部视角融合的过程，没有必要刻意地回避自己的存在和摄像机的存在，不再把"做一只墙上的苍蝇"作为看待是否是好的记录影像的唯一标准。我想这也是老师们在课堂训练中想告诉我们的，我们要根据不同的主题采用不同的叙事类型和方法，而类型的采用不是单一性的，可以是复合型的。

　　因此，我们四个小组选择了各自的角度来呈现出自己眼中的石龙村或石龙村里的人。有通过人物来反映石龙村白族文化的，有通过一种牲口来反映村庄生计与民族间的关系的，也有通过一个小卖部反映村庄生活的。我与刘涛选择了村中的一位影像记录员李福元作为我们的拍摄对象，我们关注到他，是因为他是村中仅有的两名村民影像记录员中的一位。从每天他在我们晚上的头脑风暴会中的言语中，我们发现他非常熟悉石龙村和白族文化，并且对影像有着不错的直觉和认识。我们最初的想法是想反映一位影像记录员的工作状态和生活，可惜由于他在县城工作，不能每天在村中，只能利用他休息日回村时或参加重要事件的节日时拍摄。通过不断的交流，他越来越多的身份标签被我们发现了：他是白族人、白语文实践者、优秀的田野报告人、白曲歌手、石宝山歌会的忠实参与者……这样多的身份指向更加吸引着我和刘涛去关注他，但在这么多身份中，我们最想突出的，还是作为石龙村影像记录员的李福元。所以我们还是跟随他来到他县城的工作单位，看看他之前拍摄的大量视频资料和他剪辑的小片，用更直接的镜头体现他影像记录员的身份。在剪辑完第一版样片后，我们把它第一时间拿给李福元看，想让他提提意见，他在看完后说："昨天晚上他很晚才睡着，很后悔没有给我们唱一段白曲，那样可以放在片头或者片尾，但现在没办法了，只能把我们这时候的谈话作为弥补。"刘涛也确实在最后的剪辑版本中把这段放在了结尾，更加体现出了我俩在这短短几天中与李福元的关系，是他与我们共同完成了这部短片。这样的状态是这门课程带给我的，在之前的实践中，我更多地考虑的是资料学意义上的完整，没有对如何利用影像做过多的思考，影像的直观化呈现了我们之间的互动，但互动本身并不只是我们与李福元之间的二元关系，还有我们自己与自己的互动，因为通过对一个事物的认知必然要通过自己本身内化形成。"在皮亚杰的认识发生原理中，人以外物为对象必然会过渡到以自己为对象，也就是说，既把自己作为认识的主体，也把自己作为认识的客体。"而这样的互动是影像又无法表达的，文字在此时又体现出了它的优势，它能把一些抽象化的东西描述和表达出来，被人们所看到。所以，我们在学习文字和影像的叙事手法后，能够用不同的形式将自己的认知传达出去。民族志本身只是一个结果，如何完成这个结果有着多种方式，影像并不是要取代文字，而文字也不是唯一的表达方式，文字与影像有着各自的特点与优势，它们能够共同存在，二者之间并没有矛盾。

这次田野让我真正感受到了如何用影像来叙事，明白了课堂上两位老师不断强调的：无论是故事片还是纪录片都需要讲故事，只是这个故事可以是虚构的，也可以是实际发生或非虚构的，在这里故事的根本不是编剧与剧本，而是田野调查工作是否做得扎实和细致、观察是否到位、访谈是否满意、是否能通过影像表达出一定的学科意义的问题。这是只有电影电视传媒人背景的人无法理解的，就像在之后毕业季的一次面试时考官惊讶地提出的问题：没有脚本怎么可能拍片？通过这门课程的训练我也找到了想要的答案。要使影像本身发声，我们就不能仅仅局限于资料学意义，因为就算是文字也只停留在调查报告阶段，而不进行更深入的分析并形成民族志文本，文字也无法发挥它的功力。那么影像也一样，我们要将影像组织起来进行再组合，才能让影像表达出其意义之所在，这样的整合并不影响人类学影像资料的留存。因为我们在剪辑短片时可以完成多个版本，可以有学术资料版，提供科研、教学和研究使用，受众是研究者、学生及相关专业人士；也可以有大众播放版，提供给媒体、博物馆和中小学使用，受众是普通大众，以达到普及和传播人文知识，因为传播知识同样是学者的责任。

石龙记忆的最终成果是四部短片，当我们确定各自短片的片名时，我说，以后在学校放映时，主题可以叫作：记录纪录石龙小心肝骡子的时光碎片。因为这不仅是我们四部短片的名字，也是我们 10 天调查生活的体现。所有短片第一个剪辑版本的第一批观众是石龙村的乡亲们。在村公所的院子里，一堆篝火，一块幕布，放映着 10 天来我们在石龙的成果。当乡亲们看见自己或亲戚朋友出现在幕布上时，脸上堆满了笑容。回到各自的校园后，我们继续对短片进行打磨。刘涛还把大家拍摄的调查花絮剪辑成一个小片《非常 8+2》，让我们的石龙有了永远凝固的回忆。

咸阳原上盗墓贼

张祖群（首都经济贸易大学）

我在写作博士论文时，从咸阳原（五陵原）老乡口中得到了一句"要暴富，挖古墓"的俗语。这暴露出咸阳原遗址盗墓行为的严重程度。

调研期间，白庙村邓逢信（书记）告诉我："我自 10 来岁就记得，安陵与东北面的张皇后冢之间还有一个土圪垯，后来平成了一个一人多高的土台，上面种庄稼，在'农业学大寨'期间给平整了；安陵北、白庙中村之间的现在的玉米地上以前也有一个土圪垯，'农业学大寨'期间也给平整了。第 2 个土圪垯盗墓贼曾挖过，据说陷进去一个人，到现在还埋在平整的庄稼地里面，打这以后，再也没有人敢盗掘这个土圪垯了。原上的盗墓行为在 20 世纪八九十年代很猖獗，农民当然恨之入骨，庄稼地里到处是盗洞，拖拉机（收割机等）一不小心就陷进去了，喊人去抬费力得很。"

我在当地还见到了一份《渭城区文物旅游局关于加强当前文物安全工作的紧急通知》，其中写道："近期，特别是 9 月 9 日以来，文物保护重点区域多次发现可疑人员活动，并发现一些探眼，这说明文物犯罪分子盗掘之心未死，又在蠢蠢欲动，并有可能酝酿更大的活动。因此，'青纱帐'的这最后 20 天将是犯罪分子孤注一掷疯狂活动的时期，也是对今年秋季田野文物安全工作的最大考验。"可见，当时的民间盗墓情况是多么严重。

2007 年 9 月我去咸阳原安陵调研，见到立有安陵文物保护协会搜集的成对的石马、石羊等石雕作品。2008年3月23日与8月13日再去，安陵文物保护管理所的同志告诉我，一尊几吨多重的石马被人用车偷走了，排查了很久也没有结果。除此之外，农业耕作灌溉对部分陵冢也有重要的隐性破坏作用。茂陵陵冢堆土的西面有一个巨大的洞，因茂陵陵冢堆土西的保护区范围内农民浇水灌溉，水不慎大量渗进陵冢内，导致巨大的塌陷，极容易被盗墓分子利用，现在只能加强人工防守。安陵西北的张皇后墓陵冢堆土北也出现了同样的危情，农民灌溉积水，地宫塌陷，陵冢顶已经内陷两三米了。

一般而言，盗墓贼可能是附近或者远处的贫苦农民。安陵西3公里的丫沟村人人为盗，人称"寡妇村"，因为男人都因出去挖墓而被判刑或者枪毙，只剩下妇女或者小孩、老人。盗墓贼的主要作案对象是帝王陵墓的陪葬坑或者陪葬墓，他们对帝王陵冢基本不起歹心。

盗墓者的"装备"特别精良，有轿车、摩托车、手机夜屏仪、夜视仪等现代化交通工具和手机、对讲机、GPS定位仪等通信工具，甚至拥有铁锹、绳索、手枪、自制土枪、猎枪、电棍、砍刀、探铲、超长度洛阳铲、炸药等非法器械。而且团伙分工很细致、很具体，往往是外地盗墓贼购置先进的探测和挖掘工具，并负责销售渠道的联络，当地不法分子负责"踩点"、挖掘、望风，以及必要的自我保护，如充当打手等，这样就形成了"盗运销保"一条龙服务，呈现出武装化、暴力化、集团化、智能化的特点。

盗墓贼的工具先进，一般用硝胺炸药，用电雷管或者引信点火雷管引爆。一般是在麦子、玉米长高的季节，盗墓贼会先在地里用洛阳铲试探出不同的土色或者明显的夯土层以后，过几天再等待时机。在合适的时机，先在距离陪葬坑边挖 1.5 米长、0.5 米宽、1.0 米深左右的长方体，再在长方体底部钻探 5～6 米深、直径约 5～10 厘米的长柱体探洞，然后在长柱体探洞掩埋炸药与雷管，上面盖土，在距离 10 米左右远的地方引爆。炸药将长柱体探洞比较均匀地向四壁炸成直径约 70～80 厘米的不规则柱洞，陪葬坑可能在不规则柱洞的下面或者旁边，如果陪葬坑在不规则柱洞旁，一般陪葬坑在不规则柱洞深 2/3 或者 4/5 处，便于排土（早先盗墓贼炸出的不规则柱洞在陪葬坑正上方，容易震坏文物，也不容易取土）。然后一人拴绳一人持铲下洞，从不规则柱洞深 2/3 或者 4/5 处取土，盗取文物。已经自然损坏或者被震坏的文物，则丢弃，造成了文物的地下二次破坏。

正如我在安陵文物管理所调研了解的那样，一年中有这么几个时间段的文物野外管护工作最难做，这也是盗墓贼的常见作案时段：一是玉米长起来后的时期，盗墓者白天在玉米地里"踩点"，晚上则开始挖掘，也就是阳历 9～11 月，即"青纱帐"时节。二是小麦成长、成熟期，这时麦田也能给盗墓者提供掩护，特别是阳历 4～6 月（五一黄金周前后）。三是阳历 11 月下旬到第 2 年二三月的冬季，这也是危机时段。如果按照是否下雨、下雪来区分，下雨、下雪天犯罪分子不容易提前钻眼，容易留下脚印，且大雨容易造成盗洞垮塌，一般下雨、下雪天作案的概率比晴天小。

盗墓最常见的分工方式为 5～6 人同时作案，分工多为 2 人把风，2 人挖坑或者炸坑，1～2 人临时机动协助。他们一般会用洛阳铲探 5～6 米炸坑后，先用木棍支撑沙袋掩埋上层土，等4～5 天里面空气与外面混合，再选择黑夜下手，捡掠器物。

与田野盗墓者具有对抗力的渭城区文物稽查大队仅配备有微

型面包车 1 辆，巡查人员只持手电、棍棒，我调研的时候得知他们正在申请防身器械与两支防暴枪。

咸阳现在的主要基层遗址点都配备了文物警犬。安陵文物管理所现有 2 条文物警犬（黑熊和雪豹），原母犬来自咸阳博物馆 1 条退役母警犬，2006 年在安陵文物管理所抚养、生育、繁殖后代。其中转移配置给渭陵文物管理所 1 条文物警犬、长陵文物管理所 1 条文物警犬、顺陵文物管理所 1 条文物警犬。

秦代的砖是里程碑式的，有长砖、短砖、厚砖、薄砖，砖上还有几何图形。虽然至今已有两千多年，砖仍然有棱有角。这里的砖，最轻的有 5 公斤左右，将砖切断，在砖的横断面上，不会出现气泡，说明砖的密度极高。更可贵的是，在砖上能够找到制作砖的工匠的名字，这大概是最早的实名制的体现。发掘出来的砖的颜色是天蓝色的，重量如铁，所以秦砖有"天的颜色、铁的重量"。秦代也有瓦，秦代的瓦是那种保护房屋檐头、防止房屋腐烂的瓦。瓦也叫"瓦当"，上面的花纹都是几何图形。瓦本身的吸水性很强，易腐烂。汉代的瓦除了几何图形外，还有动物图形，从瓦的图案能够看出房主的级别。如果瓦上有兽形图案，则说明屋主是武将。所以瓦当上若出现动物图形，说明屋主非富即贵。慢慢地在瓦上又出现了一层釉。瓦当表面有一层釉，是瓷器的雏形。秦砖是土木结构里程碑式的建筑材料，瓦当则是瓷器的釉面雏形，秦砖汉瓦都是具有里程碑式的文化遗产符号。秦砖汉瓦的民间买卖价格为：秦代的砖最多 2000 元，汉代的瓦当则 20 万都不止。在这种暴利驱使下，尽管国家文物局严厉禁止和打击倒卖秦砖汉瓦的行为，但仍然有人在民间搜集、征购、盗卖秦砖汉瓦等。

我在调研中得知，尽管出现了暂时的困难，但是陕西省文物局与相关基层文物管理部门的同志们，一起克服困难，严格遵照《中华人民共和国文物保护法》以及相关政策法规，重拳出击，强有力地遏制了田野文物的偷盗行为，极大地推进和确保了田野文物的安全，构筑了基层文保战线的"钢铁长城"，为中国的文物保护事业做出了可贵的成绩。

外婆的故事

张青仁（中央民族大学）

这年十月一日，恰逢农历九月初一，我打电话提醒母亲，今天是外婆的生日，应该在这个日子里有点表示。忙碌的母亲才恍然大悟："怪不得这几晚做梦总是梦到你外婆。晚上的时候，我给她烧点纸。"

外婆的家在罗鱼塘，是一个离我家13公里的小村庄。村子位于一个山包上，四周被水田环绕，外婆家是进村的第一户。十多年前，公路只通到外婆家村委会的驻地，下车后还要走两公里的田埂路才能到达。

母亲嫁过来没多久，外公就去世了。随着几个舅舅成婚、建房，他们陆续在村里盖了自己的房子。偌大的吊脚楼就只剩下外婆一人独住了。母亲不放心外婆一人独住，请她到我家来住，每次都被她很生硬地拒绝了。她总说，自己有五个儿子，如果去女儿家住，会被人笑话。当几个舅舅让她去住时，她却以自己有能力过日子，不愿意打扰别人为由拒绝了。就这样，外婆一个人把责任田揽了下来。该种水稻的种水稻，该种玉米的种玉米，山丘的旱地也被外婆种上了油菜、花生和各种蔬菜。此外，外婆还养了两头猪和20多只鸡。吊脚楼下的柴库，从来都堆满了外婆砍来的各种柴火。这样的日子年复一年，直到外婆快70岁、挑不动稻谷时，才将水田分给几个舅舅种。

长年累月地孤身一人，外婆很希望我和弟弟能够多陪陪她。虽然我很喜欢外婆，但我却并不喜欢在外婆家长住，一方面是因为恋家的缘故，但也有其他方面的考虑。小的时候，我经常听到亲友讲述的"熊娘嘎婆"的故事。故事大致讲的是一个熊精冒充外婆，诱骗了去外婆家的两个兄弟跟她睡，小的弟弟跟熊外婆睡一头，大的多了个心眼儿，睡在另一头，晚上的时候，小的弟弟就被冒充外婆的熊精吃了。"熊娘嘎婆"的故事让我一直有着心理阴影，加之外婆的床是她出嫁时陪嫁的古董：古旧的大床格外得高，磨得发亮的床檐上架着有各种雕饰的床架，这更加剧了我的恐慌。因此，年少的我很少在外婆家常住，即便是迫不得已的拜年，我最多只停留两天。晚上跟外婆同睡时，我更坚持一人睡在一头。

虽然知道我不太愿意去她家住，但外婆却并没有因此怪罪于我，反而对我们更加照顾。外婆的家里种了各样的水果蔬菜，有桃子、李子、枇杷、葡萄、地萝卜、橘子、玉米和一些我也不太认识的蔬菜。每当应季水果、蔬菜出产的时候，外婆便总是托人将水果捎给我们。过年前的最后一次赶集，她常会在寒冬腊月里将香菜、香葱和小蒜洗干净，装上满满的一袋，托人捎给我们。有的时候，应季的水果不便保存，外婆便亲自送到我家。外婆不习惯坐车，她常常都是一个人步行 13 公里走到我家。稍作休息，吃完饭后便一个人再走路回去。母亲常常心疼外婆，让她不要走路，但她每次都说："我一坐车就晕，几天都缓不过来，你要是让我坐车，才是折磨我呢。"

外公生病时，舅舅们和母亲就为外公外婆制备了棺材、墓碑。因为经济条件的限制，那时制作的棺材，样式很小，质地也不坚固。外婆对此一直很不满意。1999 年，爷爷去世了，外婆前来吊唁。看到爷爷高大的棺材，外婆非常羡慕。从来没有向子女提出任何要求的外婆，在葬礼完毕后把几个舅舅召集了过来，提出要将原来的棺材卖掉，准备按照爷爷棺材的规格重新再做一副新的棺材。面对大家的询问，外婆坚定地回答：我一个人辛苦了很久，将来不在了也希望自己能够有一个宽敞点的住处。那年夏天，外婆将木匠请上门，花了几千块钱，终于做出了一副她满意的棺材。

2003年9月，我进入高三，外婆每次赶集都会托人将家里的土鸡新下的蛋捎给我。2004年7月拿到录取通知书后，我终于决定去外婆家长住。知道我将去北京上学，外婆很是高兴。但得知我半年才能回来一次后，她又有些不舍。一天晚上，我和外婆坐在吊脚楼的外檐下乘凉，外婆将家里新下的鸡蛋拎了出来，挨个用手电筒照了一下后，将挑好的鸡蛋送到邻居家。她说："北京离我们那么远，你肯定吃不习惯。我把这些蛋拿去孵了，等你寒假回来的时候，我一天一只地杀给你吃。"

来到北京后，我只能通过父亲获得外婆的消息。2004年12月24日，我给家里打电话，却一直没有人接。第二天依旧如此。几天后，才联系上我母亲，她嗓子略微有些沙哑，说这几天家里电话坏了，一直没修好。我觉得有些奇怪，便给姑姑去了电话，询问家里的事情。还没等我开口，姑姑就说，我正在你外婆家，马上"起水"了。"起水"是老家葬礼的一个环节，是出殡前一天去河里取水的仪式。我一下子蒙了："给谁起水？""你外婆啊，明天上山。"姑姑以为我已经知道了外婆去世的消息。

我跟母亲打电话，面对我的询问，母亲在电话那一头边哭边对我说：冬月初二，外婆一个人上山砍柴，76岁的她爬上了一棵有些腐朽的老树，准备将这棵树的枝丫砍下来。因为树干已经空心，外婆刚爬上一会儿树就被折断了。外婆从高高的树上掉了下来，腿便不能走了。几个小时后，一个邻居路过时，才将她背回家。回家后，外婆一个人扶着椅子喂猪、煮饭。几天后，母亲才得知消息，才和舅舅将外婆送到了县里的医院。X光检查后，医生告诉外婆，她的一只腿已经骨折，因为已经年近八十，即便上了石膏也只能慢慢休养，才能恢复。医生的本意是想让外婆好好休养，但外婆却认为自己的腿可能再也无法变好了。

母亲将外婆接到家里，想让外婆在我以前住过的房间里安顿下来，外婆满是应承。那几天，外婆睡在我的房间里，奶奶常常陪着外婆聊天。外婆和奶奶聊起她为我养的鸡，一脸愁容地说道，不知道仁毛回来后还能不能吃到呢。第五天傍晚，大舅来我家看望外婆。见到大舅，外婆便铁了心要跟着大舅回家。母亲说什么也不让，外婆便生气地说："我有五个儿子，怎么也轮不到你女儿来养。"见到外婆一脸坚定，母亲只好作罢，但因为外婆行动不便，她要求大舅务必不要让她一个人住在吊脚楼里。大舅承诺将外婆安置在他的家里，母亲才同意外婆回去。

当外婆回家时，却以在大舅家住不惯为由要求自己回家住。大舅只得将外婆送回吊脚楼，第二天早上8点多时，当四舅妈到外婆家时，才发现床头上的外婆已经冰冷了。在她枕头旁，一大堆火柴头上的磷粉被刮得干干净净。

外婆就这样躺进了她满意的棺材里。在她的棺材旁，是她为自己准备的墓碑。因为她自己目不识字，雕刻师傅甚至把她的名字都刻错了，她也没有发现。她生前养的猪、鸡，种的满园的蔬菜、菜籽油，全部用于她的葬礼。等到葬礼完毕时，几个舅舅发现外婆家还有几缸茶籽油、十多担稻谷、几十斤干辣椒以及吊脚楼下的五十多担柴。

为了不打扰我的学习，母亲不愿意让我回家参加葬礼。寒假时，我想去外婆的坟地祭拜，却被奶奶和母亲阻止了。因为外婆去世后，母亲每晚都会梦到外婆，梦境都是一模一样的，即外婆在田地里挖坑，母亲问外婆在做什么，外婆却是一言不发。母亲将这个奇怪的梦告诉奶奶，奶奶找了一位熟识的老司，老司推算了外婆摔伤、去世和出殡的日子，告诉奶奶这几个日子都对母亲极其不利，甚至会威胁到母亲的生命。外婆正是用这种方法在警告母亲，希望母亲有所防备。于是，家里的老司举行了一场仪式，我们一家在一年内被禁止给外婆扫墓。就这样，直到2006年的春节，在外婆去世一年多后，我才第一次来到外婆坟前，跪着上香。

外婆在世的时候，见到她对我们兄弟俩格外疼爱，常常有人用"家公坟前手一指，爷奶坟前一堆纸"这句谚语笑话她。这句谚语大致是说你再怎么疼爱外孙，他们终究不是你家人，以后老了去世了，他们也只是用手指指就罢了。每当这个时候，外婆总是笑着说："他们俩不是这样的人。"可如今的我却身在遥远的北京，即便是想"手指指"外婆的坟墓，也是那么遥不可及。

"接姑姑"遇"呼噜"

程安霞（河南科技大学）

　　为了做博士论文，2009年至2011年我对山西洪洞的"接姑姑迎娘娘"仪式进行了系统调查。羊獬和历山是山西洪洞县的两个聚落。传说羊獬是尧王的第二故乡、娥皇和女英（尧之二女、舜之二妃）的娘家，历山是舜的住处、娥皇和女英的婆家，两地之间形成了延续千年的"接姑姑"和"迎娘娘"的走亲习俗。每年农历三月三，羊獬人都会大张旗鼓地去历山接姑姑回家祭祖。沿途会经过临汾市一区一县5个乡镇20多个村庄，村村都以锣鼓相迎，舍茶施饭，争相抬扶驾楼，纷纷磕头祭拜。威风锣鼓喧天，铳炮震耳欲聋，彩旗迎风招展，场面热烈、庄重、感人，羊獬接亲队伍要走遍20多个村庄，才能将姑姑接回羊獬。姑姑不能总是住在娘家的，祭祖完毕还要回到自己的丈夫身边。不过，由于四月二十八就是尧王的生日，所以姑姑祭祖完毕后一般会住到四月二十八给尧王过完寿日才走。于是，到四月二十七的时候历山就抬着舜王和姑姑的驾楼，前来给尧王祝寿，同时，把这二位娘娘迎回历山。除了这两次大规模的活动外，农历的六月十八、九月九是娥皇、女英的生日，这两天羊獬村的妇女们也要成群结队地赶往历山为两位姑姑祝寿。

　　我的这段田野生活丰富而多彩，期间发生了很多特别的事情，这些事情或尴尬窘迫，或捧腹大笑，或敬意满满，或温馨暖人，或拷问心灵……无论是哪一种，都深深地印在了我田野记忆的深处。下面说说两次既好笑又很无奈的"呼噜声"遭遇。

2010年农历九月九日，我和羊獬的女人们一起出发赶往历山为女英姑姑祝寿，晚上夜宿历山。山里的夜晚是宁静而干净的，举头就能清晰地望见天上闪闪的星星。不像在城里，即便是伸直了头，擦亮了眼，直勾勾地望着天，却也不能够穿透重重的灯光，望见那天上的星。清朗的天、闪烁的星、静谧的大地、攒动的人群，构成一份很温馨的秋日夜景图。

走了一天的"娘家人"此刻纷纷被历山的亲戚们拉回了自家休息。我既是亲戚的一员，又是一名研究者，出于访谈需要，一位仪式主事者李大爷把我安排在他家院中。到了他家，我很是欢喜，因为终于住上向往已久的窑洞了。在"接姑姑、迎娘娘"的调查中，常常看到窑洞式院落，也常常借宿在村民家中，但一直没有机会在真正的窑洞中住一住，心向往之久矣，这次总算圆了念想，自是满心雀跃。李大爷家里只有他和老伴李大娘二人居住，孩子们都出去打工了。我和李大娘一起住在东屋里。睡前，李大娘抱过来一床新被子给我，我们一人一被，并排睡下。躺在大炕上，我太兴奋了，好想打个滚、翻个骨碌，但怕吓着已然睡下的李大娘，只好忍着。可是情绪实在是太亢奋了，两眼睁着，就是没有睡意。既然没有睡意，就来点诗意吧。透过圆弧形的窗，望向院中的梧桐树，静寂的夜空，点点的繁星……这就是"诗意的栖居"啊！

"喝～～～呼～"，"喝～～～呼～"……一阵呼噜声海浪般涌来，毅然决然地打断了我的"诗意"。它就重复地吟唱，不知疲倦。在我以往的认知里，震天级呼噜声是男人的专利，不料李大娘的呼噜与"震天雷"有一拼。起初我很惊讶，也觉得挺好玩的。我原以为呼噜声就似一阵狂风，狂袭之后，一切会归为平静。事实证明，我太天真了，沁人心脾的呼噜声，一整夜都不曾消停，前一波还在房间里回荡着，后一波就接踵而至，它就这样无休无止地萦绕在耳边。我从开始的欣赏，逐渐变成了躲避。用被子蒙上头，无用，呼噜声啪啪地穿透被子，灌于耳朵里；用卫生纸塞上耳朵，也是无用，呼噜声嗡嗡地绕过耳朵，直入大脑。"喝～～～呼～"，"喝～～～呼～"，就这样，我听着它的歌唱，一夜无眠，直到天明人醒它才结束表演。

2011年农历六月十八日，我带着两个硕士研究生L哥和M哥跟踪拍摄娥皇姑姑祝寿仪式，晚上同样夜宿在历山。这次借宿的村子规模较小，羊獬来祝寿的人比较多，住宿有点紧张。主事者原想安排L哥和M哥住一个房间，另外给我找一个住处。不想让主事者太麻烦，我们三人一商量，房间足够大，出门在外，也没那么多的讲究，三人住在一起吧。

不想一念之差，让我再次经历一个充满奇异"呼噜声"的难忘夜晚。入夜，正要昏昏入睡，冷不丁地平地一声雷，一阵如电锯般的"滋滋"声扑面而来。我骨碌爬起来，同我一起爬起身的还有L哥，我俩对视一眼，环顾一周，发现这尖锐声响的制造者就是M哥。正当我们期待下一声时，它却戛然而止，等啊等啊，下一声再也没有来，骤起骤停，给人一种很恐怖的感觉，像是一口气提不上来一般。呼噜声不都是忽高忽低、忽急忽缓、忽快忽慢、富有一定节奏感的吗？可是，M哥的呼噜声只高不低，只急不缓，只快不慢，真有点惊天地泣鬼神、吓死人不偿命的感觉。

我和L哥都很害怕，很担心M哥一口气上不来，赶紧叫醒M哥，M哥跟没事人似的。之后，继续睡，过了没多久，吓人的呼噜声又响起来了。听得人心惊胆战，再次叫醒M哥，发现他没事，又睡下，呼噜声又响起，又叫醒，如是三番，确保M哥的确没事，纯属呼噜声奇异而已，也就放心了。但我和L哥却再也不敢"赏听"了，抱起被子，跑到外间的沙发上糊弄了一夜。

西哈家素村的歌唱

刘姝曼（中央民族大学）

提起内蒙古，我们的脑海中总会编织出那些脍炙人口的诗句：“牛羊散漫落日下，野草生香乳酪甜”的悠远静谧，“黄沙风卷半空抛，云动阴山雪满郊”的悲悯苍凉，抑或是“探水人回移帐就，射雕箭落著弓抄”的慷慨豪迈。是的，去往西哈家素村之前，我一直描绘着自己心中的草原：江河流淌，青草荡漾；鹰击长空，鸿雁成行；杯盏交错，琴曲悠扬……令人神往，但这一切都源于对“他者”的想象。

北京—包头—萨拉齐—温布壕—将军尧—西哈家素村，长途跋涉的疲倦尽在不言中。然而，展现在眼前的却是另一番景象，这让我格外失落。这里没有一望无际的草原，更不用说星罗棋布的蒙古包和策马扬鞭的牧民，只有久违的蓝天白云让我暂时感到一丝慰藉。

“西哈家素”的蒙语为“西阿得素”，“阿得素”指的是“海子”，即小湖泊。听老人们说，早年村落东面由于地势低洼，形成一片浅水滩，由于村子在小湖的西面，得名“西哈家素”。它位于内蒙古自治区土默特右旗将军尧镇，处于内蒙古和晋陕交界地带，蒙古族与汉族在这儿交错而居。这是一个蒙汉杂居的村落，并非传统意义上的牧区，更接近于汉族地区的农耕区。

在我眼里，西哈家素像是散落在土默川平原的“乌托邦”。小村庄并不繁华，甚至有些荒凉。空无一人的午后，一条柏油马路自西向东贯穿村落，寂寥的街道两旁是近年修好的路灯，这是村民去往将军尧镇的唯一道路，也是少数民族村民享受到的为数不多的福利。村子里尽是贫苦的人家，人们安静地生活，没有恼怒与纷争。这里的生活就像一弯静水，没有浪涌波翻，没有旋涡险滩。怎能想象，破旧的土房就是一家人栖息的地方，可他们从不抱怨，因为能遮风挡雨的地方，就是家。

辛勤地劳作，只为一个简朴的理由：为了妻儿老小能够吃饱穿暖，一家人可以更幸福地生活。这是激励人们活下去的最质朴的人生理想。安分守己的人们，操劳到白发苍苍，所有的收成也仅仅是果腹而已，然而祖祖辈辈却这样度过了岁岁年年。年轻人渐渐地离开了故乡，奔向了繁华的城市，唯有老人还守护着自己的故土。脆弱的土危房，浑浊的自来水，皲裂的盐碱地；房梁下的吊瓶，炉台边的药片，棉被上的蚊蝇……屋檐下不知掩藏了多少辛酸往事，长在屋顶的荒草见证了人间的兴衰荣枯，也许只有它们才知晓西哈家素的故事，但是它们又怎能理解。

生长在局促中的人们，只能望得见一角的天空。俗话说，知足常乐。尽管生存环境极度贫困恶劣，但是人们从不抱怨，街头巷尾总能听得到他们的谈笑风生。行走在西哈家素，我没有感到哀伤。因为，人生除了困苦之外，还有温暖和爱。

房东黄叔叔是个魁梧的蒙古族大汉，杨阿姨也是勤劳直爽的性子。房子有点破旧，房前的院子不大，但总是回荡着动物们的"交响乐"，即使是上厕所也免不了被两头猪"围观"。从早上六点到晚上十点，访谈、问卷、拍照、摄像……日复一日，每日如是。时而疲惫不堪，甚至几近崩溃，但每当看到傍晚时分的袅袅炊烟，就嗅到了家的味道。一家人团团而坐，昏暗的灯光是暖色调的，村里的故事总能成为餐桌上的谈资。

行走在西哈家素，最初我并不习惯老人的乡音，但我清楚地知道他们爱叫我"娃娃"或"妞妞"。他们热情地招待着来自远方的客人，乐意为我讲述蒙汉杂居地的族群演变和家族迁徙的历史，描画出祖先逃离饥荒、躲避战乱的沧桑行迹。他们用布满青筋的手拉着我，反复叮嘱着："娃娃一定要好好读书，读书的娃娃最有出息。"

小娃娃们更喜欢在我访谈的时候摆弄相机，因为在他们眼中，在大人看来是记者"标配"的东西似乎是件奇妙的玩物。最令我难忘的是，那个头顶着两个小鬏的女娃娃，她依依不舍地把我送到院门口，一直呼喊着："阿姨，常回家看看。"我不忍让她追赶太远，弯下腰亲吻了她粉嫩的脸颊，一面答应着，一面却只能一步三回头地离去。

荒野无际，宛如苦难无涯。可是生命就好像蜿蜒的河水，总要冲开苦难的包围，固执地流向远方。生命是艰难的，可越是这样，就越要有生命力，越要顽强地活着，只因为有温情和爱的呵护。慈祥的老人，面对一切困难都微笑着飘过，他们就像是大树一样，为身边的小草挡风遮雨。

行走在西哈家素，从外观和生活习俗上看，似乎很难识别蒙古族与汉族。蒙汉两族人民在此地交错而居，汉族较蒙古族在人口比例上呈现出明显优势。加之多年来人们互动频繁，汉族文化逐渐为蒙古族所广泛接受。尽管如此，每当提及自己的民族，蒙古族的百姓依然会自豪地说："我是成吉思汗的后裔。"

西哈家素的蒙古族世代学习汉族的耕种技术，并逐渐转变为以农业为主、牧业为辅的农民。此地多种植玉米、小麦等作物，迁徙而来的汉族人把晋陕一带的面食传统带到此地。每家都有独立宽敞的院落，贫穷人家的房屋为土木结构，稍微富裕些的则使用砖瓦筑房。除种植外，他们也会饲养少量家畜。在长期交流中，他们大多不使用蒙古语言，只有极少数会说个别词语，取而代之的是晋陕方言，汉字是通用文字。炒米、奶茶、手把肉等传统蒙古美食，除了过大年、娶媳妇、聘闺女之外，逐渐淡出了当地蒙古族的日常生活。华丽的蒙古长袍、头带、马靴仅在办事业、闹红火时作为蒙古族的符号而被穿着。

歌唱是心声的表达，"漫瀚调"在这里广为流传。不同于游牧地区的长调和呼麦，这是蒙汉交融的曲调。随着汉族人的增多，蒙古族和汉族的交流越发频繁，会蒙语的蒙古人越来越少，人们就把晋陕方言填到原来的蒙古曲调之中，所以又称"蒙汉调"。苏爷爷是生活在西哈家素的蒙古族，是漫瀚调演唱的好手，但他的吟唱并不嘹亮、高亢，反而有些沙哑，岁月的沧桑从他的声线里流逝，愁绪在曲调中徜徉。

虽然，背井离乡的人越来越多了，辽阔的草原对于他们而言已成为一种幻想，但西哈家素的蒙古族仍在用自己独有的方式，怀恋着自己的民族和家乡。在民族文化交融的环境中，他们并没有丢掉自己的精华。为了强调西哈家素蒙古族血缘的正统性，奇氏家族修订了家谱，将祖先追溯至"苍狼白鹿"的传说，被族人认定的先祖是成吉思汗，他的肖像图被摆在家中最重要的位置。同样地，语言是一个民族的命脉，当地很多民族学校设立了蒙语课程，并努力推行蒙汉双语教学。岁时年节也是体现传统仪礼的重要节点，当地汉族会遵从蒙古族的习俗，穿长袍、戴头带、蹬马靴，银碗满酒，每向一个客人敬酒一次，就要"圪蹴"（即蹲）一下。老人们常说，娃娃们如果不会语言和礼仪，他们就手把手地教，一定要让本民族的血液流淌下去。

家，在村子的最西头。是的，不知从何时起，西哈家素已然成为我的另一个家。

不知疲倦地奔到村头，遥望天边的火烧云，逐渐成为一种习惯。夕阳，为寡淡的生活增添了一抹亮丽的色泽，也让西哈家素的人们在劳碌一天后，能够仰望天空，绽放一丝微笑。这里的黑夜从晚上九点开始，我会守候在村头眺望，静待夕阳和夜幕缓缓交融、繁星在油画般绚丽的天幕中悄然坠落。剪不断的，是民俗学者与村落田野的情结。

西哈家素，交织着愁思，又充盈着温情。我怀恋，曾几何时，这里是我行走过的地方。

乌恰的"玛纳斯奇"

巴合多来提·木那孜力（中国社会科学院）

　　2012 年 10 月，我在克孜勒苏柯尔克孜自治州乌恰县黑孜苇乡访谈了当地深受柯尔克孜族人民爱戴的史诗歌手"玛纳斯奇"沙尔塔洪·卡德尔。

　　他于 1941 年出生，因在他之前出生的孩子们都前后夭折了，而且他出生时十分瘦小，父母非常担心孩子不能长成，就按照当地习俗，将邻居的窗户撞开，把刚出生的沙尔塔洪·卡德尔送到维吾尔族邻居家寄养，邻居给他取名叫沙尔塔洪（沙尔特巴依）。尽管他的本名是买买提艾山·卡德尔，但人们按照习惯称呼他为沙尔塔洪。

　　沙尔塔洪在 7 岁至 9 岁这三年间向外公佳曼太学习演唱《玛纳斯》。外公佳曼太是当时较为著名的玛纳斯奇，也是当地颇有名望的"阿肯"，精通数百个民间故事。沙尔塔洪幼年时生活在外公家，外公外出劳作时总是带着沙尔塔洪。打发时间时，他都唱史诗《玛纳斯》，年幼的沙尔塔洪在耳濡目染下，也渐渐习得了史诗《玛纳斯》中的人物、关系、武器、战马等固定情节。沙尔塔洪幼年时，有着较强的记忆力，外公口头传唱的史诗中的套语和一些固定的表达诗句等内容，他都记在脑海里，并很快学会了唱比较简单的诗行。外公佳曼太看到他的聪明机灵，便对他灌注了无限的希望和热情。佳曼太让年幼的沙尔塔洪反复学习演唱《玛纳斯》，并经常让他给自己表演。沙尔塔洪的父亲卡德尔阿洪虽不是史诗演唱艺人，却也是柯尔克孜族民间文学的爱好者，常常能即兴弹唱。而母亲布热勒汗则是当地很有名气的萨满医师，善讲谚语、格言，口齿伶俐，熟知民俗传统。沙尔塔洪从幼年起就在这种浓厚的民间文学氛围中成长。他既继承了外公的史诗演唱技能，又继承了父母的能说会唱的基因。

他学到了父亲卡德尔阿洪的民间医术和萨满医术，用民间的土医术治疗方法为当地人治疗疾病，还能念萨满咒语去巫，成了小有名气的巫医，受到人们的尊敬。他治愈了当地一位病危的妇女，而无须彩礼娶了她的女儿，如今他已经与爱人生活了54年。他说在他年幼时，外公佳曼太也经常念萨满歌。起初，他不知道自己有超凡的"萨满就医"的能力，有一次他去哈拉峻村做客，一进门就见到一位精神失常的女人，他就突然听到一个在他耳边念经的声音，还让他重复，并让他用由他外公传下来的帽子严厉地打在失常女人的背后。他不由自主地服从了，之后那位女人竟然有所好转，回家之后还得到那女人完全康复的消息。他不敢相信自己还有萨满医术。之后他不仅以史诗出名，还到处被邀请去治病。

在与他交谈的过程中，我得知他还深受史诗演唱艺人艾什玛特·曼拜特居素普、吾斯曼·那玛孜、萨特巴勒地·阿勒等的影响，并多次与他们接触，听他们演唱史诗，这更加完善了他自己的演唱技术，丰富了史诗内容。研究者们把他所讲述的史诗内容与著名史诗演唱大师居素普·玛玛依的演唱本对比，发现他唱的多部史诗片段来自于居素普·玛玛依的演唱本，另外还有一部分内容非常独特。如《玛纳斯》史诗的第二部《赛买台》的片段《阿依曲来克夺走阿克术木卡尔》是沙尔塔洪最擅长唱的，也是唱得比较多的史诗片段。经过对他所演唱的这一片段的分析，发现他在用词、故事情节的布置、叙述结构等方面比较接近于艾什玛特的唱本，可见他也深受艾什玛特的影响。

"玛纳斯奇"艾什玛特·曼拜特居素普是沙尔塔洪外公佳曼太的朋友。他在当时极负盛名。据沙尔塔洪回忆他与艾什玛特相识的情景是这样的：那时他外公经常提起艾什玛特，不过从没相见，初次见面大概是在一个初春时节，当时有个赛马比赛，沙尔塔洪跟外公一同去参加。比赛结束后，包括外公佳曼太在内的一些人要请艾什玛特演唱史诗，他爽快地答应了，并找了个阴凉的地方盘腿而坐，开始演唱史诗《玛纳斯》片段《远征》。艾什玛特穿着单薄的外套，他以洪亮的声音演唱的史诗引起众人的注意，在他周围听他演唱的人越来越多，而他依然在全神贯注地演唱着《远征》，讲得很有生命力，听众们非常专注，仿佛自身已到了战场。唱到史诗中一些特定的描述结束后，他会时而举起右手放在右耳后面唱出［adam oy：］这个词。艾什玛特精湛的演唱技巧及丰富的史诗内容，给坐在一旁认真聆听的沙尔塔洪留下了深刻的印象。沙尔塔洪对学习演唱史诗《玛纳斯》也有了更强烈的欲望，无形之间也学会了《大战争》的些许片段。如今沙尔塔洪依然能很生动模仿艾什玛特当时演唱的每一个歌词、每一个动作、每一个表情。而且沙尔塔洪在演唱史诗时，也会在唱到一些史诗特定描述结束后，时而举起右手放在右耳后面唱出［adam oy：］这个词。这个习惯说明他不单继承了艾什玛特演唱的史诗内容，还继承了他的演唱技巧。以［adam oy：］的这个词结尾一段叙事诗的这种习惯，不仅艾什玛特·曼拜特居素普和沙尔塔洪会有，阿图什市吐古买提乡的史诗演唱艺人吐尔干·居努斯也有同样的习惯。对于歌手们的这个习惯，到如今并没有相关的研究。我认为［adam oy：］这词由［adam］（人）和响声词［oy：］（呀）组成，演唱者可能借这词给听众们传达一个信息：一个片段中的一次叙事已完成并将进入下一个叙事阶段，以做出说明或再次引起听众们的注意。

除此之外，他对我讲还有两位玛纳斯奇——阿萨姆顿和铁米尔，都对自己影响很大。他们同样有着十分精湛的演唱技巧，演唱风格较为独特，在当地也算是小有名气的人物。由于他们演唱玛纳斯时过于投入，周围的人很难让他们的演唱停下来。沙尔塔洪曾经专门帮他们放牧以此来实现拜他们为师的梦想。目前没有发现阿萨姆顿和铁米尔的手抄本等资料，没办法与沙尔塔洪的演唱本进行比较。

由此可见，沙尔塔洪·卡德尔完全是通过口耳相传的方式接受并学习史诗《玛纳斯》的，几位著名的玛纳斯奇们深刻地激发了沙尔塔洪·卡德尔对史诗《玛纳斯》的学习欲望，使他在无形之中投入到史诗《玛纳斯》的学习当中，并将演唱《玛纳斯》作为一生的事业。

相声艺人的乡愁

王红霞（山东大学）

　　"乡愁"是一个从古至今都在牵动人心的词语，中国人传统的农业文明和宗族观念使得每一个在外的游子都会有一种"落叶归根"的观念。乡愁指向一个个地域，是方言文化的外在表现，而在当今社会，"乡愁"更多地指向了过去的时间。快速的经济发展带动的不仅仅是生产力的发展，更多的是对传统文化所造成的冲击，这集中体现在民间艺人的忧思中。

　　最近基于对大禹文化的考察，我随同我的导师一起到山东德州禹城进行实地的田野调查。在调查中我们遇到了一个禹城当地的相声艺人，他出生在禹城的一个富裕人家，家庭的基本财力使他能在年轻时有比较多的时间和精力去追求自己的爱好。山东是一个"曲山艺海"、富有文化气息的地方，丰富多彩的曲艺环境对他产生了重要的影响。据老人说，1949年前济南便是全国的一个曲艺中心，他小时候经常去济南听相声，从那个时候起便痴迷于相声艺术，一待就是很长时间，有时候听到精彩的情节，往往忘记吃饭，用老人的话说："相声就是粮食。"这种发自内心的热爱为他后来自学相声奠定了基础。

　　据老人讲，上初中时赶上了"文化大革命"，他被抽去参加工人训练班，在训练班的联欢会上他说了一个单口相声，赢得了满堂彩。当时知道单口相声的人很少，听众们都觉得很新奇，从此以后，老人就在训练班中当了学习相声人员的指导员。训练班结束以后，他留在了当地的"跃进歌舞团"做相声演员。这一段专业的经历训练了他相声演出的舞台感觉和表演才能。后来"跃进歌舞团"被解散了，但是他的才能得到了当地人的认可。后来县里和乡里有文艺演出都必定会有他说相声的节目。从1974年开始，他被选为地区文艺会演的演员，1979年以后经常参加省里的文艺会演活动。1985年文艺领域实行特殊人才招工的政策，由于他有卓越的相声才能而被选拔在文化局工作。

这位老人学习相声之初并没有接受过专业的培训，而是全凭个人兴趣的指引自学而成。他全靠着自己早年间在济南的现场聆听以及后来借助收音机收听相声节目，来自己琢磨相声的表演艺术与创作。迄今为止，他发表的自创的相声已经有一百多篇，还发表了一些关于相声艺术的杂文和论文，并且仍然在不断进行创作。相声影响了老人的一生。

他不仅给我们讲述了他自己学习相声的故事和经历，也给我们讲述了当地文化的衰落与民间传统艺术活动继承的困难。就以"相声"这一传统的民间艺术活动来说，民间性已经大打折扣。相声等曲艺一直在走下坡路，相声在民间越来越难以寻觅，传统相声的艺术技巧、独有特色与功能也正在朝向娱乐化发展，纯粹的商业性已经成为相声的主流发展趋势，缺失了相声最重要的核心特征，即相声的讽刺艺术。过去的曲艺寓教于乐，现在"寓教"已经式微，过多的是"为乐"而已。他说道："相声的传统味道正在消失，而令我更加难过的是找不到接班人，年轻人现在已经不再愿意入这一行了，我有时候强迫一些人跟我学习相声的技巧和写作方法，但是他们都干不了多长时间就不愿意再干了。"老人已经70多岁了，话语间充满着对文化传承发展的哀愁。老人说得最多的话是"这个现在已经没有了"，与此同时还有老人无助的眼神。我想象不出来，等到这批老艺人离去以后，没有了传统文化的乡村社会将变成怎样的一种状态？乡村之所以淳朴，除了民众性格中的璞质，也有由传统习俗、传统技艺等所组成的文化印象。

由此说来，"乡愁"除了是游子对故土的怀念，也是一种记忆，是对故土风物的记忆、对家乡习俗的怀念、对自己过去岁月的怀念。现实生活中，我们可以发现，很多人带着满满的乡愁回到故土，但是却发现故土已经面目全非，失落之情油然而生，这便是"乡愁"所独具的记忆性特征。回到故乡，回到熟悉的地方，从某种意义上说，就是回到过去。传统文化和记忆是另外一种乡愁的表现形态，从以前以对故土的怀念作为特征的乡愁到当今由传统文化和记忆缺失而导致的乡愁，从空间到时间，时代的差异赋予了乡愁不同的文化内涵。习俗在变迁，古镇被改造，传统节日逐渐衰退，民间技艺逐渐消亡……众多的人文组成记忆，人文的变迁形成乡愁，如果民间传统文化没有了，记忆就成了无根的浮萍。

调查过程中，我们所遇到的大多是中老年人，留守现象在现今也成为传统文化发展的瓶颈。传统老艺人孤独地守着自己热爱的文化，又看着它逐渐消失，继承人越来越难以寻觅。或许若干年后，民间传统技艺和文化最终由于无人继承，乡愁也会因此失去可以寄托的心灵故土。

浙北太均信仰

沈月华（湖州文化馆）

太均，是浙北地区乃至太湖流域具有一定影响力的女神，主要扮演守护幼妇、送子的角色。记不清是从什么时候开始关注太均信仰，也许是在大学，阴差阳错地选择了湖州地区作为毕业论文的选题；也许更早，自打有记忆以来长辈们便带着我无数次虔诚地跪拜在神像前；更或许在我刚来到世间，家人的太均信仰早就深深地烙刻在我的生活里了。可能这也就是乡村里那些不成文的规矩的魅力所在。人生活在那个圈子，潜移默化下也就具备了所有的特质，自然而然地便背负起了传与承的责任。

我的老家是一个不算偏僻的小村庄，虽然村子及周边都有大大小小供奉太均的地方，甚至每家每户都设神码供台，但都远远不及石淙的太均庙。人们都会在每年正月，尤其是农历九月十六期间，甚至提前好几天便早早地赶去石淙。

在小时候的记忆里，石淙那是很遥远的地方，唯一的交通工具便是摩托车。弯曲的小道，连接着无数农家，没有尽头。摩托车驰骋在乡间，风里夹杂着的全是浓浓的饭香。

打小跟着长辈们赶庙会，扛大旗、扎臂香、烧香塔……大人们忙得不亦乐乎，而我跟其他孩子们一样，惦记的是琳琅满目的物品，是各类经受不住诱惑的美食，全然与太均无关，与信仰无关。大人们似乎在那个时刻出手也相当阔绰，一般都会应允。这也是我在往后那些年里，将太均庙会犹如过年般记挂心头的缘由。在我幼小的心里，这就是一场"狂欢"，一场大人和小孩在共同时空下各自的"狂欢"。

时常说，生于斯，长于斯。关于乡村的记忆在那些远走他乡的岁月里，在那些体验着异乡风俗的岁月里，总是挥之不去。带着"局内人"和"局外人"两种身份重新回到故土，重新走近那些"合乎村里人的日常逻辑"，走近"太均信仰"，所谓的"家乡民俗"调研，便由此开始了。

2006 年，第一次畏畏缩缩地带着本子、录音笔、摄像机追随着巡游的队伍，无从下手，一脸茫然。太均庙门口的那条小弄堂，不知道在那年的盛夏被我来来回回走了多少趟。也曾被误认为是记者，老人抱着小孩摆着 pose 要求我给他们留影，可能期许在某一天某一期的报刊上突然遇见自己的身影，平静的日子里或许也能漾起阵阵涟漪；也曾吃过很多"闭门羹"，尤其是信仰被冠以"迷信"后，在各种镜头下人们避而不谈。

后来，可能那一带也去得多了，跟很多农民也都认识了，甚至成为朋友。他们友善地请我上他们家坐坐，聊聊太均，留我吃顿说是"便饭"端出的却是上好的菜饭，还带着我找记忆里熟悉的人。这种种，我心存感激，也庆幸自己的选择。想来，这是一条艰辛的路，但一路遇到的却是难能可贵的纯朴与真挚。

2009 年那年，我印象非常深刻。那时我读研究生三年级，农历九月十六前夕，特意从金华赶回湖州参加太均庙会。提前几天，我便开始在石淙进行田野作业。而这一年石淙的太均庙会较之往年更为隆重，几乎让人想象不到的原因是 2008 年汶川大地震。尽管两地相隔千里，却彼此紧紧地联系在了一起。随机采访中，所有人一致回答：去年，四川汶川发生了大地震，国家有难，同胞有难，我们取消了游街、扎臂香等活动；今年，我们热热闹闹地大搞一场，祈求风调雨顺、国泰民安。

面对如此的解释，我说不上什么，些许感动。倘若从学理层面剖析，那是个人在社会中、在国家中，社会在个人中、在国家中，国家在个人中、在社会中，这三者通过仪式自觉或不自觉地相融其中。

也就是在那一年轰轰烈烈的庙会上，我近距离目睹了一大批香客扎臂香的全过程。虽然之前偶尔也有香客零星地在庙会上展示过。扎臂香，这几乎是一种残忍的行为方式，人们以此来表露着自己对太均信仰的虔诚。人们首先把手臂上的肉一点点捻得很薄很薄，然后将铁钩的一头扎进肉里，一头则悬挂诸如铜锣、木船模型等重物。扎臂香者组成一队，与其他队伍一起参加巡游。现场所有的人都瞠目结舌，一路追着巡游队伍。我至今也没能完全明白其原理。

2010年，我以文化馆实习生的身份再次去石淙。跟着单位里的领导，走的是"自上而下"的调研。我并不是很喜欢这种调研方式，虽然他们都很热情，尤其是在找调研对象的时候，确实比先前方便得多，但身份的转换似乎总存在一种隔阂。说不上来，只感到有些难以亲近。

石淙的庙会年复一年地继续着，而我也乐此不疲地追逐其中。听着他们手舞足蹈地讲述往事，看着他们在古稀之年仍不遗余力地致力于文化的传承，而于我，此心安处是吾乡。

在迪庆州尼汝村的那一瞬间

韩晓芬〔云南农业大学〕

　　十月六日，为期一周的调研已经过去了六天。说到明天要走，我便慢下了脚步。除了要收集碯鲁的相关资料，还想拥抱一下尼汝的热情。喝了酥油茶的我独自走在尼汝的清晨，叽叽喳喳的小鸟、吭吭哧哧的小猪、哗哗啦啦的小河……我享受着纯净的乐土，越过了住着没有几家人的小山丘。走到了后山，成群结队的小猪仔步伐慌忙地奔跑着。我不动，它们便停下了，我一动，它们就"呼呼"向前跑。它们似乎并不怕没有恶意的我，而我被它们的窘态逗得咯咯笑。就这么顺着路走着走着，感受到了尼汝河的奔放，领略到了尼汝神林的神秘。心满意足的我便满怀欣喜地要原路返回了……

　　尼汝太静了。路旁黄色的苞谷地被风拂过，发出飒飒的声响，打破了孤单的静。我一路往回走，哪里传来悠扬的藏歌声呢？随之看到在山路上飞驰的面包车。没错儿，就是从这辆车里传出的藏歌，车开得越来越慢了，眼看着一辆面包车在空旷的山路上突然由快到慢地向我驶过来、停下。这使我全身的神经瞬间敏感：插在兜里的手紧握着，眼睛死死地盯着面包车，一动不动地僵在马路边上。我就那么静静地看着车，已经做好遇到危险撒腿就跑的准备。短短几秒钟，我的大脑里已经策划了好几条逃跑的路线，毕竟尼汝村住户的分布属于大杂居小聚居，叫喊呼救的方式是不可取的。这时车窗摇下来了，探出来一位明显是藏民模样的脸，带着黑色的墨镜，他的嘴角微微一笑说"扎西德勒"。

我又愣在了原地，脑子一片空白，刚刚他说了什么，我仔细地回想了一下"扎西德勒"。吉祥如意，这不是在向我表示最深切的问候吗？这时我才回过神，看着那辆带有藏族装饰品的面包车已经离我越来越远，我放松了下来。面带微笑地看着那辆车开远，我沉思了好久，就那么站着，看着，微笑着，直到它消逝在视线里。大约过了一刻钟，我继续走在回去的路上，其实，我有点看不起刚才的自己，怎么会有那么不善良的想法……

在这样的时空中，心灵会净化。我的心中似乎已经渐渐失去了那片净土，遇到事情我会往坏的方面预想。那一句"扎西德勒"似乎唤醒了我内心的那片心灵故乡。

哀牢山中"十月年"的日夜

黄璜（云南大学）

去年秋冬交替时节，我和同学走建水古城，经元阳梯田前往红河哈尼族彝族自治州绿春县，参加哈尼族的岁首节庆：十月年。在建水古城参观过文庙和朱家花园后，我们乘坐班车前往传说中的元阳哈尼梯田。

梯田位于哀牢山南部，绵延红河南岸，仅元阳境内就有17万亩。汽车在哀牢山弯弯曲曲的盘山公路上行驶，透过山间的薄雾，夹道黄花、翠竹、清泉依稀可见。临近景区时，我们选择下车，在梯田带水的田埂中徒步穿越。元阳境内全是崇山峻岭，所有的梯田都修筑在山坡之上，最高级数可达3000级，远观气势磅礴。本以为水边地湿，不可近处行走，但竟和平原旱地的田埂一样坚挺，行走无虞。微雨后的天气，空气清明，可见度甚高，整个梯田如镜子般明亮，云雾笼罩在哀牢山山顶，远处散落在梯田间的村落依稀可见，仿佛进入"白云生处有人家"的画境。在坡顶俯瞰，还可见到一两个身着蓝色衣衫、肩扛锄头的哈尼族男子在梯田间隐没。朋友在前面开路，我安心地尾随其后，尽情地观赏着这山岳神雕手的世代杰作，心中不断地高声吼唱"大山的子孙，呦～～～"。

时近傍晚，田间已无人劳作，我们依水声寻路，穿越了整个土锅寨后，终于听到了依稀的人声，竟误打误撞地进入了有名的箐口民俗村，并在村口看到了母校的云南少数民族调查研究基地——哈尼族调查点。调查点外观是一个不大的单层小屋，并不是之前想象的楼房，带着一种熟悉又陌生的好奇心推开房门，里面客厅甚大，左右厢房房门紧闭，没有人的样子，朋友在前催促，遂匆匆离去。雨滴沿屋顶的茅草滴落在乡间斑驳的石板道上，格外宁静。

箐口村不大，几分钟便穿过了村子继续行进到了梯田中。出村处的水流比别处湍急，出村不远，我看到一位身着哈尼服饰、脚穿水靴的老妪背着竹篓从山上迎面下来，身上的银饰随身体的移动发出清脆的声响。乡间路窄，和她擦肩而过后，回望她的背影在叮咚的水声和迂回的山路中隐没时，一瞬间有种时空穿越的感觉。继续上行，是一个不知名的村落，房子大多空无人居，临近公路是一个正在建设中的、在当地颇为豪华的别墅群，沿途装有现代化的路灯。最后在一个叫哈尼小镇的地方，宾馆老板派车把我们接到了住处。住地在景区的一处坡上，十分宁静，透过窗子就可看到梯田。当夜无眠，感觉自己身躺之处和哈尼梯田的地脉相连，心中甚是激动，看着窗外宁静的夜色，心想这或许是陶渊明也未曾想到过的世外桃源吧。

次日在老虎嘴看过绝美的梯田日落后，赶往绿春。天色已黑，去绿春的末班车已走，店主帮我们联系了一个当地的朋友——年轻阳光的哈尼族小伙小张。小张的车子是三轮小包车，在迂回的山路中不如一般汽车快速和稳当，我们心中不愿。但小张似乎很乐意，考虑到他家在此地，到达绿春后还要折回，价格也合理，我们便上了车。六点左右出发，两小时的路程，小张的小型三轮车却跑了三个小时。安全到达绿春后，我心中长舒了一口气，继而劝小张不要疲劳驾驶当晚就折回元阳，明天十月年后或许有顺路去元阳梯田的游客，单纯、阳光又忠厚老实的小张说："对哦，那我也在绿春过年吧，过年好玩呢。"赶车未及吃饭的我们，邀请小张一起用晚餐，吃饭时小张一脸灿烂地说："我老婆前几天给我生了一个小美女，我现在有两个姑娘（女儿）啦！我很开心！但是又多了一份责任。我要多开车，多赚钱给她们买好看的衣服。今天带着游客跑梯田的时候，有些地方地势很高，一些外地驾车来的开不上去呢。"于是我们知道小张其实已经开了一天的车，而且家中有添新丁的压力。但从在元阳第一次见到他起，小张的脸上一直带着灿烂的笑容，而且在带我们来绿春的路上，一路都有身着哈尼服饰的族人和小张熟络地打招呼，其中还有两个衣饰容貌俱佳的哈尼美女，不知其中是否有小张挂在嘴边的老婆。

　　哈尼族以十月为岁首，每年农历十月的第一个属龙日要过"哈尼十月年"。十月年是哈尼族中最盛大、最重要的节日，内容最为丰富，习俗众多。从农历十月第一个属龙日开始，至属猴日结束，历时五六天，是哈尼族一年中最长、最隆重的祭祀节日，与汉族的"春节"类似。我们抵达绿春时虽近晚十点，但车一进入绿春长街的入口，便被前面长长的车队堵住，人流熙攘，浓浓的过年气息扑面而来。弃车代步，虽绿春只一条街，但此街甚长，沿街学校、商铺、宾馆、医院、网吧、发廊，甚或现代化的足疗城，应有尽有，可谓"麻雀虽小，五脏俱全"，让我在群山深处大开眼界。看街上的车牌号也很丰富，多是从云南各地赶来过年的，当晚顺利入住。

　　翌日，长街上有隆重的祭祀节庆活动，哈尼族青年、妇女、老人和孩童均身着干净鲜艳的哈尼盛装，在长街上表演行进，前往民族风情园举行祭祀，预祝来年五谷丰登。青年男子服饰多为蓝色，年长者着黑色，女子服饰则缤纷多彩：黑色、棕色、红色、粉色、绿色等，帽饰也美观多样，可推知哈尼族支系众多。

族人有些头戴或后背草帽，肩扛锄头，手拿犁具，可以看出农耕稻作民族对土地农耕的重视。哈尼族无论男女，无论青年抑或孩童，帅哥美女极多，尤其是青年女子多肤色白皙，面容饱满，身量苗条，世世代代水田的养育赋予了她们灵气。长队前面，居中的是主持此次祭祀的哈尼族大祭司，是哈尼社会中具有非凡记忆力的智者和德高望重的长者，祭司左右各坐一位容貌姣好的童男童女，象征着子孙兴旺和后代绵延。队伍有序地进入中心祭祀场后，由大祭司和辅助祭祀者举行祭祀，先祭祀神坛后的神树，此过程中女性不能参加。祭祀期间，男性族人各司其职，其中有负责吹号角和鸣猎枪的，反映了一些农耕祭祀民族的特征和需要。期间祭司会演唱哈尼族历史悠久、世代相传的古歌，祭祀场面非常壮观、庄严。

祭祀后，几位祭司在祭台前开始享用"长街宴"。和内地用盘子不同，哈尼族多用碗做盛具，每桌约有十六碗不同的菜肴，据说此时若能从祭司那儿要得一些"龙肉"或桌上的其他食物享用，会有一年的好运。我依言过去，大祭司真是德高望重的长者，热情地夹了一些到我的掌心，并温和地说："这个是牛干巴，多吃点。"从祭场回去的路上，没走出多远，便捡到了50元人民币，我心想这运气来得好快，超级灵异的感觉。受师友邀请，我们有幸在长街宴的前几桌和哈尼族青年一起共享美食，菜肴和在祭场祭司们享用的相似，是由各家做好了端来的。有糯米粑粑、牛肉干巴、被染成五颜六色的鸡蛋（被称为彩蛋，预示着吉祥和幸运）等，还有油炸的竹虫，朋友不敢吃，但是看到对面的哈尼美女大口大口食用并面带笑容时，我也壮胆尝了一口，味道果然不错，顿时理解了劳动人民"靠山吃山，靠水吃水"的智慧。广场空地上，族人们在唱歌跳舞，一直持续到夜晚，节庆氛围十分浓郁。看起来，此地的民族文化和节俗未被外来异质文化覆盖，反观汉族的文化传统和节庆，我们需要反思。

转天我们搭车经蒙自回昆明，司机是一个重庆小哥，有亲戚在绿春，每年都会来这儿过哈尼十月年。路上他说，早些年来的时候这边的小孩子上学要走一两个小时的山路才能到学校，每天起很早，冬日天冷的时候有些都没有鞋穿。小孩子在路上看到他开车过来就停在路边朝着车敬礼，因为他们觉得会开车是一件特别值得尊敬的事情。我一下想起了从元阳送我们来绿春的小张和他小小的三轮包车、他脸上灿烂的笑容和他口中的老婆和女儿。想起日落梯田时夕阳在哀牢山顶镶出的金边和氤氲万里的晚霞，愿它们长佑这儿勤劳智慧、善良温暖的子民，安康富足，日日夜夜。

浙西的厕所

贺少雅（北京师范大学）

　　吃喝拉撒睡，生活五大项，其中吃喝都算上得了台面的，可是拉撒却有些令人难于启齿。对于城市中的人来说，上厕所一般不算事，最起码能用上经常有人打扫的、比较清洁的公共厕所，至于安装有温馨的灯光、带有各种冲洗便利设施的高级厕所也不在少数。可是，对于农村人来说，厕所却相对要简单甚至简陋多了。不过习惯了也倒好，最受考验的莫过于我们这些经常深入乡村从事田野工作的民俗学人。要知道山南海北地跑，到哪里都不能不上厕所，而且即便不习惯也要克服，毕竟这是生活之中每天必须解决的重要问题。

　　之所以会关注到这个问题，源于十几年前的一件小事。我从小生活在河北农村，那时家乡的厕所大都在院墙外，和猪圈连在一起，人的排泄物会直接掉进猪圈。常言道，"庄稼一枝花，全靠肥当家"，这沤肥工作很大程度上要靠猪来完成。见怪不怪，直到上大学时，有一个同学到我家玩，我才发现有趣之处。这个同学从小生活在城市，从来没有见过活猪，上厕所也都是便利式的，而且肯定也没有其他生物的窥视或参与，结果到了我家上厕所，竟然发现屁股底下有一头猪抬头等着，如此不堪的场景，怎是一个温文尔雅的美女子所能承受的，当时便美颜失色。至今，我仍清晰地记得她那份尴尬和受惊的表情。

　　受此启发，后来在接触各地民风乡俗时，走到哪里，我都会关注一下那里的厕所，并留下了很多切身记忆。比如，多次走进没有什么人清扫的公共厕所，那份肮脏和味道令人终生难忘；曾经于隆冬时节在玉米秸秆简单搭成的简易厕所里感受到了切肤之痛。不过，至今印象最深，且带有一定文化韵味的要数浙西南部山区的厕所了。

那一次，我们调查小组走进浙西南松阳县一个被称为"可以触摸到天空"的山顶村落。村庄不大，山清水秀，空气清新，雾色空蒙，景色优美，全国各地的摄影爱好者和美术工作者纷纷来此，将此地作为摄影和写生基地，不少旅游爱好者也慕名而来。但是，当我们第一眼见到那里的厕所时，好几个对南方生活不太熟悉的北方人，都惊讶了。这里的厕所均位于院墙外，用木板搭成，安有简单的小木门。厕所里面安装有一块大挡板，挡板下面是一个大木桶，用于储存污秽物。有的木桶位于挖出的地下土坑中，有的则悬空于地面之上。挡板与木桶之间还连接着一块窄木条，防止尿液直接冲刷到前面的挡板上。人如厕时，要直接蹲坐在窄窄的木板上，可是蹲坐时不能太用力，因为后面并没有承重的地方，如果一时用力过猛，后果将不堪设想。所以，每当有人上厕所时，大家都专门提醒一下，要小心啊。要知道上厕所时还得把握住蹲坐的力度，实在是对人的一种别样考验啊。

后来，我们又走进浙西南景宁县山区的另一个村落，此前曾有过那种如厕经历的人便问，那里的厕所怎么样，不会是像上次去的那样吧，言语之外的那份忐忑之情令人忍俊不禁。不过，我们发现，这个村落已经很少见到木桶式样的厕所了。当地人讲，过去村子里也是用那种木桶的，而且木桶用得时间长了会在内部的边沿上结成一层白霜，白霜是上好的清热降火、止血化瘀的良药——人中白。过去，邻近的泰顺县专门有人来采集这层白霜。而且，为了人情交换，采集者往往以物易物，他们会随身携带泥瓦罐，在罐中放香米，用火煨出香气扑鼻的米饭，回赠给对方。当地人就把这种用木桶霜交换来的罐饭，称为"粪桶霜罐饭"，名字虽直观，但是罐饭的香气应该足以遮掩那份联想中的臭气了。

　　实际上，这种木桶厕所是与当地的生存环境相适应的，当地为山村，多有泉水穿村，为人们日常生活所用，水源的清洁显得至关重要。以木桶储存秽物，并加以特别的处理，实在是保护生态环境的良策。如今，这种木桶厕所越来越少，很多都废弃或者被改造了，而其交换来的那种香饭的味道也只能留在人们的记忆中了。

行路难

陈支平（厦门大学）

我出生于农村，生长于农村，还在农村当了十多年的农民。1977 年侥幸被送入厦门大学读书，一时洋气不起来。1979 年考上硕士研究生，跟随傅衣凌教授学习明清社会经济史。老师把我细细审视了一番，左看右看不像一个读书人，于是因材施教，对我说："我看你对农村的生活比较熟悉，还是经常到农村去吧，或许会有不同的收获。"就这样，我从 1979 年开始，就隔三岔五地往乡下跑，搜集民间文献与口碑资料等。其时还不知道有什么"田野调查"这样时髦的名字，学校和同学们查找我的行踪，都说"他到乡下去了"。虽然名称不甚堂皇，不过从历史学的角度来考察，其时我的"往乡下跑"，可谓中国改革开放之后学界实行"田野调查"的先行冒失者之一，倒也有些名副其实。

经历了多年的"田野调查"，其在自己的学术道路上有些什么收获，我自己实在不好王婆卖瓜。然而不管是何种形式的"田野调查"，总是离不开从自己书斋走出去的衣食住行吧。从我的经历看，衣着的好坏洋土，似乎对于田野调查工作的影响不大，那时的农村，大概和我所研究的明清时期的农村，估计也差不多，破衣烂衫随处可见，农村的同胞们对于我们这些所谓大学里的读书人，随便怎么穿着，一定是没有什么可批判议论的。

讲讲"行路难"吧。

20 世纪七八十年代，出门是一件很艰难的事情。交通之不便暂且不说，弄不好，还有被押进班房的危险。因此，在走出校门之前，头等大事是到学校的办公室开具若干张"学校介绍信"。其时中国的高校普遍穷困潦倒，请假出差的人员不多，学校办公室对于这些稀罕的出差人，很愿意提供帮助。我需要走几个县，他们就愿意帮你开具几张介绍信。如今的高校形同闹市，人多势众、车水马龙，每天需要出差的人络绎不绝，学校办公室就不能不显得位高权重起来。虽然说现在的教师出差，大部分并不需要到学校办公室开具 30 年前的那种介绍信，但是作为学校管辖之内的庶民，总不免有一些需要学校办公室盖一个公章的什么事情，那就十分麻烦，非得过五关斩六将、最后由分管的副校长审批不可，真是彼一时此一时，不说也罢。

口袋里装好"学校介绍信"之后，心里就踏实了。那时的厦门大学介绍信和现在的人民币一样威风。每到一县，第一件事情就是直奔县人民政府办公室，办公室的领导一看盖有大红图章的厦门大学介绍信，不敢怠慢，立即询问需要什么协助。我说明来意与需求之后，一般的情景是，办公室的领导在学校介绍信的背面，写上诸如"请县招待所、文化局、图书馆、档案馆、某某人民公社等予以接待办理"的字样。有了这些字样之后，我再一一到这些单位落实我所需要做的事情。

20 世纪 70 年代末，党和政府提倡科学、尊重知识，一时有"科学的春天到来"的口号。在这种口号的感染之下，所到县及县以下的文化局、图书馆、档案馆、人民公社的领导们，对于我的到来，诚心欢迎，热诚相助。有不少干部还陪同我到乡下跋涉飘零。30 多年过去了，这些干部的名字我也大多忘却了，但是直到现在，每当我翻阅当时所搜集来的资料和重温我写过的所谓论著时，对于他们，心里总是泛起一丝隽永的温暖和谢意！

不过到了 80 年代中期，情景就有些不一样了，改革开放的成果逐渐显现出来。我到了县城，照例签转介绍信之后，县里的其他衙门，也照例会指配一两位干部陪同我下乡，陪同的干部也照样热情。但是到了公社、大队（后来改为乡、村）之后，热情的各级干部，照例是要请吃饭的。有饭岂能无酒？酒足饭饱之后，总得休闲一番。于是麻将一字排开，搓它几盘。我对麻将至今一窍不通，何况还有调查的任务，再加上学校请假的时日有限，我不得不婉转告诉热情的干部们，是否可以马上前往调查点？干部们悉心安慰，说是明天一早就去，耽误不了大事。我也只好耐心等待。第二天我早早起床，陪同的干部宿醉未醒、胃痛发作。健康第一，救人要紧，我反客为主，陪同前往医院。田野调查的事情暂时放到一旁。

虽然有过这样的挫折，但是过不了多久，交通逐渐便利，个人身份证也开始试用，从此以后，我的田野调查工作，就不需要经过学校介绍信和各地政府的签转及干部的陪同，变得独往独来起来。尽管如此，有些热心的、好奇的，以及警惕性高的当地干部，听说我来此地做田野调查，还是愿意陪同我一道前往。

田野调查的官场程序完成之后，接着紧要的事情，就是交通工具了。20 世纪 70 年代，中国大地上风行的交通工具是自行车，据说在美国总统尼克松访华时，还备受赞扬，并露脸全世界，而汽车一类的，则是难得一坐。如果调查点距离县城比较近，解决之道有二：一是依靠当地陪同干部的仗义，不知从哪里挪借一辆自行车一用；二是向当地修理自行车的店铺租用，一天的租金是一角钱。这在当时也算是一笔不小的开支，在比较偏僻的乡村公社食堂里，差不多是一顿饭的饭钱了。更要命的是这种租车费，学校是不能报销的。

如果调查点距离县城比较远，自行车有时也力所不及，那么就只能依靠国营的"班车"。"班车"的车费虽然比较贵，但是因为有国营盖红章的车票，回学校报销是没有问题。然而麻烦之处是不能像自行车那样机动灵活、可进可退。当时的"班车"是稀有之物，仅此一家、别无分号。从县城到数十公里之外的调查点，无一例外是上午去、下午回，或者是即去即回。如果错过唯一的"班车"，就只能滞留他乡、寸步难行了。因应之道，或是事先在当地公社的衙门里，找好晚上落脚的场所，以便今天来，明天、后天或若干天后，按照"班车"规定的返程时间搭乘回县城；或是早上来，匆匆把事情做完之后，赶上下午"班车"返程的时间，回到县城。

不过计划的如意算盘也有落空的时候。有一次，我和一位书香门第型的同事一道前往一处偏僻的山村做田野调查，原本计划上午去，下午回。上午的计划进行得很顺利，当地的老者既热情又健谈，午饭让我们饱餐一顿，又帮我们搜集到不少资料。宾主气氛融洽，就不免有些忘乎所以起来。等到记起告辞赶到车站时，"班车"早已开走。要在这里过夜嘛，我的那位书香门第型的同事实在是没有与民同乐的勇气；再说，乡村的老者虽然热情，但是在当时大好形势之下，尚有某些"衣难蔽体"的贫困山村，他的家中实在也没有多余的床铺和棉被来让我们安顿。无奈之下，老者向我们指明了一条翻山越岭的道路，翻过眼前的这座山，就可以看到县城。"班车"须走坦途，绕了大圈，长达20公里；如果翻过此山，只有十余里的行程。

我成长在有中国华东脊梁之称的武夷山区，翻山越岭本来就是我的强项。既然有老者指明这样的近路通途，我就立刻告辞老者准备登程。可是我的那位书香门第型的同事，却是左右为难、畏畏缩缩。不走嘛，铁定就得在山村龟缩一夜；要走嘛，前途未卜、生死难料。最后禁不住我和老者的宣传鼓动，把红军长征的精神都搬出来，我的同事才勉强跟我上路。经过一个多小时的跋涉，我们回到了县城。这里顺便交代一句：为了让我的书香门第型的同事不扯后腿，我既当向导，又当挑夫。到了县城，我的同事颇有死里回生之感，庆幸之余，那天晚上的晚饭就由他请客了。

四个一百二

周星（日本爱知大学）

1998 年 11 月，我和北京大学社会学人类学研究所的访问学者杨正文及硕士研究生李伟东一行三人，前往贵州省黔东南州雷山县的西江"千户苗寨"做田野调查，参加了当地每隔 12 年才举行一次的"鼓藏节"，并在那里偶遇到中央民族大学的韩国留学生金仁喜。

"鼓藏节"是西江苗寨的盛大节日，期间有祭祖、祭铜鼓、芦笙广场舞、民族服饰展演以及斗牛等多项非常精彩的民俗活动。与此同时，西江苗寨的乡亲们还纷纷邀请附近其他村寨的亲戚朋友前来做客，再加上地方政府也有意愿想借助"鼓藏节"来提升人气，以推动民族旅游事业在当地的发展，所以这一年的"鼓藏节"规模很大，也因此，维持社会治安就成了一个很大的问题。

我们几个人在西江镇的街上散步时，看见在一家新开的卡拉 OK 歌舞厅的门口，悬挂着一张牌子，上面写着"严禁打架斗殴、扰乱秩序，违者按照寨规处罚'四个一百二'，并扭送派出所处理"之类的字样。这个告示给我们留下了深刻的印象，引起了大家的兴趣。于是，我们就去追踪调查，访问了该寨羊排村的"鼓藏头"，也有人称其为"寨主"。

"鼓藏头"对我们解释说，"四个一百二"一直是西江苗寨的传统，它具体是指对于违反了乡规民约的人和事，必须要处以120 斤酒、120 元钱、120 斤糯米饭和 1 万 2 千响鞭炮的处罚。这

"四个一百二"看起来像是汉族地区的"罚款"，而且，就当地苗寨民众的收入而言，"四个一百二"的处罚力度也不算太轻，但其实，它还内含着罚当事人"扫寨"的寓意。由于当地的苗家吊脚楼全系木质结构，且又分布密集，很容易失火，所以，雷山一带的苗寨在历史上逐渐形成了一种扫除"火星"、驱逐"火魔"，旨在防火保寨的集体盟誓仪式活动，这就是"扫寨"。由于大部分的火灾、火情常常是由于当事人违反防火的乡规民约所导致，所以，对于违反了寨规的人和事，自然也就形成了罚其"扫寨"的传统。在我们看来，火灾等不祥之事同时也可被视为是对社区的"污染"，这样"扫寨"也就具有了"净化仪式"的意义。在"鼓藏节"期间，打架斗殴之类严重违反寨规的行为，因为危及社区秩序，故是"污染"；对相关人事处于"四个一百二"的惩戒，既是给其一个认错和向社区乡亲们赔礼道歉的机会，也是一种"扫寨"，亦即净化苗寨社区环境、促使社会秩序恢复正常并获得重建的路径。"鼓藏头"认为，正是由于有了这"四个一百二"，才令行禁止，治安效果很好，规模盛大的"鼓藏节"也因此而从来没有出过不好的事。

有趣的是，我们接下来去访问西江镇里的派出所，干警的意见却是说这一类规定是"非法"的，不应该予以承认，万一出了什么事，还是应该由派出所出面处理。很显然，从这家卡拉OK歌舞厅门口的牌子上，我们可以读取到非常意味深长的信息，因为它非常生动地反映出在当地的苗族社会，实际上是并存着两套法制体系，一个是以"四个一百二"等乡规民约为代表的少数民族习惯法，另一个则是以派出所为代表的国家法。当地老百姓对于两者都有清晰的意识，并且也基本上是对两套法制体系都承认，所以，才会在民间商家的警示性广告中，干脆都把它们并列起来，以双重惩罚来增加其警告的分量。虽然这意味着违反乡规民约的人有可能会面临两种重叠的处罚，但这种情形多少也同时内含着他或许能够拥有在两者之间做出选择的余地吧。

　　我们在西江"千户苗寨"偶然遭遇到的这一现实生活的片断，其实，也正是我们这个发展中的多民族统一国家的法制建设，经常会在各少数民族地区出现的一类十分常见和典型的场景。这个简单而又颇具深意的例子提醒我们，应该进一步深入地去探讨作为多民族统一国家的中国，其法制建设与少数民族社会的风俗习惯，以及与其独特的习惯法或法文化传统之间的关系究竟应该是怎样的，才最为符合各民族共同的利益。

第四部分

冬 篇

寻找"割礼先生"

魏小石〔美国印第安纳大学〕

我从事的学科叫音乐人类学（ethnomusicology）。所到之处，由于突厥民族语言的互通性，我总是会用土耳其语来介绍它——"halk müziği bilimi"（直译为"人民的音乐的知识"）。另外，每次别人问我关于音乐历史、起源、流变等问题的时候，我总是习惯性地说："先认识人，再说音乐。"

从 2014 年到 2016 年，我很荣幸地获得了上海音乐学院"中国仪式音乐研究中心"的资助，在北疆收集哈萨克族斯布孜额笛子音乐的资料，然后制作成档案包。这是哈萨克族的一种笛子，是草原民族双声乐器的一种。简单地说，在这种音乐中我们能听到两个声部，一个是持续粗糙的低音，一个是悠扬清晰的高音。

谈到哈萨克音乐，多数人想到的会是冬不拉的奏唱，这算是哈萨克音乐中艺术化、娱乐化的一面；而斯布孜额笛则代表了哈萨克音乐中生活化、叙事化的一面。每首斯布孜额曲子背后均有一个传说故事，一代代的奏笛者用吹奏来展现画面。这些画面里，有古代哈萨克的可汗、三区革命的英雄、坡脚的熊、迷路的天鹅、孤独儿女、传奇诗人等。

既然是生活化的音乐，我所调研的每位奏笛者的个人境遇，就显得尤为重要。我非常注意去记录遇见每位奏笛者的过程和感受。与维吾尔族和乌孜别克族不同，新疆的哈萨克奏笛者大多集中在偏僻的乡间，而且几乎不存在"职业音乐家"的概念。所以，一路上我所听说到的奏笛者的生活、人生逸事，恰恰成了认知这种音乐文化不可缺少的要素。

哈萨克语中，súndet 是"割礼"的意思。新疆阿勒泰地区的青河县，一个中蒙边境的地方，当地人们一提到斯布孜额笛子的吹奏者，总是会想到三个人：Qúttbıay、Cetimek、Súndetqan（读为"孙迭特勘"）。前两位的口碑很响，但知道 Súndetqan 的人并不算很多。提到这个名字，我总是会和"割礼"联想到一起——这只是源于我对突厥语言的兴趣罢了，并不代表这位前辈真的和割礼有什么关系。如果不是 2014 年 6 月我从阿勒泰市的一位老前辈那里拿到了 Súndetqan 的吹奏录音片段，我并不会知晓这位"割礼先生"的存在。

带着这些录音去寻访，青河的人们不是特别愿意和我去聊 Súndetqan，多数人的态度是："哦，是有这么一个人，他吹得也不错，已经过世了。"言语中带有一丝冷漠，同时更接近于"不屑"的态度。这反而激起了我的好奇心——至少我需要在档案包中使用他的照片吧！所以，整整两天，我们在青河县的村庄里搭车、徒步去寻找 Súndetqan 的传说。

用简单的语言，我可以汇总从村庄中了解到的 Súndetqan 的情况：

1. 出身贫寒，是个孤儿，一直给别人帮忙度日，寄宿在同部落的亲戚家。

2. 一只眼盲，得了一种奇怪的皮肤病，脸上布满了痘子，"很难看"。

3. 直到五十岁也没有妻子，最后经远房亲戚介绍，娶了一位耳聋的妻子，终于过上正常的生活。有了两个孩子，其中一个女儿却不幸夭折。

4. 结婚后没几年，一场心脏病夺去了他的生命。

我问："听说他娶了一位哑女为妻，这些可以给我们讲讲吗？"Súndetqan 的远房亲戚回答道：

哈萨克人有个习俗，喜欢和姐夫一起玩耍。我们虽然不是直系亲戚，但却同属一个部落。所以我的父亲，也算是 Súndetqan 的姐夫。Súndetqan 的一个眼睛是瞎的，脸上都是斑点。所以，他到五十多岁都没有娶过媳妇。不过，他吹奏的斯布孜额确实很感人。

哈萨克人的部落观念一直到现在仍然被普遍接受着。人们见面的时候，通常也会问一句："qay elsiñ？"或者"qaysi urudan？"（您是哪个部落的？）而我们的工作主要集中在哈萨克的克烈部落的数个分支中。那位亲戚继续给我们讲述：

我的父亲对 Súndetqan 说："你岁数不小了，该结婚了。我给你找！"于是，我的父亲去查尔塔斯找了一个哑女为 Súndetqan 做老婆。那种大的订婚礼包（qorcun），里面的东西都是我父亲为 Súndetqan 准备的。婚后，他们生了两个孩子，一个女儿，一个儿子。女儿去世了。Súndetqan 去世以后，他的老婆和儿子，也被人赶到了娘家去，房子被霸占了。后来，他的老婆也去世了，只剩下了一个儿子。由于我的父亲给 Súndetqan 娶到了媳妇，所以他非常感激我的父亲，每次聚会呀、仪式呀，他都会去演奏斯布孜额。他的曲目确实丰富，我记得最清楚的是《猎人哀嚎》和《地上翻滚的黄骆驼》。

哈萨克人的聚会上，能够演奏斯布孜额曲目的人，并非是一个简单的角色。演奏斯布孜额曲的乐师，被要求能达到的一种状态叫库恩尔（qoñir）。所谓库恩尔，哈萨克语的本意是"灰色"，在音乐语境中，用于形容声音的和谐。生活中，如果与一个朋友合得来，人们会说此人的性格很库恩尔；一个人讲话如果被形容成库恩尔，意思则是语气恰到好处。

通过吹奏斯布孜额的乐曲，如何能平衡、和谐、舒缓地讲故事？一方面，乐曲吹奏前，奏乐的人会声情并茂地讲解故事的历史背景；另一方面，吹奏中音乐语言的起伏，往往能模拟人际间的气氛、牲畜的状态。我们所听说到的 Súndetqan 所演奏的曲目中，就包括了一首非常著名的克烈部落所流传的故事——《瘸腿野马》：

> 成吉思汗和儿子术赤之间有了积怨，于是蒙古王成吉思汗下达了死令，让手下去惩罚术赤。士兵们借术赤出去打猎之际，在他追赶野马的途中袭击并杀死了他。此时，成吉思汗的另一拨下属，快马加鞭地找到了这批刺客，转达了蒙古大汗的悔意："我已经原谅术赤。若谁让我听到术赤的死讯，我将在他嘴里灌铅。"
>
> 但此时，术赤已经被杀害，于是刺客们就编造了谎言——"术赤在追赶野马时不幸从马背上摔下而身亡"，并将他的尸体带回皇宫。不过，回到了朝堂上，这些刺客谁也不敢开口将术赤的死讯告诉成吉思汗。
>
> 这时，哈萨克诗人克特布哈说："尊敬的汗，愿上天保

佑您和您的子民。我的汗，我今天做了一个噩梦，这个梦让我感到无比痛苦，想诉苦给您听！"说完，诗人拿起冬不拉开始演奏，曲子的开头如万马奔腾。成吉思汗听到后浑身颤抖，旋律似乎刺穿了他的心，大声喊道："这首曲为什么让我感到如此的悲伤，就像听到了术赤的死讯！"此时，成吉思汗再也没控制住内心的痛，放声痛哭起来。

这时，诗人放下冬不拉，用一首诗将术赤的死告诉了成吉思汗。最后告诉他："发出声音的是冬不拉，术赤的死是冬不拉告诉你的。"由于成吉思汗的命令无法撤销，如此一来，被灌铅的就成了那只"报灾"的冬不拉。哈萨克人也因此传说：冬不拉的音孔就是如此而产生的。

暂且不管这个传说是否符合史实，一个个类似《瘸腿野马》的故事，传达的是哈萨克的民间历史观、魅力人格的榜样。此时，仿佛我所携带的音箱，就是一个有魔力的时间机器，将音乐和古代人的生活连接起来——无论是古代的大汗，还是游走在中亚草原的牧民。我时常会想：可能这也就是民俗学、音乐人类学与其他社会学科之间的区别吧，我们的学科所依仗的是一个个很具体的"文本"——可以有形于字，也可以无形于音。

Súndetqan 就像是《瘸腿野马》故事中的诗人克特布哈一样，他的心中充满了诗意和歌声，同时也善于用诗与歌来解决问题。他在自己村子里是出了名的阿肯诗人，在集会中会给很多百姓讲解人情世故和道理。音乐的力量也常被他带入生活之中，据说"没有他做不到的事情"，比如木工、铁工、割麦、制毡房。他一个人能扛起房子脊梁的木头；割麦子时，人家负责一小块，他能割成倍的面积且不会弄坏刀具；卷草堆时，人家卷一个，他能卷三个。

如同我们在很多民间艺人的生平中所了解到的那样：艺术和劳动的智慧，都敌不过生世而来的诅咒。我们寻访的最后所等来的，不出意外的是这样一句："他的生活刚刚好起来的时候，就因病去世了。"对于 Súndetqan 来说，人生真的是一个充满了音乐的地狱之旅，他的出身、相貌、缺陷，都将他压得步履维艰。谈到这些，一同调研的哈萨克朋友对我说："其实所有哈萨克人都是一样的，我头上的灾难，你的头上也有。"20 世纪哈萨克的民族历史中，被迫的迁徙和定居，都或多或少地造成了各种人间悲剧。即便是《在那遥远的地方》这样的抒情歌曲，其实也是对历史中妻离子散的悲情表达。之后呢，我们也就读到了很多类似 Súndetqan 的孤儿故事。

每次感叹之后，我所能想到的仍然是一句记忆犹新的话：文化是帮助人们生存下来的东西。那些古代的斯布孜额曲所传达的人物气质，仍然漂浮在 Súndetqan 这一代的哈萨克人精神之上。

采访中，我们还为 Súndetqan 的后人播放了他所吹奏的《快走的熊》。这首"熊曲"里，是 Súndetqan 本人吹奏的斯布孜额，而他的一位哥哥跳着熊舞，另一位哥哥演奏着冬不拉。由于实在找不到 Súndetqan 的照片，我觉得或许可以将他其中一位哥哥的照片放入我们的档案包，并注明：由于无从了解 Súndetqan 的相貌，或可从其兄长的模样略知一二。据同部落人说："他们很像。"

未婚单身女在湘西"闹洞房"

王焜（加拿大纽芬兰纪念大学）

2016 年 11 月初，天气还不算太冷，我踏上去往湘西的火车，准备去实地调查我博士毕业论文的选题——闹洞房。尽管我之前知道这个选题的田野不好做，但是没有想到会如此之困难。直到今天回想起来，仍然有很多值得我深思的细节。

当我的朋友拒绝为我引荐有经验的访谈人后，我对着电脑开始反思：为什么。首先我是一个未婚女青年，关于闹洞房的游戏和过程，一般男性可能对我很难启齿。而湘西的情况比较独特，这里似乎是受儒家传统礼教和少数民族自治同时影响的一个地方，我虽然不能仅仅从他们拒绝跟我讲闹洞房就推断出他们保守（在凤凰的迪厅里明明男士们都在舞台上自 high 钢管舞），但因此可以引申出很多解释，比如中国人之间发生的"戏谑"关系是相对的，在某些场合和某些人可以说的，换个场合比如采访，就会显得很尴尬。我甚至想到，会不会是因为他们的媳妇担心我一个单身女性独自一人来到这里，找她们老公采访"闹洞房"这么敏感的话题，"不会是想做什么事吧？！"因此也会对我产生防备。所以我只好先跟在场男性的老婆套近乎、加微信，而避免绕过她们主动联系她们的老公。我甚至说，欢迎你和你老公一起参与访谈——就是找个地方坐下来，我们吃点东西然后我做一个小时左右的访谈。可是就算是这样，最后也没有谈拢，因为据当事人说："不知这个话题有什么好说的。"

我这个没有单位介绍信的野路子田野调查者，又不是当地人，被孤立于田野之外。

　　连从朋友那里"下手"都接连失败了，无奈的我，只好在街上堵结婚的人。那几天保靖县城很容易看到吹吹打打结婚的，我因此经历了一些很有趣的遭遇。我在和非遗中心的人聊天的时候，有一个人过来送茶叶。保靖黄金茶这两年有点名气了，一两黄金一两茶，我也想带一点回家，就问非遗中心的主任在哪里能买到茶。她说文广中心对面有家古色古香的茶叶店就是刚才来的那个女的家里开的，她的老公在茶叶办。我在档案馆查完资料后，就按照指引拐进了这家店。没想到里面做接待的香菊姑娘非常热情，她专门邀请我坐下来尝一下她泡的红茶。于是我跟她攀谈了很多她所知道的闹洞房。

　　之后来了一个店主的朋友 X，说是专门到这来等人，他很健谈，曾经是政府工作人员，某处长，提前退休赋闲。我跟他解释了我的研究内容，告诉他我不是做传统婚俗的，他们所谓的让我去山里去苗寨看婚俗表演，不是我的研究范围，我研究的就是现在的闹洞房，是生活中真实的人和事。他们肯定看过了太多不是着眼于当下而是做民俗展演的研究者，在那里村民总是被召集起来为政府和学者表演，而我想做的是研究现代社会中的现代人的生活。不愧是政府官员，经我一解释，他就理解了。他跟我说他知道一个人曾经被闹过，他帮他迎的亲。

　　湘西、湖南、贵州等很多南方地区都有"整新郎"的习俗，我把它当作闹洞房的一个分支和组成部分进行研究。而湘西这边特别有代表性，是因为一个凤凰的导游说当地的风俗是结婚时十有八九新娘都已经怀孕了，所以很少有在中国其他地域流行的所谓的"戏妇"，而更多的是"整新郎"。整新郎，是在接亲路上新郎的伙计对新郎的一种戏弄行为，有时也会带上新娘一起。如果新郎不接受被整，接亲的伙计们就不开动车，休想把新娘接回家。对这种行为，人类学、民俗学都有很多解释。

X 旋即打电话联系这位他曾经参与过的被整过的新郎。他说，那人就在隔壁单位上班，可以直接去找他。我没有想到完全不认识的人会这么热心帮助我，很是欣喜。那人在信访局工作，我因此又跟信访局的 W 攀谈了良久。W 对闹洞房的认识和理解很深刻，有自己独特的观点，我说："您总结的真好。"他笑着说："那我也算是个国家公务员领导吧，这点总结能力还是有哒。"微微秃顶的他还跟我谈起做信访工作的辛苦，说上午刚刚制止了一个准备喝农药的……不过我觉得他把所有来信访的群众当作脑子不正常，也是不堪其扰的后果。一个苗族打扮的大妈又来找 W，看到我拿着单反相机，又听说我来采访，以为我是电视台的，就马上要跟我谈信访了，亏得 X 打圆场，我溜出去上厕所了，但也觉得因帮不到这位大妈很抱歉。

之后，W 居然带着我们去旁边的大排档吃工作餐。保靖的大排档式餐馆很有风格，都是低矮的板凳桌，都是你坐下来齐膝的高度。由铁管铸成的留有缝隙的铁架子就是桌子，里面烧着火盆，这样既能加热菜，又能保暖。所以大家都坐在齐膝高的桌子前吃饭，完全没有高堂大桌的拘束感，更多的是亲密感。而且他们吃饭真的很快，半个小时就搞定了，吃完回去继续加班。我跟那个被整过的工作人员商量采访的事，他前面碍于领导在支支吾吾，估计我往后要找他，也不会很配合。

和 X 往回走的时候，我问他为什么大家在餐桌上都说得好好的，而真正要坐下来做访谈就不愿意呢？他说，有可能是害怕我拿这个当他们的污点证据，因为都是公务员嘛，名誉什么的很重要，视频、相片资料一旦传出去了，难说哪天不会有人拿这个说事。X还跟我谈了很多外出调研的注意事项，他似乎觉得我一个人在这边瞎跑，到如今没有被卖掉真是万幸。我朋友也说保靖是三省交界，是曾经的匪患之地，让我多加小心。虽然我并不认为有他说得那么夸张，但他教给我的很多技巧都非常实用，比如如果当地人问起我是干吗的、为什么口音和他们不同，我不能直白地说我是哪来的且是一个人来调研，而要说我的夫家在这里云云。

遇见X的这天早上，我偶遇了一个送彩礼的队伍，是民族中学的老师要结婚。到他们家时，我发现有两个穿着很不同于当地人，甚至对我来说都有点新潮和前卫的人，我马上断定他们不是本地人。我就跟他们攀谈，原来结婚的人是他们的表弟。其中一位男孩得知我是西安人，说他大学就是在西安上的，一下拉近了距离。我问他明早接亲会不会整新郎，他说新郎是他弟，他肯定不会整，但是不能保证别人不整。我就想去碰碰运气，想让他带着我去接亲。他说没问题。但是没想到当天晚上在新娘家就已经组织了类似闹洞房的活动了，年轻男女汇聚在新娘的闺房做游戏。新郎的表哥说当他意识到这是在闹洞房的时候，已经快闹完了。而我因没有参与很是懊恼。

我无法参与当晚闹洞房的一个主要原因其实是因为我住在友人家里，而友人极其担心我的安全，这使我无法自由行事。我的友人是我的研究生同学，她住在夫家，我住在她娘家。她的父母都是热情善良的湘西土家族，但略显保守，特别在意我的人身安全。我在下午五点的时候就接到友人的电话催我回家，说晚上在外危险。当我跟她说我想参加一个凌晨接亲的活动时（保靖都是凌晨四五点接亲），她万分笃定地说"不可以"，因为她认为一个年轻女子半夜在外跟不认识的人在一起是很危险的。我有点无奈，但是因为她是为了我的安全着想，我也不能拗着她的意思来，毕竟我是住在他们家的，有什么危险他们确实不好交代。但是我是一个成年人，而且已经在加拿大求学四年，独自闯荡了世界的角角落落——四大洲十几个国家，因为这个原因无法调研实在是有点滑稽。可我又不能辜负了人家的好心，多番纠结，我甚至都想到过偷偷溜出去……但是她父母睡觉时还为了我留着门就怕我有什么需求招呼不到。

我给这位西安毕业的新郎的表哥发信息，问他能不能冒充包车送我去吉首的私家车司机，这样凌晨一大早把我接走（其实是去接亲，但是是演给我朋友的父母看），让他们以为我是坐车去吉首赶火车且安全地离开保靖了。我给他解释了来龙去脉，这位表哥真的非常热心，居然同意了我看似诡异的提议。我就在第二天早上四点多（五点接亲）起床等他的消息。朋友的父母还说私车不安全，很担心。叔叔说，记下车牌号。阿姨说，车牌号也可能是假的啊。就这样他们坚持把我送上表哥接亲的车，并用手机拍了他的车牌，还一直以对待私车司机的态度铿锵地嘱咐他安全把我送到。表哥连声答应。当车开出的时候，我真的有一种解脱感。我戏谑：幸亏是半夜，要不他们白天看到你这大红色的轰隆隆的野马跑车，也不会认为你是私车司机啊！而且幸亏你长得像个可靠人。

后来跟着表哥的车去接亲，可能因为昨天晚上他们已经闹过了，接亲路上并没有发生"整新郎"的事情，我仍然失望而归。早上在和表哥及其朋友吃了早餐后，我就坐上了离开保靖的班车。这次湘西调研，历时不久，我不仅得到了来自多方的帮助，还企图通过一己之力打开田野之口。但是由于我已有后续安排，所以在调查刚刚有眉目时又不得不提前离开。幸亏我有这些好心人的联系方式，在今后追踪调查和回访的时候都可以联系他们。

　　我不得不在这里跟我朋友和她的父母道个歉。我在保靖调研的这几天，既利用了友人提供的方便（住宿），又欺骗了他们的善意。他们的保护欲过于强大以致我没有办法进行正常的田野调查。可能也是由于我先前没有跟他们说清楚，他们以为我只是来玩而已。但在田野之中，我也是无可奈何。可能下次租住在旅馆会自由一些。

　　调研之后，在参加一次学术研讨会时，我提及这个话题后，还被评议人当场说这个题目很"恶俗"，但我只是想"参与观察"一下"闹洞房"啊。"闹洞房"这一习俗的复杂性、深度、厚度以及广度，我认为很值得研究，但是进入田野困难，看样子目前仍然很难得到学界的理解和更多的帮助。

三德范村的口述史

吴艳笑（山东大学）

2015 年 12 月，我在山东省章丘市三德范村做田野调查时，有幸结识了热情淳朴、爽朗健谈的李先生，并在对其的访谈中收获了除知识之外的有关过去的记忆，而这些记忆之所以被称为"记忆"，是因为曾经鲜活的事实正在被"昨天的今天"以及"今天的明天"所淹没，也即将被所有人忘记，继而消逝。

李先生已年过古稀，曾于 1968 年开始在当地生产队当队长，做了七八年；1996 年至 2008 年在村里做调解员，做了 11 年，其工作主要是帮助村民调解纠纷、矛盾，解决思想问题。父母以种地为生。母亲健在，现年 96 岁。家族除去闺女之外有六十多口人。老人兄弟七个，姊妹八个，排行老三，大哥 82 岁。老人有五个孩子：四个女儿，一个儿子，儿子是最小的孩子。

据老人讲，以前家里穷，住房紧张，现在老人所在的家在以往要住三户人，也就是最少二十多人。当时七口人住两间小屋，没有娶媳妇的睡在一张炕上，有结婚的要单住，就要腾出一间屋子来，按照一张床的距离，垒上一道墙就分出一户去，大屋套小屋。分到最后，如果还不够，剩下没有结婚的儿子只能到大爷或叔叔家睡觉，哪家孩子少、空床多就在哪家睡，这种现象在当时是很普遍的。当时有个姓赵的，他个子高，按床量出来炕之后，娶了媳妇晚上睡觉伸不开腿，没办法，只能要了靠外墙的一个炕，并在墙上捅了个窟窿，晚上睡觉的时候就把两条腿插进去睡觉。

老人的父母以种地为生，"父亲做过刷布匠，不挣钱，就是管顿饭。把织布绳子，刷好缠起来，一尺多少钱，挣个小工钱。当时都靠这个，家家户户种棉花，不种棉花就没吃的、没穿的，那时候买不到布，能买到也没钱。以前村里有染房，我家就有两个。俺庄大，刷布刷不过来，春天的时候得换单的，冬天要换棉的，没有布，就穿不了，补补都没有布，所以家家都得种棉花，家家都得纺线。那时候妇女咋还能出来玩呢"。

据老人讲，"当时的日子艰苦，穿棉裤就是穿一冬天，现在还穿靴子，以前的鞋都露脚后跟。那时候过年了，衣服都是自己做，一晚上都不睡觉，就为了赶制过年穿的鞋子、衣服，过年前几个晚上，我母亲整宿整宿地在煤油灯下赶制新衣服，就为了让俺们这些孩子能在大年初一穿上新衣服。过年，小孩一是盼吃的，二是盼穿的。家里人多，过年时就用大锅蒸窝窝头、蒸年糕，蒸好几个晚上。过去有个风俗，就是过了年头十五不能动烟火，不能做饭，所以要提前做好，要不然家里没有什么吃的"。

老人家的第一台电视机买得比较早，是在1980年，老人花了320块钱买的九英寸黑白电视机。据老人讲，那时住旅社一天才八毛钱，一个家庭吃一顿饭只用两毛五分钱，油条加豆浆吃得很饱，320块钱在当时是很大一笔钱。当时钱不够，老人是去一个姓单的朋友那里借的钱，朋友在济南的一个厂子上班，去找他借了200块钱。老人回忆说："去找朋友借钱，朋友见了问道：'哥，你来干啥来？''我来找你借点钱。''咦，你来恁巧，我刚发喽工资。''你不发工资也要借给我啊！''行，你使多少？''200吧！'……那时就借了朋友200块钱，买了电视机，但是200块钱在那时是很大一笔钱啊，来到家就和老伴儿干了一个月的仗。当时把电视买过来，不懂怎么调，电视不出像，在村北头找师傅弄来天线，那时候房子还不是瓦房是草屋，上去把房子都踩烂了。在当时电视很稀罕，我记得当时电视演的是《霍元甲》，村民们天不黑都来了，那时候屋里盛不下，只能把桌子架到门口去，把电视放到上面，都在外面看，像看电影似的，下雪就戴着草帽子在院子里看。当时也有春晚，我记得印象最深的是马季说的相声《假牙》：'点着灯迎着风，有人说话不吭声！'就是说，一说话灯就灭了，因为是假牙嘛！……"

　　关于这些旧时的记忆，老人面带微笑地向我们一一谈起，但是在微笑背后却流露出老人对儿时的回忆以及对过去生活的追思。从前的艰苦日子虽已远去，但是关于内心深处的记忆却时刻在脑海中回放，也许只有亲身经历了那样的岁月，才懂得过往岁月的艰难与当今岁月的可贵。对于生活在都市里的大部分人来说，无法了解这片乡土对于像李景兴老人生命的意义；对于生在农村而长期在外求学的青年学子来说，为了能够早日走出去，或许也早已忘记儿时与玩伴在乡间的嬉戏与玩耍；但是，对于老人来说，消逝的是脑海中模糊的记忆，而不变的却是对乡土浓浓的真情。

回到爱伲村寨

朱靖江（中央民族大学）

天色阴雨空蒙，岁末的景洪市如一匹水洗的纺绸布，清爽干净，却少有想象中婆娑曼妙的边地风情。在城郊路边搭上一辆揽客的中巴，一路颠簸着朝中缅边境的大勐龙镇行进。翻浆的路面坑洼稀烂，两边的橡胶林与甘蔗地彼此交错，殊无风景可言。我默默凝视着窗外模糊的远山，思考着千里而来此行的意义。

其实无须更多的意义可言。一个月前，我在西双版纳的爱伲兄弟妹兰（这个柔美的名字属于一个满脸络腮胡子的爱伲汉子）打来电话，邀请我到他所在的大勐龙镇山头上的勐宋村，参加一堂小学乡土教材的公开课。这本由"云南省生物多样性和传统知识研究会"指导印行的图文读物，其全部插图都是由妹兰亲手绘制的。它将在勐宋的小学里作为补充教材，让爱伲孩子们习得祖先口口相传的传统知识，使它们不致在民族文化流失的退潮声中湮没无闻。

从景洪至勐龙镇不过 60 余公里，却足足颠簸了 4 个多小时，可见边陲交通之敝与民生之艰苦。大勐龙还算是傣家的地盘，但水泥和瓷砖的小楼照例与中国大多数乡镇仿佛。路边停靠着另一辆中巴——按时刻表早该发往勐宋了，却因为妹兰托人打点，一直等我到天光渐暗。细雨无歇，准备盘山的汽车不得不先在轮胎外绑上铁链，以应付一路的泥泞。车中的乡亲们微笑着与我为伍，彼此谈论着今年茶叶的价钱和稻米的收成。

爱伲人是哈尼族的一脉支系，大半聚居在西双版纳的勐海、勐腊等县，景洪市辖的勐宋山区也是 300 年来他们世居的土地。
"勐宋"一词来自傣语，"勐"是位于平坝或盆地的大部落，"宋"
为高寒地区之意，因此"勐宋"就是"高山坝子上的部落"。平
均海拔 1557 米的勐宋坝子山高坡陡，比邻缅甸，即便在西双版
纳也只算偏远的边寨。

30 来岁的妹兰是勐宋村的农家子弟，自小生长于斯，初中
毕业之后回家务农。虽然少年时能歌善舞，终究还是在平淡的岁
月里娶妻生子，耕田种茶。或许是祖先的召唤，或许是冥冥中天
资的开启，而立之年时的妹兰忽然执起画笔，用绘画的方式开始
记录和重现日渐消逝的爱伲传统文化。2004 年秋季，当我在一次
云南生态农业巡游活动中，认识他和另外几名身着民族盛装的青
年，看到他们演练自编的农事舞蹈，展示着一幅幅朴拙却坚实的
爱伲风物画时，一时竟讷然无语，暗自为爱伲人的灵慧和文化自
尊倾心不已。

虽然是哈尼族的分支，但西双版纳的爱伲人在服饰习俗、生
产方式等方面，却和哀劳山上的哈尼人大有区别。他们没有开垦
出水光接天的梯田，而是在茂密的原始森林中披荆斩棘，刀耕火
种，创造出与自然生息与共的游耕文化。爱伲女子人人一袭黑色
衣裙，戴着绒球彩穗的黑布花帽，与白裙装、鸡冠帽的红河哈尼
姐妹也迥然有异。

勐宋下辖 11 个村寨，对外的名称都是光明、红旗、大寨、
东方红等"革命色彩"浓厚的汉名。妹兰和我认识的另几个爱伲
年轻人都能说流利的普通话，甚至比许多昆明城里人说得更标
准。他们对外界的认知和开放程度，也曾出乎我的意料之外。

在过去五年的时间里，妹兰用水粉和速写本追逐勐宋村寨中
的老人家，一笔一画地描绘他们娓娓追忆的往昔生活，并用拉丁

字母拼写的哈尼文字记录在画面的边角，还原了一幅幅曾经出现在历史深处的生活画面。原本淡漠了陈年往事的阿公阿婆们也欣然指点着纸上的图样，讲述起了他们少小时候的民风与村俗。于是从农具、猎器到服装、舞步，那些蒙尘的爱伲往事渐次有了它们清晰的轮廓。当这些作品被云南的几家非政府组织发现之后，妹兰的绘画才有了更为广泛的施展空间：传统的爱伲农事历、渐已绝迹的山林狩猎和轮耕农业、不再延续的婚恋旧俗，都在朴素的画纸上重新呈现出来，甚至被做成台历、挂图与动画片，出现在 NGO 活跃的云南乡寨里。

　　长途汽车挣扎着开进勐宋村的水泥街子，在绵绵的夜色和细雨中，山寨仿佛沉寂于现实与历史的边缘，依稀闪亮着几盏温暖的灯光。车门外看到妹兰那张精心修剪了胡须的面孔，顿时有了回家的感觉。木楼中，火塘畔的三杯老酒，一筒酽茶，噼啪作响的炭香与醉意，不觉已是次日的黎明。几声杂沓的鸡鸣升起雨雾中户户炊烟，湿漉漉的山坡上走来几个装束古朴的妇女，说是从对面山头的缅甸过来赶集的。集市上贩卖着新鲜的菜蔬与山货，微笑嫣然的爱伲女子支撑着勐宋村的商业生活，也延续着民族文化中母系一支的血脉。

　　妹兰将他新绘的几本图册拿给我看，每一组画面都表现着一首濒临失传的古歌，又或是一门传统的手工艺流程。譬如有一套八幅的图画，展示出爱伲人传统纺线、织布、制衣的全过程，清晰流畅，质朴而美丽。另外一组动人的连环画，则再现了爱伲青年男女昔日对歌求爱的美好时光。"寨子上方的舞场早已经荒芜了，再没有人去那里谈情说爱了"。妹兰指着一幅少男少女在月光下曼舞的画面说，"我们祖辈的情歌和舞曲也默默地埋在了泥土中"。

　　妹兰所绘制的图画中，我最爱的是一幅勐宋农事历。一轮圆盘被分作十二等分，象征一年的十二个月份。按照季节与物候的不同，各自有它的名称与图样：公历二至三月间的"万物生根发芽之月"，正是结婚访友、盖房割草的时节；三到四月间的"打破碗花开之月"，则是撒秧和采茶的日子；到了仲夏的"古仓成对之月"，爱伲人欢庆他们的"新米节"，而我在勐宋的十二月上旬，则适宜防治、砍柴，也是一年中最美的"樱花盛开之月"。

　　一本崭新的小学生读本——《回到我们的村寨》中，也都是妹兰的图画作品，每一幅插图都散发着乡土艺术清新的气息。妹兰的儿子兰车（爱伲人采用父子联名制，父亲名字中的后一个字一般都是儿子姓名的第一个字）正好是勐宋村中心小学的五年级学生，他所在的班级要在当天上午，为近百名来自西双版纳各县的小学教师们示范一堂爱伲传统文化课。我不远万里赶来参加的，也正是这堂有趣的课程。

　　雨后初晴，天光放亮。几十个穿着民族服装的小学生在课堂里欢腾着，向我这样的外乡人介绍着勐宋的花草与林木、山歌和掌故，彼此交流着从村寨的老人们那里学来的故事，又追随着老师的指点，学习着这套课本中描绘与记载的乡土知识。随后，他们在校园的院子中升起炉火，简单地烹制亲自采摘来的野菜，请我们一一品尝勐宋的山珍。我很是贪婪地吞咽着火塘里烤熟的"野菜包烧"与绿油油的水煮青菜，感受着爱伲孩子们满心的诚意。妹兰在一边微笑着，看他小鹿一般的儿子在火堆旁认真地忙碌。生命中原本平常的一日，也因为这番对乡土的回归与体认萌生出一种别样的幸福。

　　雨雾消散的勐宋呈现出清澈的美色，家家户户的小木楼掩映在绿树丛中，宛如传说中的世外桃源。樱花正是将开的时候，粉白地点缀在梢头。再过几天，满山的桃花也要吐蕊了，与我遥遥萧瑟的北方完全是另一番风景。和妹兰走在寨子之间的小路上，任他指点山头的森林以及远方的田野。农事依然辛劳，每天往返田间都要花去一两个小时的时间，然后是整日的深耕细作。而回到家中的静心绘画，更是一种心灵的劳作，甚至少有几分功利的因子。

我跟随妹兰在勐宋的山头坡顶悠然走过，俯瞰这方爱伲人世代生息的土地。放学的孩子在我们身边奔跑，书包歪斜地背在身后。妹兰挽过小儿子兰车的手，走在通往自家木楼的小路上。我忽然为这些勐宋山村的娃娃感到几分骄傲：至少在年少的时候，一本专为他们创作的课本曾装在书包里，告诉他们母族的由来与历史、故乡的水土与风物。即便是北京、上海的同龄人，又何曾有过这样温暖而坚实的教育呢？

远方的云霞幻化出缤纷的色彩，如一幅笔触丰盈的水粉图画。应着妹兰的招呼，火塘边的爱伲朋友们又唱起酣然的酒歌。

烟台营子村的哈达

王志清〔重庆三峡学院〕

　　2007 年 1 月 2 日，我带着在学校拟定好的（语言民俗）访谈提纲回到了久别的故乡——辽宁省阜新县王府镇烟台营子村。回到家后就和父亲商量起了怎么在村落里进行访谈。我从父亲那里了解到，村落里每个村民的地方性知识的拥有和分布并不是平均的。父亲列举了一些有过村干部经历的、担当过"知客"这样民俗角色的老人，相对来说，这些老人掌握的地方性知识比较多。有的老人虽然年纪很高了，但在村落中始终处于边缘地位，并没有什么话语权，这表明个体在民间社会中所处的地位、角色都会影响到知识的分布与传播。出于全面调查的考虑，通过询问父亲，我把村落里所有的老人都列为调查对象。父亲又分别介绍了一些老人的性格特征，有的喜欢"戴高乐"顺杆爬的，有的可以用"激将法"提出一个相反观点激发他斗志的，还有好为人师的、喜欢下象棋的等。父亲嘱咐我要对症下药，策略性地和他们去聊天，并强调亲属称谓一定不要弄错，如果弄错了会遭到乡亲们的笑话。父亲生于斯、长于斯，与常年出门在外的我不同，对于乡亲们的特点可以说是了如指掌，他提供的情况为我的田野调查的顺利开展做了比较充分的案头准备。这也是家乡民俗学不可比拟的优势吧。

　　一般调查的惯例，往往都是将老年人作为访谈对象重点采访，但我这次也把年轻人作为了访谈对象。我想文化本来就是在文化代差中得以传承和变异的，尤其是在这个蒙汉双语的社区，民族语言传承的变异性更值得关注。

调查进行了半个多月，我走访了 20 多户人家。我在家乡做调查的消息很快就传遍了整个村落。有的老人还给我母亲捎话，问什么时候去他家做客。现在我一去某人家，主人就知道了我的来历，往往也就开门见山地开始了访谈，不再像前几天一样要回答被访谈对象的诸多提问了，例如"博士和硕士哪个大？谁的级别高？博士后是不是更厉害？"等问题，还有"民俗是干什么？调查我们老百姓过日子干什么呢？"等疑问。"民俗是干什么的"可是个"大问题"，我当然不会很拗口地去给乡亲们去辨析"民"是什么、"俗"是什么的问题，于是就在访谈实践中不断琢磨，给乡亲们说，民俗就是研究老百姓过日子的学问，研究老百姓的衣食住行、婚丧嫁娶、岁时节令、民间信仰等。而这么介绍之后，乡亲们最感兴趣的话题逐渐集中到了"民间信仰"这类问题上，好多人询问博士能否算命看风水，遇到类似问题我都顾左右而言他，岔开话题。

可还是发生了一件我策略性地运用了"迷信"知识对受访者产生影响的事件。每逢冬季，我的家乡几乎每家每户都会传出"噼里啪啦"的麻将声，几乎处处是"两打农民"（春、夏、秋三季打工下田，冬季打牌赌博），这种"普遍的违法性行为"（格尔兹语）多年来持续性地存在。有的人往往在冬季会将一年的收成输得精光。有一位中年人勤劳肯干，就是好赌成性，他种了十余亩地的花生，收获花生后，还在土地里花了十余天时间翻捡遗漏的花生，可以说"勤俭"到了极致，最后却在冬季将辛辛苦苦赚的几万元钱输了个精光。估计"久赌无赢家"的道理他也明白，就是赌瘾难耐控制不了自己。

我遇到了一位村民，看他民间信仰观念浓厚。我不愿意他的辛苦钱打了水漂，就仔细地端详了他一会儿，很郑重地告诉他："你的前额有一道若隐若现的斜皱纹，表示你命中没有发横财的运，如果一味追求横财不思悔改必将家破人亡，如果踏踏实实地生活，一定会平平安安，晚年幸福。"当这些"迷信"的话从我这个从北京回来的博士嘴里说出来时，他变得表情肃然，满脸充满敬意。当然我不知道我这个包含了凶吉预言的劝诫是否会对他产生作用。

通过半个月的调查，我的田野调查策略在实践中不断得到完善，我也在访谈中不时为乡亲们的子女教育等问题出谋划策，在调查的半个月期间竟然吃到了七八顿饺子。有人和我开玩笑说，现在我已经有了好名声，知名度已经不亚于村长，可以竞选村长了。

时隔一年半以后我又重返家乡。当时在家乡进行了两个多月的田野调查，整整记录了五本笔记，回到学校后精心整理，打造了自己的"金蔷薇"，完成了博士论文，顺利地通过了论文答辩。八月份是暑假，离上班报到还有一段日子，正好我可以回家享受这难得的假期了。

8月16日是我弟弟举办婚礼的日子，家乡的婚礼仪式中有一对新人向双方父母敬献哈达的环节，主持人介绍该民俗时的解说词引起了我的注意。他说哈达洁白的颜色象征着母亲的乳汁。这段说辞与以前的婚礼解说词并不一样，2007年冬季我参加了一次订婚仪式，当时采用的是红色哈达。我曾询问过为什么采用红色的哈达，主持人回答我说红色有辟邪、吉祥、红火等含义。我又问，那白色或蓝色的哈达呢，他说这两种哈达象征着蓝天白云。我说如果那样理解蒙古族民俗文化就太浅了，白色哈达的颜色是取自母亲乳汁的颜色，而母亲的乳汁是世界上最纯洁的、无私的物质，民俗活动中采用白色哈达是希望我们所办的事情如母亲乳汁一般纯洁、无私。我的一番解释让那个主持人频频点头。

时隔一年重返故乡，红色哈达已经销声匿迹。村落中所有从事婚庆礼仪的主持人或"知客"都在采用白色哈达。从这个民俗事件可以反映出，像我这样"读书走出去"的知识分子，以及婚礼主持人、"知客"等民俗传承人对民俗知识的传播有着决定性的影响，知识的传播很大程度上体现为一种权力叙事。

值得一提的是，我在婚礼上也遇到了那位被我用凶吉预言劝诫过的乡亲，通过短暂的聊天了解到，他为了戒赌，秋收一结束就找了几个人干起了给人家打井的活计，一个冬天不得闲。他说这种活计很辛苦，劳动强度非常大，下班回家后就酣然入睡，即使谁打电话过来邀请打牌他都没有精力去了。一个冬天下来还赚了两千多块钱，攒足了两个女儿开学的费用。

可见，民俗学者的知识与民众的知识相互激荡，良性互动，可以产出新的知识来。从我村红色哈达到白色哈达的转变，还有策略性地运用地方性的民间信仰知识让那位老乡积极戒赌的故事，都为我们提供了很大的学术思考空间。

主簿营村"寻子"的百岁老人

张成福（青岛理工大学）

　　2016年1月7日，我和青岛理工大学人文与社会科学学院的三位同学赵灿、王慧敏、杜昱莹到山东省莘县张寨镇主簿营村进行村志编纂的前期调研，被一位百岁老人的故事深深地感动了。

　　听到这位老人的事情是在1月8日晚上。当时，听村主任说，村里有一位已经101岁的老人，曾经在抗日战争时期帮着共产党部队养过一个孩子，后来这个孩子被"拐"走了。因为我们正在进行有关革命故事、传说的调研，所以就对这位百岁老人产生了浓厚的兴趣。这个饭局由我姐姐、姐夫"攒起"，除我和村主任外，他们还邀请了一位本村在镇上工作的公务人员参与。席间，这位公务人员讲了一件事情，使我"心有戚戚焉"。他说，由于冬天较冷，就把老太太从农村老家接到自己在镇上的楼房里住，当老太太踏入自己家门口，抬头一眼看到了挂在客厅正堂的毛主席像时，老太太一下子眼睛湿润了，哽咽着说："要是你不死，俺那个儿还有可能找着。"随着交流的深入，我才知道，这位政府公务人员正是我要找的101岁老太太的孙子，老太太所说的"那个儿"也正是她为部队养过的孩子。70余年了，老太太一直挂念着这个非自己亲生的"儿子"。接下来，我还知道了这位老太太还是我的本家姑奶奶，这更增加了我对老人的亲切感，也勾起了我尽快拜访老人的欲望。

　　第二天（1月9日）中午，我们按照约定赶到了老人家里。

事先，家人已把我们要来的事情告诉了她，所以当见到我时，老人特别激动，连说："老家来人了，老家来人了。"我可以深切地体味到老人的激动和哽咽。我细细打量着自己的姑奶奶，她和我想象中的样子大不相同。她的身体很好，完全不像已经百岁的样子；可是她是那么瘦小，完全和我想象中的养育过部队孩子的高大妇女的形象不一样。她穿着一双小脚布鞋，扎着绷腿，黑色裤子，紫色外套，满头的白发倒梳，脸上布满了皱纹，身高不到一米五。这是一个非常典型的鲁西地区的农家妇女，小巧玲珑，慈祥可亲。

随着交谈的深入，我们对这位老人的故事有了更多的了解。老人名叫张九女，属马，1918 年生人，实际年龄应为 99 岁，然而当地说人的年龄一般用虚岁，所以老人的虚岁正好应该是 100 岁，为了避讳这个数字，就说是 101 岁了。她是山东省聊城市莘县朝城镇西砖庄村人，20 岁时，应为 1937 年，嫁给张寨镇主簿营村的赵怀芝为妻。嫁过来后，夫妻二人勤俭持家，但日子过得还是很拮据。

村里人常说的"怀芝婶子养的那个孩子"，应该指的是发生在 1942 年的事。据《莘县乡土志》记载："1942 ～ 1943 年，境内发生旱灾、虫灾、霍乱疾、饿死、病死很多人。"距主簿营村几里之遥的郭坊村"1942 年春，大灾荒，全村 50% 的农户外出逃生，共饿死 40 余人"，"1943 年秋，发生蝗灾，约减产 40%"，郭炉村"是年（1942），流行抽筋病，死了不少人，时称'传人'，病因不详"，桑庄村"是年（1942）秋，地震，井水外溢，高粱倒地"。估计也就是在这一年，因为"没啥吃"，张九女和"院里的一个兄弟跟着去梁山逃荒"，"麦子黄啦走的，冬至回来的"，拐回来时"一个小儿死啦，那天早晨死的，吃晌饭后把那个孩子（部队的孩子）抱来的"。（小儿，当地对男孩的称呼）。"我有一个侄儿，他娘在外头哩，他说贾庄有个哄孩子的呢，你去不，恁婶子？我说去，那时候不是没啥吃的呀？""孩子当时才五个月大，我带到六岁在这里。""从那后，就上这里上那里的，跟着人家就走啦，到了老些的地方。"

被抱来的孩子的父亲、母亲都是共产党的士兵，父亲姓齐，母亲姓范。此后，张九女就跟着部队到处转移作战，但她一直不知道孩子父母叫什么名字，只知道部队里都叫他们老齐、老范。她非常清晰地记得孩子的名字叫"秀军"（音）。她还记得，孩子母亲的娘家哥哥也是一个共产党员，应该是部队上的一个"头儿"，他曾经被汉奸捉住，"燎得胳肢窝里都是大洞"，在主簿营养伤时，张九女悉心照料他，通过往他伤口处抹黄油救回了他的性命。

由于跟着部队颠簸不已，很不安全，后来她就把孩子带到本村里来养，一直养到孩子6岁。张九女说："走的时候都恁高啦，他不走，家里来人的时候他吓得就藏喽，就不见他。这还是被偷走的哩。咋着偷走的呀，就是他爹先到曹州起粮票去了，给他买了两只鸡，就为了让他吃鸡爪子哎。后来他爹就领着他到张寨赶集去了，给他买了几个馍馍，让他给这个一个，给那个一个，他就跟着他爹走了，走到张寨了呢，我在家里坑边洗衣裳呢，有人就告诉我说不来了，我说：'谁说呀？'他说人家领走了，还会再来呀？我就赶集去了，到集上东头跑到西头，西头跑到东头，跑喽三圈子，没找着。来到家，俺的那个，就是他爹（自己老公）说，你还找他干啥？哎呀，我说，不找他咋着？气得他就骂，拿锨就要打我，掂着砖头砸我，疼得我呀。孩子就是用洋车子给驮走了。从那驮走了，就没来过。""后来也到他家找过，就是我忘了他是哪个庄的了，只记得他家是临清的，堂邑附近的，小孩的爷爷磨豆腐、卖豆腐脑。"

这个孩子在主簿营村长到 6 岁的时候被他自己的父亲"拐"走了，村民更多的说法是被他父亲的警卫员给"拐"走了。从此以后，这个孩子成了张九女心中永远的挂念。后来，她曾经凭着记忆到临清去找过孩子，但由于自己不识字，忘记了孩子家到底是在哪个村子里，没有找到。她经常在家念叨这个孩子，后来他的儿子赵留柱、兄弟张延达等也通过各种途径、想尽了各种办法去找这个孩子，以实现老人的心愿，但终究还是没能找到。和我们交谈时，这位本应该对诸多事情都已经很淡然的百岁老人语气里依然是满满的激动和期待。

张九女这么一位普通的农村妇女对中国革命的贡献不只在于为革命队伍养育了一个孩子。据《莘县乡土志》记载："1948年，淮海战役打响，解放军后方第十二医院驻刘羡集，伤病员住姬庙、郭炉、土陈、西王楼等村治疗。有 30 多名战士医治无效牺牲，葬于姬庙村三官庙庙台之上，现尚存部分坟茔。"实际上，在此之前，与这些村子只有几里之遥的主簿营村就曾经救过很多伤员，这场战役在主簿营村民的记忆中是"打羊山的时候"。史料记载，发生在济宁金乡羊山集的羊山战役是 1947 年刘邓大军渡黄河战役的重要一役，当时从战场上被救下来的伤病员就被集中送到一百多里外的设在主簿营村的八分区医院，当时主簿营的每户人家都承担了照顾伤病员的任务，青岗先、妇救会、姐妹团、儿童团等团体都在有组织地照顾伤员。张九女清晰地记得，由于当时正是夏天，很多伤的伤口溃烂，她和村里的妇女义无反顾地为伤病员剥蛆、洗衣、喂饭，无怨无悔，为很多伤员的康复做出了贡献。

在跟着部队南征北战的时候，她养成了为部队做鞋、做鞋垫的习惯。后来，无论是在解放战争时期还是在和平年代，她每年都会纳出很多鞋垫，送给部队和当地的党员干部。如今，这位百岁老人的习惯依然保留着，闲暇的时候，她依然会拿起针线，一针针地将自己对国家、对党的热爱和对自己"儿子"的思念纳入鞋垫中。我们希望老人的心愿能够在有生之年得以实现！

缅怀长沟吴世炳老人

阮桂君（武汉大学）

昨天很晚的时候，在微信朋友圈里看到长沟的吴绪红发了一条消息：今天三槐吴世炳老人上山。"上山"在陕南长沟方言中，是"出殡"的意思。

闻此噩耗，泪落衣襟，长沟种种，历历在目，耳畔突然想起《十杯酒》《十二把扇子》的歌声，眼前似乎又看到学生们因为吴世炳老人能够看相而神往的表情。回想起在长沟一个月的生活点滴，回想起吴世炳老人和王登清奶奶对我们的真诚帮助，我唯有发出铿然一叹，唏嘘岁月的无情。

在我将近十年的田调历史中，2016年暑假的调查，开创了很多个第一：我们的方言调查队伍首次加入了三个外校的学生，我们首次将每天的调查日志通过公众号"方言与文化"一天一天地推送出去，我们首次建立了当地村子的微信群……而吴世炳和王登清伉俪，则是我们历年调查中第一次遇到的夫妻方言合作人。他们不仅给我们提供了大量的叙述性材料，而且王登清奶奶还给我们唱了很多很多当地的歌谣，那些歌声似乎至今依然在耳畔萦绕！

随着和长沟人接触日深，学生们和村里的几位老人都处出了感情。我们离开长沟的那几天，尤其是一家一家去道别的时候，孩子们回来眼睛都是红红的。我忍住，没有跟他们去，不是铁石心肠，而是走过了太多地方，经历了太多道别，已经无法再承受一次次的挥手，一次次的道别，因为我知道，这挥手，这道别，将是不再相见！我们有我们的生活，一直向前奔跑着，路边的风景、途中的老人，总是在挥手之间阴阳两隔，从五峰的李震华老人、神农架的胡崇俊老人，到今天的吴世炳老人，我们总是在面对一个个消逝的生命，这些生命带着对原有世界的记忆和独特的文化密码，撒手人间。

做田调的人不能动情，却不得不动情。不能动情，是因为我们要走太多的地方，我们注定短暂的停留后，会匆匆离去；不得不动情，是因为哪怕短暂的停留，面对那些朝夕相处的老人，我们的心会被随时拨动，那种对子女般的关怀，那种洞察世事的淡然，那种对鸟兽虫鱼了如指掌的渊博，那种孑然站在老屋前望着门前山崖时的孤独，都会像蠕动的小虫，钻进我的心房，变成回忆，令人辗转，让人彷徨。

从暑假回到武汉只有半年时间吧，又一个老人离世了。我们知道，在中国千千万万的乡村里，每天发生着这样的事情，生老病死，人们早已看惯。但在我们田调人的眼中，一个一个逝去的老人，不仅仅是其生命的终止，也是跳动的语言精灵的湮灭，更是一种深沉文化的消亡！

长沟啊！我们曾经停留了792个小时的地方，留给我们太多的回忆陪伴，也留给了我们太多的温情和遗憾。

1月8日哭于武昌珞珈山。

杨美村的"下南洋"

张凡羽（天津师范大学）

2015 年 1 月，我参加了广西民族大学郑老师的调研课题——搜集华人华侨的口述史，田野地点是广西玉林容县杨梅镇杨美村，位于桂东南部，是广西通往广东和东南沿海的交通要道。杨梅镇共有旅居海外的华人华侨 4.5 万人，在容县有"侨中侨"之称，被列为"自治区重点镇"和"全国小城镇建设试点镇"。

与其他地方的华侨不同的是，容县杨梅镇杨美村的华侨并不是想象中的那样光鲜亮丽，从询问中可以体会到，华侨家属的生活地位不高，当地人对于华侨家属是一种怜悯的态度，认为华侨家庭都是由于贫困才会选择出国做工、追求富有的。这些人出国做工基本上是结伴而行，这样比较容易找到工作，还能够加入同乡会，在会里大家能互相帮扶。但因受到身份与文化水平的限制，只能从事较为简单的体力劳动，就是割橡胶。

我们访谈到村支书的丈夫覃氏，他讲述他的爷爷覃 H 就是下南洋去了马来西亚割橡胶，在去马来之前，家里已有三个儿子和一个女儿，但是覃爷爷在割胶的时间里认识了一位同去割胶的马来女性，并在马来重新组建了一个家庭，养育了两个儿子和三个女儿。覃 H 在去马来西亚的 8 年后第一次也是最后一次返过乡，此后长久居留马来西亚，也会偶尔寄信寄钱回来。在覃 H 去世前，两个家庭从没有联系过。覃氏说道："马来那边的人一直都认为中国人很野蛮、爱抢夺，我们也是觉得马来的人很讨厌我们。

在爷爷去世发丧的时候通知了我们去，我们没有及时接到电话，再打过去的时候，那边就不好好搭理了。"当第一次给覃 H 扫墓的时候，两家人才真正联系到了一起，那时覃 H 中国的女儿去马来住了八天，两人家从此改变了对彼此的看法。覃 H 马来的女儿也于 2014 年 11 月来到容县的家里，认祖归宗，"实际上是想来看看中国的家人真正是什么样子"。覃氏说："她是来打探一下，主要是来国内建一个回收橡胶的分厂，顺便来家里看看。"这次的认祖过后两家人的联系渐渐多了起来，也真正有了一家人的感觉。当我们问道："彼此还存在误会吗？还会讨厌他们吗？"覃氏说："不会了，都回来认祖了，而且人也挺好的，以后就是一家人了，想到在马来还有家人，就觉得很好！"而且覃氏也打算亲自去马来看看那边的家人，再多多联系一下感情，"两边的家人都有互相拜访的想法"。

据华侨家属的介绍，留在马来西亚定居的都是在国外发展得比较好的，回来的都是在那边生活不太好，遇到困难的。

梁 F 的爷爷梁 S，1933 年从香港出境去马来西亚帮人割橡胶，于 1973 年回国，在这出去的 40 年的时间里，为了省下路费从没有回来过。"帮人割胶是苦长工，那个时候每天 3 元。"梁 F 说，"爷爷从 1973 年回来到 1983 年去世之前都没再出去过了。"梁 F 也是在 15 岁时才见到自己的爷爷。梁 S 因其为人老实，在国外和其他人在生活上与工作上相处得都很融洽。因为身在华人聚居区，所以环境和语言上都比较适应，但他对于其他自己私生活的内容没有过多提及，只说了在那边过得很辛苦，就想到要回来，回国的时候还很清楚地记得回家的路。回来的时候是在广东登陆的，仅仅带来了马来西亚的猪油和布匹。按照当地的习俗，梁 S 去世之后家里没有留下任何带来的东西，甚至他曾经用过的东西，都已经烧掉陪葬了。但却留下梁 S 当年出境进入马来西亚和回国用的类似护照的证件，上面梁 S 化名为梁德，贴了一张一寸黑白照片，还书写了"China Singapore and Malaysia Only"，右下角油墨印上日期"18 AUG 1974"，其余的项目名称都是用马来文印上去的。另外一件是梁 S 在马来西亚加入广西同乡会的凭证。梁 F 将这两样东西留下，很好地保存到了一个红色的袋子里，为的是纪念，纪念爷爷曾经下过南洋，那个年代生活不易。

土得掉渣的小名

李万刚（中国人民大学）

　　从我记事开始，庄里老老少少的小名，都土得掉渣，但却昂扬着乡野间天然的生命力和元气。

　　我小时候住在河南开封的村里，同村一个男的小名叫"狗屎"，最巧合的是，"狗屎"找的媳妇叫"香花"，大家都当作笑谈，说"一枝鲜花插在狗屎上"。殊不知，屎尿是庄稼最好的肥料，如此粗野的名字，在乡野中也不见得那么丑陋。三里五庄常常有这个名字，我有个表姐夫也叫"狗屎"，每次见到他我都亲切地叫他"狗屎哥"，他都会爽快地答应，然后大家一起喝酒吃饭。

　　农民不会给名字赋予太多内涵，只能从形象的动植物、物件用品中找。那些名字简单而直接，看起来土气卑微，却又扎根于那块土地，与田野农作生活浑然一体，在耕耘了几千年的黄土地上，人换了一茬又一茬，那些名字却一直在流传。

　　从名字上看，村里就是个动物世界。我邻居家是野生动物世界，四个儿子分别叫老虎、狮子、豹子、狼。这几个兄弟确实生猛，小时候打架大胆够狠，长大后膀大腰圆。一个村子尽量不重名，别的家也想起虎狼的名字，就按序号叫大虎、二虎狼、三虎。更多用来取名的动物是家畜，有一家的两个孩子分别叫大狗、二狗。爱喂牲口的人家生了几个儿子，大的就叫马，二的叫牛，三的叫骡。有一家的三个儿子直接叫大驴、二驴、三驴，这弟兄们长大后也果然有些倔驴脾气，有一次跟虎豹兄弟打架，反而是驴子们占了便宜。

在乡村，过去生养孩子基本是自然淘汰，孩子在成长的过程中动辄夭折，有的得了急病，郎中开得中药还没有熬好，这边孩子就咽气了。常常女人生出十个、八个孩子，最后长大的不过两三个。所以，非得有些虎狼之气或者牲口的生命力，才能活得下来。那些看似生猛的动物名字，往往有着村庄父母们深沉伤痛的育子经历。起个凶狠勇猛、生命力顽强的动物的名字，也是希望孩子能扛得住阎王爷的拦截，至于能否真的如虎狼驴骡，还要看孩子们自己的造化了。

勇猛的动物有限，于是村里便有了各种各样的动物，包括铁牛、石虎、刺猬、狐狸、蛇，以及猪、羊、鸡、鸭的名字。地上跑的名字用完了，就用天上飞的老鹰、鸽子、麻雀的名字，最后，便是水里游的蛤蟆、泥鳅、鲶鱼、火头鱼、鲢鱼都成了我熟悉的小伙伴。

村庄最有气势的动物名字，不是虎狼豹子，而是刘家父亲给两个儿子起的老鳖、王八的名字，这本是卑贱骂人的话，但在乡野的动物群中，如此卑微却坚强、长寿的动物名字又足够大气威武，不仅阎王爷见了气短，连那些虎狼豹子也都无可奈何了。

这些名字为动物名字的人，都是我的亲戚邻居，他们在秉性上有着动物们的优长，更如同那些虎豹野狗一样，在动荡的世界中生猛勇敢，提着头生存，而更多时候则是像牛马驴骡一样，吃苦耐劳地在土地上耕耘，卑贱劳累。

给儿子起凶猛动物名字的是敢跟阎王爷对抗的，有的软弱父母往往走自轻自贱的路线。于是，便有狗剩、狗留、狗忘、孬、孬伙、坏蛋、臭、黑蛋、傻蛋、尿的名字。司老头生了好几个儿子都夭折了，等有了最后一个独苗时，就直接叫粪坑了。如此臭气熏天的名字看来真的熏跑阎王爷了，他家的粪坑独苗果然健康长大。

农民的使命就是劳作，他们一辈子耕田种地，农具也变成了孩子们的名字。例如石头、石磙、碾子、叉、锨、耙，这些都是打麦场、耕地时用的工具，起这名字的人家往往是那些耕田高手。我的一个邻居在生产队时是驾车好手，他便用牲口上的套具给孩子起名，孩子便分别叫套、夹板、膈梜、牛轭。至于四个儿子分别叫抓钩、铙钩、粪叉、箩头的一家，起这些名字的爹是积绿色肥料的高手，所以就不怕天天臭气熏天。

如果分类的话，还有树木类的，如林、檩、槐。花类则是女孩子的名字，有一家有六七个女儿，家里就成了花的海洋，用尽了农村人见过的及所能想象到的花：菊花、杏花、桃花、香花、梅花、水仙、牡丹。有的家里生的女儿多了，便细分出秋菊、凤菊、红菊、兰菊、梅菊来。家里种果树的人家，也会把女儿的名字分为枣花、桃花、梨花。

除了花之类，女娃的名字多是简单的、性别明显的妞、妮、琴一类。可是，别以为带妞、妮的名字都是女孩子。村里叫妮妮、五妞的，其实有的却是男的，原因是他们的父母生了太多的儿子，太想生个女儿了。

至于春生夏长、秋收冬藏，村里的人名也就有叫春、夏、秋、冬的，也有叫雨、雪、霜、雷的。不过，村里往往名字为四季的人大小不一，叫春的可能是三岁小孩，叫冬的却已经是老头了。

孩子的名字也是村庄的历史，我有一个叔叔叫荒，记录的其实是电影《一九四二》讲述的中原大饥荒，生于这一年的叔叔在襁褓中历经逃荒几百里，总算保了条命，便以饥荒为名了。那一年，村里人大逃荒，死了不少人。

农民的名字很土气，其实也是乡土世界的元气，自自然然，不雕琢，不造作，扎根于土地，来源于生活，简单而直接，就如农民们的生活和人生。而且，村里人的小名也不断在重复，往往上一代叫这个名字，过了几十年，又有人叫这个名字。当上一代的老虎豹子驴骡去世了，过些时候，又有新的一代狮子野狼牛马长大。千百年来，这些名字一直在村庄一代代流传，这些有着尘土气息的生命与那些名字背后的乡村风物，融合在一起，卑微却又顽强，在大地更替中轮回。

清凉峰上雪地猎麂

汤向龙（中国民生银行）

又到了一年落雪的时节，随着西伯利亚寒流的不断南侵，于江浙来说，不管厚薄，落雪是迟早的事。

年近不惑，没有像孩提时代一样期盼着热闹的新年假期，反倒使我想起了三十几年前在浙江临安的清凉峰跟着父辈们到雪地猎麂的往事来。

那时我还未能上小学，我的父辈们正值壮年，在那个年代的这个季节里，他们都是猎麂的生力军。

黄麂是一种小型的偶蹄类动物，比鹿小，头上长有一对尖角。每当大雪漫山几天后，不会冬眠的黄麂们便忍不住饥饿，往往会出现在茫茫的白雪中。在白雪映衬下，特别地引人注目，十几厘米厚的积雪使它们的行动颇为不便，但为了生存又不得不将自己暴露在猎人们的视野里。

这时的猎人并不需要任何武器，村里十几个壮年男子足以形成一个阵容可观的捕兽队。这时的农民们无农活可干，只是各自在家中将火炉烧得旺旺的，炉中可能还温着香气四溢的土酒，专门等着美味的黄麂肉来下酒。

大伯父和三伯父都是村里有名的壮汉，平时就爱打猎，大伯的卧室里还挂着一支大人们用来唬小孩子的火铳，而他确实也用这把火铳打到了不少毛兔和野猪之类的。二伯父擅长下吊，"吊"是一种古老的捕兽器，以木、竹和麻绳组成，其中有机关，当路过的野兽触发机关后，就被麻绳牢牢地捆绑住四肢中的一肢，再也无法挣脱。

大伯父时不时地在山坳口子上呆呆地注视着后山深处的茫茫白雪，那片山上除了峭立的崖壁和密麻的树干是黑色的外，其他地方都是白色的，空山中偶尔会有觅食的山鸡飞过。

当大伯发出一声喝令后，围坐在火炉边的捕兽队会应声而出，这时远处的雪地上往往能看见一个黑点，在艰难地前行着。大伯会精心地部署捕猎计划，在他的指挥下，捕兽队会在很短的时间内分成几队，其中有一队是佯装追赶，目的是将目标赶入预先计划好的方向，其他两队会在目的地潜伏。等目标气喘吁吁地逃到他们布好的圈子里后，他们会一拥而上，此时才能看清是黄麂还是獐子，一般以黄麂居多。黄麂往往会做最后的挣扎，会在雪地里奋蹄逃命，不过一切都是徒劳，它要么在逃亡的过程中被扯住后腿，要么在实在没有力气的情况下躺下束手就擒。黄麂在惊恐中被人群抬到村中，这时，村里的老少们会争相出门来看，就像是看打虎归来的武松一般。年长的往往会对猎物进行评论，有的甚至会说："我们年轻时猎得的不止这么大。"

可怜的黄麂会被村里的屠夫宰杀，我的大伯父就充当了这个角色。他会取出杀猪工具，在众人的帮助下麻利地将黄麂杀死，然后挂在门前的李子树上剥皮，剥下的皮用竹片撑张起来，来年能卖个好价钱。围观的人群七嘴八舌，看着大伯麻利地肢解着黄麂，麂血溅落在白雪上，如同白锦上的点点红梅，那时的我往往就在人群中。闻讯的大伯母早就烧好热汤，等着麂肉下锅。

不论晨昏，也不管亲疏，凡参与捕兽的都能分到一块好肉。古宅中昏黄的白炽灯下，八仙桌旁有的坐着，有的站着，和着一碗水酒，分享着美味的麂肉。而这样的好事可能接二连三地会发生，只要天够冷，雪够厚，人够闲。

　　离开山村近 20 年了，虽然时不时地回乡里去一趟，但如今的大伯父已是八十高龄的老人了，往往拄着拐棍轻轻地问候一声后，就蹒跚着回到那幢老宅，而父亲已作古多年。虽然也能在冷冬看到几场好雪，但却再也找不到那时的热闹劲和那激情火辣的乡味了。

无酒不田野？

孟凡行（东南大学）

但凡干我们这行的，总得做些田野（Fieldwork）。田野这个词，在不熟悉的人眼里，可能就是野地，好一些的，也不过认为是多些人气的田地。研究者也常把去做田野称作下田野。但下田野却不是下地，下地指向的是人和地的关系，下田野指向的却是人和人的关系。

下田野最难的是初次进入田野场景，并与当地人建立良好关系，这叫"建立田野关系"。建立田野关系的方式很多，如通过官方、通过朋友、通过亲属或与当地人建立拟亲属关系等。但田野工作者即便通过各种人脉关系进入了田野场景，也并不代表"你"就被当地人接纳了，只能说当地人接纳了你所凭借的人脉关系。真正进入田野，还得自己好好"表现"。

我在之前虽然做过大大小小、长长短短不等的所谓各种考察，但真正有些学术味道的田野工作是从十几年前在做硕士论文时，到黔西北的大山里考察苗族文化开始的，虽说当时并没有体会到强烈的文化震撼（Culture Shock），但有件事即便到现在也仍然记忆深刻。

我并不是一个人下的田野，而是作为国家重点课题研究团队之一员去的，因此广义的田野关系由团队通过政府层面与当地建立。我们很顺利地进入了田野。但在随后的考察中，虽然当地人也会回答我提出的一些问题，但总感觉这是他们被迫的应付。有时，不管我如何表述，如何问，甚至问了相反的问题，他们也只是回答"是是是"，或者干脆装作听不懂。我一开始天真地认为既然我们是通过政府进来的，他们的领导也热情地欢迎了我们，据说我们的工作还对他们有好处，那我就可以按部就班，甚至有些居高临下地开展我的田野工作了。事实证明完全不是这样。从田野关系的角度来看，田野工作首先是田野工作者和信息提供者之间非常个人化的情感交流，没有个人化的同情之理解，信息提供者是不会向我们敞开心扉的。这种关系的建立并非基于理性的判断，而往往基于信息提供者对我们的感性认识。一些关键场景为田野工作者提供了"表演"机会，当然对信息提供者们来说这也是他们对我们的考验。

十几天以来，我总是遭遇各种"非暴力不合作"，很是郁闷。一天晚上，在山上闲逛，听闻一家有喧哗嬉闹声，探头一看，是寨子中的数位老者在围坐笑谈。我抛开以往的矜持，厚着脸皮找了个稍大点的空地学着他们的样子席地而坐，心想这可能是上天赐给我拉近与他们距离的良机。但没高兴多久，便发现一个对我来说要命的问题——他们在喝"转转酒"。一只黑乎乎、粘腻腻的大碗里装着浑浊的白酒，一个人喝一口再递给一下个人，转着圈喝。

我并不十分在意碗的卫生状况，而是害怕酒精。在酒场上，"过敏"这个词往往被认为是不愿意喝酒的人的搪塞之词，并被认为是没意思，甚至看不起人。但我不是啊，作为山东人，我也欣赏武二郎的豪气。我也不是没有实践过，第一次接触酒，是在初中好友结婚时，实在高兴，也不知道自己对酒精敏感，大概喝了不到半瓶啤酒后，脸上如烧了红莲寺，头上如挨了鲁提辖的虎拳，上眼皮如挂了秤砣，太阳穴附近的血管也跳起了舞，心脏似乎挪到了耳旁，两腿软得像下了锅的面条。晚上还隔三岔五出来吐，因不能站稳，只能拽着一颗尚年幼的石榴树转圈，第二天才发现树上的叶子所剩无几了。

　　眼盯着碗离我越来越近，真是一万只那个什么马在心中奔腾，怎么办？说自己过敏？这里的人不一定吃这一套，也有可能他们根本就不递给我，但那样更糟。无论怎样，我清醒地认识到如果他们把碗递给了我，我如果不喝，只能离他们越来越远。紧急中我发现了一个"漏洞"，因为大家共用一只碗，所以没有所谓的一饮而尽，每人随意喝多少。碗果然递到了我手里，一方面我为他们没有在这个层面上排斥我而高兴，也为要不要喝难过。最终，我要了个小心眼儿，很夸张地仰头一灌，实际上嘴闭得严严实实的，还故意做出了难以下咽的表情，和"刺啦刺啦"的咂舌声音。他们笑得合不拢嘴。经此一役，我也算是和苗寨中的众位老者有了"亲密接触"，有了共同记忆，果然随后的访谈顺利多了。

　　这次侥幸得脱，主要还是得之于苗民的朴实，此障眼法在多数地方并不奏效。一次在陕西考察，正式酒席，我缩坐一旁。按说我该先敬坐地户，但我畏酒，犹犹豫豫，不敢行动。隐隐有别人觉得我托大或不懂礼节之感，赶紧解释，说我对酒精过敏，诸位喝酒，我不能失礼拿水敬之云云。谁知，有几位异口同声地说："什么？你不能喝酒，那还下乡做什么调查？"这下好了，非但我难以通过诸位去建立田野关系，而且自己的专业资质也受到了怀疑。

　　无酒不田野？是有几分道理的。看来我是难以做好田野了。不过也不用过于悲观，我不会专门寻找那些不用喝酒的人群所联系的话题去做吗？比如与女性相关的话题，但在下是男儿身唉，听说女性话题男性研究者难以做好。难道为了做好田野还得要变性？！噢"卖糕的"，这确实是一个问题啊！

田野围观

王媖娴（华东政法大学）

2007 年 2 月，年关将至的时候，Y 村，这个闻名遐迩的传统手工艺村落来了一个风尘仆仆的陌生人。其实，对 Y 村来说，陌生人的不时造访并不足为奇。然而，并不是每一个造访的陌生人都能带给村民他们所期待的东西。

这个陌生人兴致盎然地进入 Y 村的时候，她并不晓得，一种紧张而诡异的气氛正笼罩着这个 1200 多人的村庄，笼罩着她的田野之行。而这种气氛，是由一个于 2004 年冬造访该村的陌生记者引起的。他以购买年画的名义，进入了 Y 村的各家店铺，每走进一家，都以购买大量年画为"饵"，向店主问东问西。而此时的 Y 村，由于激烈的竞争关系，经营者之间难免有些龃龉，尤其是面对这样一位出手大方的远来之客，几乎所有的店主都添油加醋（或在他们看来据实以告）地将矛头对准了村内生意最盛、获得荣誉最多、名声最大的老字号"顺福德"的经营者老罗。他们浑然不知，在这个记者的背包里，一台高度灵敏的录音笔正在快速运转，将他们对老罗的负面介绍与评论一字不落地记录了下来。而这些"诋毁"老罗的内容，连同他们的姓名日后竟原封不动地出现在了该记者出版的著作之中。涉及"揭露"老罗"真相"的此书一出，立即在业内引起轩然大波。老罗闻之拍案而起，将几个关键报道人及作者和出版社告上法庭，要求他们"还自己一个公道"。

就是这场在 Y 村一石激起千层浪的官司，令绝大多数村民，尤其是沿街店铺的经营者，从中了解到录音笔的威力以及闲言碎语的潜在后果，懂得了在陌生人面前，尤其是在刨根问底的陌生人面前"话到嘴边留三分"的必要。在这种情况下，我在 Y 村所遭遇的一系列事情便不足为奇了。有不少"多疑"的村民基于各自的立场，对我的身份和目的进行了各种猜度。

其一：不怀好意的记者。

某日，我在某家店铺向女老板问起他们的经营情况。本来就不很热情的她立即警觉地说："你问我们自家的东西，我跟你说说也就算了，问起别人的东西，可不敢随便说，弄不好就得扯上官司。"我赶忙就此进行解释，然而她却以一副司空见惯的神情说道："你这么说我就相信你了？原来还不是有个记者装成个买画的。你们这些记者就是说一套做一套。"之后，她沉默不语，我只得狼狈地退出店外。

其二：便衣的工商税务工作人员。

某日，在我沿街拍照并绘制民间艺术一条街的示意图及店铺分布情况，结束之后走入一家店。女老板用警戒的眼光上下打量我，对我表明的身份将信将疑："我看你在这又拍照又记录的，你是工商税务局来查偷税漏税的吧？我们家可都按时交了。"我哭笑不得，连忙对女老板进一步解释自己的身份和来意，并试图用自己那一身学生气的打扮从侧面排除她的怀疑。但女老板审视的目光依旧，而后几乎断定："你是便衣吧？！这年头工商税务真有办法。"

其三：偷学技术的。

针对 Y 村近几年刚刚涌现的机印年画的调查，难度更大。据了解，Y 村主要有三家利用印刷机这种新手段来生产年画的，但均属"地下生产"。所以，我只好拜托房东打了招呼，再加上自己可怜巴巴的恳求，才得以进入其中一家，并非常意外地被"恩准"用相机记录生产过程。然而，当感激涕零的我在门口向主人告辞时，有一个小伙子追出来，以略带腼腆又不容置疑的坚定语气要求我出示自己的工作证。然而糟糕的是，学生证忘带了、名片也发完了。我于是很尴尬地向他说明情况，并告诉他们我在村内认识的什么人可以证明我的身份。小伙子说："主要是机器是个新技术，好多人都想学，俺们就怕有些人打着你这样的旗号来偷学技术，俺们上这个也不容易，都学会了就不好挣钱了。"我连连摆手，瞪大了眼睛解释我绝对不是如此心怀叵测之人，情急之下甚至结巴起来。好在他们最终还是相信了我，放我走了。

其四：来学画的。

当我在村中走来走去的时候，总会有偶尔经过的村民转回头来好奇地打量我。这并不意味着 Y 村人对陌生人大惊小怪，而只是因为我这个陌生人没有像他们习以为常的那样仅在村内的景点游览，反而闯进了他们的日常生活区域。所以他们好奇：这个背着书包的"闺女"老在村里转悠什么？某天，甚至有两名村民围绕我的身份进行了交流：

甲："这闺女你认识？"

乙："不认识，刚才跟我打了个招呼。一看就知道是来旅游的。"

甲："不对，来旅游的怎么跑到这边来？这边有啥好看的？看她这学生模样，肯定是美术专业的，来学画。"

其五：写书的。

有时，女房东会骑着三轮车载我在村里转悠，逢人就炫耀说我是个博士生，来给他们写书。于是，有位正在套印年画的中年妇女在我拍照后，以难辨真假的语气说："你拍了我的照片，放在你的书里，是不是侵犯了我的肖像权？我可是经常关注《今日说法》这些栏目的，我懂法律。"又及："你来找我聊天，难道不应该付给我一些劳务费吗？！"

风雪访小学

毕瑞（石河子大学）

作为一名既非科班出身，又无专业背景的"小菜鸟"，曾经，在我眼中，行走在田野间是一件充满乐趣的事儿。然而，直到有过一次经历后，我才发现，田野调查千变万化，实际遇到的问题远比想象中的要复杂得多。

第一次的田野地点选在了新疆昌吉某乡的一个小学。去之前，我自行查阅了关于田野调查的诸多理论、方法，又看了一些实际案例，自认为准备得差不多了，就出发了。没承想，刚上车，原计划的调研对象给我打电话说，那边出了些问题，我此时去几乎没有意义。我当时一听，整个人都懵了。难道未进现场，田野就要宣告结束？我实在是不甘心，继续跟她聊，后来她建议我去昌吉市 A 校，因为当时我已经上了车，也只能继续前往。"没事，起码去的大地方没变，而且对方介绍的也是一所学校，再说，田野调查也需要随机应变。"我心里给自己打着气，一路颠簸地到了目的地。

由于这次去 A 校是临时变动，之前和校方也没有联系上，所以，来这里多少有些试一试的成分。但我心里总觉得，这次不会白跑一趟。现在回想起来，当时也不知道哪来这么大的自信。可不得不说，生活真的很奇妙，"它像一盒巧克力"，尝了才知道是什么味儿。到 A 校的时候，正赶上学生上学，门卫看完我的身份证和研究生证，并让我做了登记后，就放我进去了。一路上，热情的学生们纷纷与我打招呼，一声声地叫着"老师好"。当我听到"老师好"时，心里充满了喜悦，感觉自己似乎已经获得了当地人的认可。也有学生带着好奇的目光看我，这时，我瞅准人群，走到了几个闲聊的同学身旁，并试着加入其中。

很快，我的身旁聚集了一群学生，学生一多，话题也就多了。于是，我也就顺势把我想要了解的一些东西问了出来。尽管他们答得有些杂乱，但起码足够真诚。我想，在学生那里，我没必要遮遮掩掩，也不用顾虑太多，这种真实的状态正是我所希望的。聊了一会儿，我突然发现有几个学生在朝另一个方向看，我笑着问他们在看什么，他们告诉我说，刚刚看到校长了。"什么？校长？"我心中暗想，此次前来，不就是要先找校长吗？我忙说："哎呀，我正要找你们校长呢！"话音刚落，这些可爱的孩子们七嘴八舌地嚷着"老师，你别急，我去给你叫""姐姐，我们带你去"之类的话，与此同时，几个男孩子已经向校长去的地方飞奔，而我则在剩下的一群孩子的簇拥下一路小跑地追了过去。等我们追上校长时，他已经走到了二楼。就这样，在孩子们的引见与围追下，作为一个意外的闯入者，带着来自一群"小精灵"给予的温暖和感动，我成功地开始了田野调查的第一步。

正当我热情满满，对这次田野格外乐观时，遭到了被调查者的"冷处理"。在准备对 A 校教研室刘主任访谈时，恰好她要去上课，于是，我就被暂时晾在一边。在等待的过程中，刘主任吼叫、骂人声不时地从班里传来，听得我是心惊肉跳，顿时心中便产生了一种不好的预感，这次调查可能会泡汤。在我印象里，老师历来都是和颜悦色、耐心温柔的，"这样的老师待会可怎么接触啊？"我边等边发愁。终于到了下课，刘主任出来了。可是她并没有理我，我只能厚着脸皮主动上去搭讪，因为想找到我们之间的共同点，明知故问地问她是不是教语文的，并跟她说，我自己本科学的是中文，大三那年实习，还去南疆当过半年的语文老师，当然，这些都是真实的。这样一来，她的脸色渐渐好了一些。趁此机会，我赶紧说明来意，并告诉她之前已经见过校长了，希望得到她的帮助。估计是想打发我早点走吧，她拿出两本我要找的教材，让我自己看，接着继续忙她自己的事。看了一会儿，我脑子里有很多问题想问，可是看她如此不耐烦，就忍住了，想再去问问其他老师。于是，我就暂时礼貌地告辞了。出去后，我又根据之前从学生那里得到的线索，一边走，一边问，好不容易又找了几个老师聊了会儿天，可是聊完后发现，真正掌握资源的，还是这位刘主任，而她目前给我提供的资料并不全。

再一次，我又硬着头皮到了她的办公室，小心地问她，能不能拍些照片，还好，她同意了！于是，我赶紧开始拍，拍照的过程中，无意间听到刘主任在问对面的语文老师题，是一句对联，有了下联，让对上联，而那位老师一时也想不起来。我想了一下，就轻轻地说出了答案。刘主任一听，连连说："就是这个！看看我们，这么容易的题忘了个干干净净！"老实说，我话一出口就后悔了，自己这样做是不是有炫耀的嫌疑，会不会让她很没面子，但话已经说了，也只能这样了。又过了一会儿，刘主任在和她对面的老师商量一份总结的结尾，想要突出亮点，但商量了十多分钟，都不是特别满意，突然，她转向在一边默默拍照的我，对我说："来，你来帮我们想一个！"我一听，赶紧在脑海中搜索词汇，组织语言，很快，想了几句很简短的结尾。刘主任一听，脸上露出了笑容，说："好，就用这个！"于是就写到了总结结尾处。我一看，似乎可以趁热打铁啦，赶紧继续提出请求，希望能再看一下其他的资料。终于，她离开了办公桌，开始帮我找其他的资料，就这样，当她的面孔不再冰冷时，我这厢已经冻僵的田野工作，也随着她心情的转暖变得容易起来。

离开A校转去B校调研时，突然变天下起了雪，而且刮着大风，周围的人都穿上了羽绒服，而我只穿着一件单薄的外套，被冷风一吹，冻得直发抖。最愁的是，没想到B校门卫不让我进，任我出示身份证、研究生证，好话说了一大堆也无济于事，他们非要让学校的领导或者老师打电话给他们，才放我进去。人生地不熟，这可怎么办啊？好在警卫室有学校领导的联系电话，于是，我开始打领导们的电话。校长、副校长的都打不通，我打给了教务处的王主任，他问明了情况，让我联系教研主任，当我打给教研主任时，她问道："是谁让你给我打的？"我说了句王主任，估计她没听清，那边态度一下子变得格外亲切，说道："哎呀，是王校长让你找我的啊，"接着又跟我说了一些具体的情况，并建议我找校办主任，告诉我她那里的资料最全。放下电话后，我微微一笑，多了个心眼儿，当我打通校办主任的电话时，提到了王校长，很快，我获得了进门的通行证。进去后，我在想自己这样做是不是在欺骗？毕竟王校长的电话并未打通。于是，我又试了一次，幸运的是，这次打通了，当我说明来意后，他很爽快地同意了，并让我联系教研主任。这样一来，我心底的一块石头落了地，虽然是"先斩后奏"，但好在结果是令我开心的。

第一次做田野调查，虽然时间很短，也因为没经验走了很多弯路，但我对田野工作却多了几分敬畏与尊重。"纸上得来终觉浅，绝知此事要躬行"，我想，在可能的情况下，走出书本，真正进入田间地头，才是对知识最大的尊重。

盐香油光的食物记忆

梁聪聪（辽宁大学）

　　七岁定肠胃，难怪经常听到说要抓住一个人的心首先要抓住他的胃，这种味觉实践与记忆一旦形成往往伴随其一生，成为对家乡、家人最深刻的眷恋与怀念。尤其是随着社会不断发展，一方面外出务工、求学、经商成为常态，人们的流动性不断增强；另一方面生活节奏却越来越快，叫外卖、"下馆子"，就算自己做饭或许也不再起火，微波炉、电磁炉、电饭煲，分分钟搞定，从这个意义上来说关于食物的记忆又演变成一种可望却难即的乡愁。

　　奶奶那一代人经受过饥荒九死一生的考验，对于食物保持着虔诚的敬畏，勤俭节约，"盐香油光"就是她们平日里对于美味最朴素的认知。还记得小时候如果哪顿饭没有菜，就会在馒头中间掏个窝，放点盐，然后用筷子滴几滴香油，一口一口蘸着吃，津津有味。相比馒头，花卷、葱油饼似乎就成了生活中的奢侈品。面和好之后，一根一米来长的圆柱形擀面杖便忙活起来，最后把面团擀成大致的方形，抹上食用油，撒上盐、葱花，上下、左右、四角对折几下，使得油、盐、葱花覆盖更加均匀，这样便可以将其"卷"起来切成"花卷"。下地锅蒸的时候，一般会在锅盖上放一小碗水，水足够热了就是锅内花卷或馒头熟透的标志。葱油饼做起来大同小异，只不过最后是在锅里放少量油烙，外焦里嫩，上了年纪的老人吃嫩，小孩则更偏爱吃焦，共同分享这一食物，别有一番滋味。如果说馒头、花卷、葱油饼适合早晚吃的话，中午的主角则是面条，即便有面条机，最有味道的还属"手擀面"，擀好、切好的面条、面片儿经过一番白煮，快要出锅的时候，放入葱花和适量的盐、香油，或者稍早前在其中加些青菜，大功告成。总而言之，仿佛给我足够的面、盐、油，加一点儿葱花，就可以征服整个世界。

"沙土地有三宝，西瓜、花生和大枣"，素有"汴梁（开封）西瓜甲天下"一说，而随着西瓜的上市，豆豉就成了家家户户青睐的时令菜肴。其制作过程首先是让黄豆经过炒、煮、捂三个步骤，直至发酵，然后将它同一定比例的食盐、西瓜放入瓷斗盆里均匀搅拌，之后蒙系一块干净的白布置于太阳底下暴晒，经过十天半个月的发酵即可。其中最有趣的莫过于蹲坐在削瓜皮的奶奶身旁要西瓜吃，所以奶奶每每都要多预备一些，以满足小孙子、孙女的口腹之欲。人们管将豆豉做成菜肴的制作叫"烹"：锅里放少许油，热了之后，加入葱花、姜丝，倒入豆豉简单翻炒便可以食用。出锅之后的一大乐事就是拿个馒头擦锅底，想想都令人垂涎三尺。现在一年四季可供选择的蔬菜丰富多样，人们似乎没有工夫、也没有必要再去这么麻烦地做豆豉。

清苦的日子熬到头之后，终于盼到春节，人们用异常丰盛的食物辞旧迎新、宴飨亲朋。自家待客的压轴菜就是奶奶极其拿手的扣碗：清蒸扣肉片儿和鸡肉丸子。其味道可以让所有的客人啧啧称奇、念念不忘，也让父亲以传承下来奶奶这门手艺"沾沾自喜"、踌躇满志。是的，现在甚至每一天的饭菜都不缺少鱼肉，却只有等到春节才能一家人团团圆圆，吃上一口奶奶精心烧制的饭菜——柴火在地锅下持续燃烧，不紧不慢地煮着、炖着、炸着一年来最盼望、最期待的美味。而这对于日常烹饪来说，不管是燃料还是炉具，不管是时间还是精力，听起来、做起来都像是天方夜谭，再难回到传统的饮食生活节奏中。

家乡还有另一种地道小吃——炒凉粉。"二月二，炒凉粉"，炒凉粉通过融入节日的方式得以稳固传承，以至于有人说，不吃开封的炒凉粉就等于没到过开封。正宗的凉粉由红薯粉芡制作，即将粉芡、面粉、水放在地锅里用擀面杖沿同一方向不停地搅拌而成。可以用醋、蒜汁凉拌，而加入葱、姜翻炒则更加爽滑可口。值得一提的是，家里每年种红薯的时候，都要在地里撒袋锅灰，对此行为的经验解释是这样长出来的红薯硕大光滑、没有虫害。而通过翻阅美国学者尤金·安德森的著作《中国食物》，我惊讶地得知，原来草木灰中含有大量的钾元素，钾的摄入维持着体内钠与钾的平衡，进而可以预防一些由于相对过高的食盐摄入带来的疾病。传统的智慧与科学的理念不谋而合，这样看来，燃烧秸秆也应有一定的道理。

盐香油光的食物记忆里蕴含着一种平淡、知足、面向未来的生活哲学，在特定的时间节点改善改善生活，也蕴含着对苦尽甘来的那一天的企盼。到那个时候，儿女已成家立业，该办的事也都办完了，剩下的不外乎享受生命，享受天伦之乐，享受大自然的恩赐。

家里来了陌生人

郭俊红（山西大学）

　　把原本陌生的环境称为"我的田野"，成为炫耀的资本，表达自己对陌生环境有多么熟悉，自己和当地人相处得多么"如鱼得水"，但作为陌生人进入新环境，尤其是进入别人的家庭时，事实果真是这样吗？从我个人的体验来看，恐怕并非如此。

　　2007年春节（大年初二开始），我们研究所全体师生到山东省莱阳市小姚格庄进行田野调查。由于春节期间餐馆停止营业，吃饭就成为我们面对的首要难题。后经和村委协商沟通，决定实行"派饭制"，即把我们所有调查者进行师生搭配，由不同的老师带队到不同的村领导家里吃饭，而不打扰普通村民。每天中午到不同的家户里吃饭，我们都感觉不好意思。但主人，尤其是女主人的客套、寒暄、多话以及张罗，会让我们这些人一下子就轻松许多，准备的餐饭虽谈不上丰盛，但冷热均有，有的人家还劝我们喝酒，用他们自己的话说就是：饭不好吃但绝对管饱。几日下来，大家都能感受到村民的善良与真诚。

　　初七人日，我们师生六人去副村长家吃饭。进入院子，并没有热情的主妇迎出来，陪行的副村长，即这家的男主人一脸尴尬地连声打着哈哈。进入屋内，也没人出来招呼，我们齐刷刷地站在屋门口，不敢再探入半步，最后进屋的男主人连忙招呼大家上炕。跑了一上午大家早想脱鞋上炕暖和暖和了，可主人那么热情，也没有一个人脱鞋。再三盛邀之下，大家开始脱鞋上炕。天哪！居然是冷炕，大家的屁股在炕上左挪挪，右蹭蹭，实在是冷得坐不下去啊！男主人喊了几声，让给大家倒水，但并无人回应，他便搓着手出去，随后自己提着暖瓶进来了，解释说："今天是人日，嫁出去的女儿今天回来。"我们便就着他的话题和他交谈，试图使关系熟络一些。但男主人每次的回答都是闪烁其词，两三个回合之下，又无话可说了，只好低头喝着自己手中的温水。

男主人出去一会儿，又回来，给我们添水，有时站在炕沿和我们说会儿话，只要他一说话，屋后面就叫他，他只好进进出出好几次。我们感觉到这家人不欢迎我们这些陌生人。时针已经指向下午一点多了，男主人才从后厨端出碟子，说大家吃饭吧。小饭桌放在炕沿，凉菜、凉菜、还是凉菜，全部是凉菜！大家只好吃着馒头，就着温水、凉菜，低头吃饭，碟子里的菜很少，同学们谁也不敢多下筷子，生怕自己多吃一口，就把别人饿着了。男主人心不在焉地站在炕沿招呼我们吃饭，我们邀请他过来一起吃，他连说："你们吃，你们吃，下午还得干活呢！"期间从后屋传来极不耐烦地唤他的声音，他也连连应着，有点忙不过来的意思。偶尔间，听到后院有个女的说："真讨厌，大过年的来别人家吃饭，还让不让人吃饭了？"大家心照不宣地对视一下，迅即放碗、下炕、穿鞋，连声道谢，男主人终于露出久违的轻松笑容，把我们迅速地送出大门外。站在大门外，抬头看看太阳，有位同学突然说："比在家里暖和多了。现在也没地方去，咱们就在村里瞎转转吧！闻闻别人家的饭香味儿！"

那日的感受真是终生难忘！一段时间内总是耿耿于怀于那家人的冷漠，尤其是男主人更是我们取笑的对象，但现在想想非常能理解他们的冷漠——当我们这些调查者作为陌生人进入一个类似于"家"这样私密性的环境时，尤其是在春节熟人聚会的特殊时间内，大家很难从心理上接受一个陌生人（更别说是一群人）的掺入。想要进入田野，尤其是进入"家庭"时，一定要有这样的心理准备，冷遇、排斥、拒绝都是很可能遇到的。

七天结成一桩亲

曾祥明（中国矿业大学）

　　打工经济下，农村发生了巨大的变化。走了青年男女，留下老弱病幼。如今，人们时常谈论"留守儿童""留守老人""空心村"，各类描述农村危机的新词——诞生，却忽视了同样需要关注的农村青年的婚姻问题。这让我想起2006年春节在家乡看到的一桩婚姻。

　　大年初三，26岁的杨某甲（男）心事重重。按照事先的约定，今天他要去相亲，去见本村的一个女孩。虽说是同村，但他初中毕业之后就在外工作，多年未见，心里没底。26岁，在村里，这个年龄算是大龄青年了。很多女孩不到20岁就已经订婚，甚至嫁人了。男孩子到了22岁左右还没有结婚或定亲，就意味着这个男孩有"问题"或者他的家庭"不行"。这在当地是既无较好的经济实力也无较好的声望的表现，意味着他和他的家庭在当地"很没面子"，这会进一步导致他娶不到老婆。所以，杨某甲的忐忑之情可想而知。杨某甲担心的是：第一，自己并不善言谈，更何谈约会的幽默；第二，这几年打工并无多少积蓄，经济能力有限；第三，要去相亲的女孩已经有了另外一名追求对象，只因为是女孩家族的一个远房亲戚，女孩父母并不乐见；第四，女孩有一定的姿色，能看得上自己吗？第五，自己和女孩适合吗？不过，杨某甲的父母没有这么多忧虑，他们对于办成这门婚事还是相当有信心的：第一，知道女孩的父母不同意另一个男孩的追求；第二，知道女孩的父母希望这个女孩早日嫁出，最好嫁得不远，希望女孩嫁得近一点，这样以后能有一个往来；第三，杨某甲的哥哥刚好开办了一个小工厂，这是有一定经济实力的表现，虽然并不是杨某甲自己的，但会增加整个大家庭的声望，为杨某甲增加一些分量。

从杨某甲的言谈中，能够感觉到他更烦恼的是自己还想去谈场恋爱，找一个自己追求过的姑娘为妻。可是这几乎是不可能的。一来自己并无多少积蓄，怎么在外面去谈恋爱啊！而且有女孩愿意和自己回到农村老家吗？不愿意了跑了怎么办，自己跟小孩过？二来这些年也几乎没怎么跟其他女孩接触过，不知道恋爱要怎么谈。而且父母已经跟女方的父母说过这事了，而对方并没有说什么。这让男方家里有一丝高兴，猜想着没有拒绝，就总该多少有点戏吧。

吃过早饭（正月里的早饭都比较晚，有时在9点左右），杨某甲在父亲和媒人的陪同下来到女方的家里。其实这段路程并不远，只有步行不到30分钟的距离。媒人是杨某甲的父亲请来的，他是村党支部书记。书记呢，平时也有这个爱好，有人请更是乐此不疲：一方面，表示大家对他的认可，这是有面子的事情，媒人不是随便什么人都能做成的；另一方面，说媒成功了，还会有一笔不小的报酬，名利双收。其实女方也乐意由村支书来说媒，这既是女方的面子，又可对未来的婚姻起到一定的保障作用。因为大家是一个村子的，由村党支部书记做媒，村支书其实潜在担保着这对夫妻的婚姻。

到女方家里后，事情进展得比较顺利，媒妁谈得差不多了。媒人告诉杨某甲的父亲，女方没有多大意见，回去准备准备吧。杨某甲的父亲心领神会，急忙感谢媒人，迅速和女孩的父母道别。这一过程中，说亲的对象——女方始终是没有出现的。

杨某甲的父亲不敢怠慢，赶紧和杨某甲回家商量去了。这桩亲事实在是太快了，至少在我看来，已经不能再快了。

杨某甲家里很快把礼金凑齐了，于是，杨某甲的父亲拿着礼金和媒人第二次来到女方家里。在女方家里吃完中饭，杨某甲及其父亲一行就回去了，"定亲"完成。可是，杨某甲还是没有见到女方，只能凭照媒人的比画和自己以前的印象，觉得应该不错吧。

第二天一早，女方的爷爷、父亲、叔叔等男性直系亲属来到男方家里"看亲"。说是看亲，其实大家乡里乡亲的，住得这么近，对彼此的情况都比较了解。看亲只是一种形式，把传统的规矩补上。因为规矩上是有礼物钱财往来的，形式可以简化，但礼钱不能简化。男方从早上就开始准备，要把准亲家招待好，这可是女方第一次以准亲家的身份到来，千万不能马虎。于是，男方的直系亲属和长辈都被叫来一起热闹，这是"陪亲"。

陪亲的上午，主要是吃茶点、打牌、聊天，相互了解情况。双方交流的人基本都是男性。男方这边的女性都在准备饮食，而女方这边的女性不到场。这样，双方男性亲属们边吃边喝边聊，一直到中午时分。在这期间，双方父亲在媒人的见证下交换了男方和女方当事人的生辰八字，名曰"合八字"，这是用来选定未来吉利婚期的依据之一。同时，女方的其他成员要打探男方的各种情况，用来为女方的父亲参谋。这个时候如果发现情况，只要把礼金交还给男方就可以终止联姻。但出现这种情形的可能性不大。因为此时男方都在做着最好的招待。于是，大家就等着热热闹闹地吃中饭，一派和气景象。

吃完饭，女方的成员小憩片刻，就会启程回去。男方要以礼炮相送，并给女方在场的所有成员每人一个红包。红包的多少约定俗成，男方照办就成。另外，要给女方和女方的母亲捎带红包。然而，此时要结婚的两人还是没有见过彼此，但家庭与家庭之间（或者说家族与家族之间）已经达成了某种约定。这意味着这时的女方算是男方的人了，男方是女方的丈夫了，他们可以在一起生活了。至于他们是否达到法定年龄，是否已经到民政部门登记过，对于村里的规矩来说，都无关紧要。关键在于婚礼这个仪式一定要举行，最好能够举办得体面一点。仪式一举行，男女双方及其他村民就会认可他们是一对新夫妻。热闹的仪式要胜于无声的结婚证。这种乡村婚姻一般比较稳定，要解除这桩婚姻，涉及的就不仅是男女两个人的事情了。

第三天，男方和亲属去女方家里"认亲"。媒人也去，主要起主持的作用。这个时候，杨某甲和女方可以直接相互交流了。初次见面，难免尴尬，而且还是以准夫妻这么亲密的名义见面。可是好像双方都明白，也许这就是结局，虽然没有谈过，但感情婚后可以慢慢培养，两人有说有笑的。就这样聊到了中午。自男方来时，女方女性亲属就在张罗着中饭。照例是一顿酒足饭饱，一片和和气气。吃过午饭，男方女方闲谈了一会儿，主要是初步探讨一下婚礼该怎么办。大约下午三点，男方告辞回家。此时，男女双方的联姻已经是指日可待，只等吉时成婚了。要结婚的两个人已经有了心理认同，不管是主观上的还是客观上的。

第四天，双方家庭之间没有什么活动，但是男女两人可以约会了。杨某甲可以去找女方玩或者一起去哪里玩，他们已经是被承认的一对新夫妻了。他们不得不抓紧时间，因为初九他们就要去各自打工的城市上班，可能要到过年的时候才会相见。

接下来的几天，杨某甲和女方都尽可能地在一起聊天散步。各自父母和其他人都不会反对，反而是持积极态度。第六天他们一起去了附近的寺庙游玩。庙在当地的一座高山上，去那里有一段山路，这样两人就可以独处很长的一段时间，而且没有其他人的干扰。

转眼，初九不期而至。这一天男孩要出去打工了。令我没想到的是，这次，女方不是去自己以前工作的地方，而是和杨某甲同行。这是什么时候决定的，昨天，还是刚刚？谁做的决定，男方、女方？还是一方或双方的父母？杨某甲带着她在上午乘车去打工的城市了。

2007年春节的时候，两人回村里举行了婚礼，并于2008年生下一个小孩。然后，这位杨家媳妇回村里带小孩，杨某甲依旧到外面打工去了。这种农村青年的闪婚，既是他们在新形势下对婚姻爱情的适应，更是社会转型下的无奈之举。

被误会的"女朋友"

王新艳〔中国海洋大学〕

2012 年春节过后，从山东省日照市五莲县出发，历经 3 次换乘，辗转了 8 个小时，我终于站在了山东省临沂市平邑县武台镇的 S 村村头。脚下一条被各种垃圾覆盖住水面的河蜿蜒绕过村头不知去向，河面上各色塑料袋反射着下午四点左右的夕阳，一瞬间有点眩晕。

尽管通往各村的公路早已在国家"村村通"政策的落实下焕然一新，然而从县城通往武台镇的城乡公交，需先纵贯县城，出城后沿途还将经过 6 个村才到达武台镇。春节刚过，亲戚间要相互走动，这让仅有 21 个座位的城乡公交不得不临时加了六个马扎，直到把车里的空间塞满。乡亲们厚厚棉服里泥土的味道，混杂着串门带的糕点礼物的香味，加上每到一个村落临时刹车上下客的颠簸，早已让我的胃翻江倒海。努力逼迫自己转移注意力，"偷偷"听他们相互打诨取笑或是讲带点传奇色彩的打工经历，思考着"每一辆城乡公交也许就是一部城乡发展口述史吧……"迷迷糊糊中听年轻的售票员小姑娘尖尖地喊着："S 村到了，S 村到了。"于是有了开头的一幕。

尽管这已不是我第一次做田野调查，然而完全陌生的村落和在公交车上偶有不明所以的沂蒙方言，加上此刻万分难受的肠胃，还是平添了许多忐忑和不安：自己能否在思考再三后选定的村落中顺利获得信任？打电话给朋友的父亲——我这次为期一周调查的投宿户的主人，很快一位瘦瘦的大伯骑着电动自行车来到村头。

正在"村改社区"的 S 村，或是被推倒一半又被树枝柴草临时搭建起来的院墙，或是被拆掉的房屋的墙上被正月里的寒风吹得"呼啦啦"作响的各式"画纸"，或是挡住了去路的堆得高高的砖瓦石灰土，随处可见。大伯骑着电动车一边躲避着碎石土堆，一边跟我抱怨："我家门口的路全被堵住了，过会儿你得下（车）来自己走了。"大伯家境不好，房屋也还是 35 年前的低矮土坯房，除掉数额不多的补偿款外他拿不出更多的钱换购村里新建的楼房，因此仍然坚持着不拆不迁。见我们进了院门，正在屋里包水饺的大娘赶紧站起来腼腆地在衣服上蹭了蹭手，拉着我说："闺女来了，冷不？"因小儿子夫妇平日都在镇上或县城各处打零工，读小学的孙子自然就跟着大伯他们一起生活，小孩子看见陌生人怯怯地躲在奶奶身后。

坐下和大娘一起包饺子的当口，来了两拨邻居。"听说家里来了客人""挺俊的闺女""你家是哪里"……话题自然就先围绕着我这个"不速之客"展开了。自小在农村长大的我，加上有过几次田野调查的经验，面对村里人对"外来人"的好奇和并无恶意的打探，并不感觉尴尬，也未细想，便很随意地跟她们聊起家常。因为初来乍到，并不想立刻进入问题式的访谈。只跟她们聊我家有几个兄弟姐妹，刚刚过去的春节家人通常要做的诸如"请家堂"、上祖坟之类的事情，她们自然地也跟我聊起各自家庭的状况。大伯竟然还拿出"轴子"来让我参考着听，如此便很快获得了许多关于家族制度的案例素材。后来话题又转到被每个 S 村人关注的"村改社区"上。"闺女，偷偷跟你说俺就想着熬一段时间，看能不能多拿点钱。""跟你说，这大队书记可不咋地……""你是文化人儿，能给俺反映反映不。"诸如此类的话在短短的几十分钟内也毫无防备地讲出来了。我颇感意外，看到她们真诚和期待的眼神，心想：她们也许看到我带着相机、录音笔等把我当成暗访的记者了？因为他们可能看到过电视里几次关于暗访的报道。不过我还是不想欺骗她们，就说："大伯大娘，我还只是个学生。这次来不是为调查拆迁问题的。"

看着她们略有失望的眼神，我有些不忍但也如释重负。"村改社区"只是我调查的背景，却不是主体，其中的功过是非也不可偏信一方，况且自己也还真的没有能力去解决其中的问题。不过这种被"拒绝"的失望很快就消失不见了，大家依然兴致勃勃地聊着家常，有位邻居打趣大娘："你可有福气，认了这么个好闺女。"大娘笑而不语。那晚，大娘拿出家里最新的被子给我，还拿出她家大儿子的照片给我看。

第二天，大伯载我到村里村外看最近几年重建的庙宇，讲马上要举行的庙会，讲村里的姓氏家族，讲桃园、葡萄园的发展等。中午将近，大伯说："中午去你大爷（大伯父）家坐坐吧，他就在这附近租地盖了蔬菜保鲜仓库。"大伯娘正在做饭，见我们来，赶紧加了两个菜，找出酒，还拿出自家制作的黄桃和山楂罐头，非让我尝尝。盛情难却，"海吃"一番。饭后我提出想去仓库看看，大伯父欣然同意，让他的儿子带我去保鲜仓库参观。这位"堂兄"详细地跟我介绍了仓库的情况，这对我了解S村的发展概况有着重要作用，又是一个意外收获。交谈中得知我要回五莲后，"堂兄"说："我经常晚上开车送菜，路过你家那里，你哪天回去？要是不嫌弃卡车，顺带你回去。"就这样愉快地决定了。我暗自高兴，一则可以节省路费，二则可以利用路上的时间"聊天"。

后面几天的调查，也很顺利。期间在调查对象家里"蹭"过几次饭，饭间大家会偶尔聊起伯父家的大儿子，夸赞几句，我也顺着说自己多受朋友照顾，也很认可他的为人等。

按照约定，最后一天我搭乘"堂兄"的蔬菜运输卡车离开了村里。路上"堂兄"突然问我："你和我弟弟交往几年了？""什么交往？"恍然大悟的那一刻，我在心里狠狠骂着自己的后知后觉，也意识到这些天在村里所受到的信任与热情相待应该也有这份美丽"误会"的功劳。

至今，我也不知道大伯大娘是否也有过这样的误解，朋友与我也都各自结婚生子。直至 2015 年，我依然每年去 S 村做两次田野调查，大娘照旧喊我"闺女"，我也不好意思提起被认作"女朋友"的故事了。

尴尬与热情对撞在奉伯

李向振（武汉大学）

奉伯，读作 fèngbǎi，这是当地人的称呼。

2010 年农历正月十六早晨，不到七点我就从旅馆兴冲冲地赶往安国公交车站，在那里，我向当地人打听奉伯这个村子，他们说不知道。顿时，失望、难过的情绪立即涌上心头。我想到了放弃。就放弃吧，反正我也不是必须去那个村。我正从车站往回走，这时一个小伙子在后面追上我说：“你是想去 fèngbǎi 吧，坐 2 路公交车到头就是，大概三十分钟，我们这里人喊那个地方是 fèngbǎi 不是 fèngbó，fèngbó 是你们喊的。”

沮丧霎时逃之夭夭，我赶紧买了一箱牛奶，赶到车站。正好有一辆 2 路公车，之后，上车，买票，坐好。快到奉伯时，我给王建四（安国奉伯少林会的组织者）打了电话。他告诉我，今天是奉伯集，他会在村口等我。

公车在一条柏油路上急速行驶，小麦和白杨还在冬眠，到处是暗绿色和灰黄色。不时一两辆摩托车疾驰而过，还能带起一些塑料袋抑或灰尘的东西。公车行了 30 多分钟，经过了明光店、五仁桥，就到了终点奉伯。我下了车，眼前熙熙攘攘的人群中有一个中年男子挥着手向我走来。

由于正月十五那天，安国进城表演的花会多达 20 道，所以也没怎么记清每个组织者的面容。这就是王建四吧，我猜想。等他走近了，就热情地大声喊：“你就是师大的学生吧，我是王建四，奉伯少林会的会长。”我赶紧说：“我是，王大爷，您好。”他说："走吧，去玉彬（奉伯少林会的另一个负责人）家，他那儿方便。"我说："一切都听您的。"他在前面走，我才发现，原来他是跛足。后来他告诉我，他原来是村里的电工，2001年为抢修电路，不慎从电线杆上摔下，摔断了腿，从此落下跛足。

王玉彬家不远，走过村中的柏油马路，往南拐了个弯就到了。一进屋，我立即后悔了。我后悔进行这一次没有任何准备的田野了。小屋子不大，坐满了人，除了两位白发苍苍的老爷爷外，还有六七个三四十岁的年轻男子。他们有的坐着，有的站着，正在谈笑。王建四向他们介绍了我，说："这是研究生，人家是来采访我们的，要写论文，关于咱们少林会的事儿，人家是北京来的，咱们可得好好配合，弄不好人家还能帮咱们提高知名度嘞。"

在他介绍的时候，满屋子的人就都已经站起来了，年轻的甚至都和我握手。我当时受宠若惊。王玉彬的哥哥家正在盖房子，他本在那儿帮忙，而为了我，也临时从工地赶过来。我被让到了最尊贵的位子——一把坐东朝西的太师椅上。另一把上坐着一位老人。其余的人，有的斜倚着门框，有的坐在旁边的沙发上。开始时，大家很拘束，我更拘束。他们拘束，是由于我是一个外人加上刚才王建四的介绍，多少有点被"吓到"；我的拘束完全是由于我没预料到会是这个场面——因为正月十五在花会表演时，我只是和王建四简单地交谈了几句，说我可能会去奉伯调查少林会，他说，很好，欢迎。完全像是客套，我以为他并没在意。不曾想，到了晚上，他就给我打电话来，说要不要明天去他们村一下。我临时决定来了。

我很紧张。确切地说，是很慌张。不过，尴尬了几分钟后，王建四就起身向我一一介绍到场的人，他指着我旁边另一张太师椅上的老人说，这是我们少林会最老的人，84岁，这位是……在他介绍的这几分钟里，我迅速整理了一下思路。等他介绍完了，对我说："你问吧，他们都是我找来的，有些歉意的是还有两个人已经出去打工了，恐怕不能到场。我去找我们的支部书记。"说完他就出门去了。

还没等我问，人们已经说开了。他们从追溯少林会的历史给我讲起，讲了会首，还讲到过去的少林会显奇能、立大功的事迹。正在聊时，支书进来了。人们又都站起来，毕恭毕敬，刚才说话比较活跃的几个人，顿时闭口不言，整个屋子里的时间像凝固了一样。村支书进门让大家坐下，然后和我客套了一番。我注意到，在他和我说话的时候，没有一个人说话。他们都认真地注视着我们，仿佛我们正在谈论一件天大的秘密。支书和我是打官腔的，他说："你来我们村调查，挺不容易的，有什么困难你说话，我能帮的我一定帮，我们能帮的我们一定帮。需要村委会的地方尽管说话。你也是为了我们好，希望你能够做出一点东西来。"之后，他接了个电话，说有事要临时离开一会儿，在他起身时，所有人再一次站起来，欢送他。他走到门口时，对王建四说："四叔，一会儿你安排吃饭，账记到村里，我要是有时间就赶过去。"王建四有点激动——这是我当时能够感觉到的，应了声："哦。"等到支书出了屋门，人们翘首望着院落，看着他走出大门后，才又恢复了激情。这一次聊天就畅快了，聊天的内容也更加宽泛一些。

快到中午时，他们执意带我去少林会的练功房看看。那是一间十分破旧的土坯房，王建四打开一扇破木门后，首先映入眼帘的是一块匾额。他们说，这是当年少林会立了功，县里赏的，民国年间的。墙上则倚满了兵器，刀枪剑戟、斧钺钩叉、镋链槊棒、鞭铜锤抓，外加拐子流星锤，十八般兵器样样俱全。许多兵器，我是第一次见到实物，他们给我介绍这个是朴刀，那个是长矛等。参观完后，84岁的老者还给我表演了少林拳和大刀，其他几位年轻的男子也都表演了各自的拿手好戏。

中午时分，虽然我一再坚持回安国，王建四等人还是盛情款待了我。吃饭的地点是村子里的饺子馆，吃的是羊肉馅儿的饺子，很好吃。临回安国时，王建四握着我的手说："什么时候还需要资料再来，这里永远欢迎你。"

回京大约一个月后，我去看话剧，忽然接到一个陌生的电话，显示是河北保定的。我接通："您好，请问您是？"对方说："我是王建四，我那个手机号停机了，我换了这个号，我怕你再来找不到我，告诉你一声。你平时没什么事，星期六、星期天来这里，咱到我家去。"简单的几句寒暄，让我感受到了春天般的温暖。

兴国"跳觋"仪式

任亚丽（赣南师范大学）

跳觋，俗称"跳神"，是江西兴国县一种古老的民俗仪式表演活动，主要是为家庭中的妇女和儿童祈神避灾、降妖驱鬼。此表演仪式由两位男觋公主持，仪式内容根据主家出现的症状来定，程序有多有少，时间也有长有短，少之半月，长之几年至几十年，直到大难或不吉祥的事情过去。

正如民俗学家张紫晨说："民俗文化为民间舞蹈提供了表现的内容、氛围和环境，而民间舞蹈则是民俗文化有形传承的最好手段。"跳觋仪式以"三奶娘"，即林九娘、李千金、陈靖姑为核心，以"女神崇拜"为特征，集山歌、舞蹈、科仪综合于一体，形成了客家民系独特的地域文化，也是客家民俗文化中重要的组成部分。

这次调查是在兴国县东乡村黄岗坊上塘水口朱家进行的。下午两点左右，觋公师傅开始准备晚上表演仪式所用的道具和今晚活动涉及的事项及主家信息等。觋公在红纸上写着主家的信息，如下："兴国县衣锦黄岗堡黄岗拐上塘水口吉宅居住，求福信人朱伟明全妻李氏祈保花（女）朱美林（男）朱复浪，当面开禁酬恩谢神除灾集福，求保长生法事一宵。当丙申年正月十九日晚建坛大吉。"根据信息得知，主人是爷爷朱伟明和妻朱氏为儿子开禁，同时为女儿、孙子、孙女保花。跳觋仪式表演的场所一般在客厅。

朱家举行这种仪式，希望能够实现除妖、保胎、助产及为幼儿、妇女祈神避灾、降妖驱鬼的夙愿。以"唱山歌"中的《团花》《赞八仙》《十天王》《祝赞歌》等来传达民众对神灵的敬重。

程式内容依次有：请神、接师、奏文表、兜粮米、唱山歌、祭将、开禁和送神等仪式。"跳觋"之前必须写好主家信息、邀请亲戚朋友及邻居前来祝贺、送喜和观看跳觋仪式以及举行隆重的放鞭炮仪式，在仪式中觋公敬"三仙娘娘"、烧钱纸、点蜡烛、吹牛角、敲打觋锣，主家的直系亲属也会跟随觋公做感谢神灵的动作，像"祭将""送神"等仪式在门口和院内进行，为事主祈求神灵的保佑。

仪式表演中借助工具和物品，不但能够增强表演的效果、渲染气氛，还可以增强表演仪式的重要性。"跳觋"中所用的道具均为法器，主要有令尺、戒方、胜筶、画角、师刀及觋锣。令尺、戒方常伴随着专业觋歌的演唱进行击节，或用于某项仪式活动结束时。胜筶是向神灵来表达神旨的工具，由两个半片竹棍制成。师刀是由钢或铁制成，要在刀柄上装进若干小铁环，是为了在做法时，能使铁环碰击刀背，相互碰撞"哗哗"作响，音乐清脆明亮。这些道具是必不可少的。

觋公在仪式中的动作用"耍"字体现得淋漓尽致。如"奏文表"中的滑步、板凳上的站立、转圈抛师刀，"开禁"中的打伞、几个人推锣及开禁后觋公的抛纸，"祭将"中的换碗、叠碗等都体现出动作潇洒、挥洒自如。

"跳觋"仪式属于生命仪式，即通过仪式，指的是个人在某些生命过程中从一种社会身份转变为另一种时所举行的仪式。跳觋仪式表演在春秋时期已用于简单的祭祀、通神等活动中，到宋朝已在民间广泛流传，并开始从娱神向娱人方面发展，表演活动达到了巅峰。清朝时的仪式，不但在内容上增加了当地的风俗习性，而且添加了复杂的程序及道具等。民国时，各系派争锋相对，还融入了山歌及武术的成分，在时间上也有所延长。到"文革"时期，这种仪式活动偶尔还会在民间悄悄举行。直到现在，仍有偏远的村庄在家庭里举行此活动。据访问，很多年轻人不相信此仪式，甚至很多人没有听说过。我想这种情况出现的原因有很多：

其一，主要是随着时代的发展、经济的进步、教育事业的普及，对原始自然界发生的一切现象可以用已有的知识进行解释，认为神灵在主宰一切的观念很多人已不再认可。

其二，从跳觋本身来说，也面临着青黄不接的危机。跳觋师傅大部分都是山歌手，在当地流传有"是觋公就一定会唱兴国山歌"的说法，部分老艺人年事已高不能再从事表演，而年轻人要么外出学习、要么外出务工。据张继贵、张声荣师傅说有年轻人想学，但只是一时的爱好，耐不住性子学，因为不但要学习唱山歌，还要把跳觋所涉及的资料、科仪程序、道具的使用都一一掌握，而且这个跳觋不是一时半会儿能学会的，即使你背会了所有材料，前几年还要跟着师傅去做跳觋，在旁边打杂、学习。因此这些民俗仪式面临着即将消失的危机。

其三，跳觋仪式只在临近的几个村庄表演，由于处于封闭的环境中，村庄及村庄离得远，加之村庄之间的风俗、礼仪、语言不同，因此，特殊的地理环境、语言环境、风俗习惯等使其只能在有限的地区活动。

不如跳舞

宋颖（中国社会科学院）

前往村落的路上，难免会有惊心动魄的瞬间。2013 年 2 月，我们一行四人到云南省陇川县鹏生村考察景颇族的目瑙纵歌节。鹏生村位于中缅边境，目瑙场远近闻名。"目瑙纵歌"的意思就是"大家一起来跳舞"，每年正月十五前后，数万人跟随着六拍音乐，在目瑙场感受景颇族迁徙的历史，演绎着史诗《目瑙斋瓦》中"天、鸟、人"融为一体的宇宙观。

记得有次我们吃完饭，驱车上路。司机问我，是左转还是右转。坐在副驾驶上的我说："左转吧，去看看刚才路过的那个村子有没有目瑙场。"司机如言就打方向盘左转上路，准备再靠右行驶。正在这时，一辆大型拖挂车，擦着我右侧的反光镜"唰"地过去了，几乎与此同时，左侧一辆中型面包车擦着左侧的反光镜，向后疾驰而去。右侧卡车在前方十几米开外竟然刹住了车，那个司机扭头看我们。而我们，刚刚打正了车头，卡在路中间的白线上。一左一右的两辆车，瞬间让我们跟死神擦过，一车人，惊魂未定。

等前方的卡车开走了，我们连忙靠右，停在路边的田地旁。有人说："幸好我脖子上戴着出嫁时的半块昆仑玉佩，雕着凤呢。"而我想起出门前，我妈塞进我随身背包里的六颗桃核。这时，车上有人怯生生地说："哎呀，我出来的时候做了一个梦，一直不敢告诉你们，我梦见一辆白色的车出事了，是我当司机，所以我看到咱们坐着一辆浅色的车，这几天都在心慌。现在咱们过了这个坎，我可以来开车。"

中缅边境上的人们，那几天几乎都"泡"在鹏生目瑙场上，跳舞、赶集。不少男人手中举着亮闪闪的户撒刀，一边跳舞一边挥刀，花样颇多，大赚眼球。阿昌族的户撒刀制作工艺历史悠久，户撒乡离目瑙场只有不到半个小时的车程。有一天，我们就起了个大早，从陇川县城驱车到户撒乡曼炳村调研。

在和当地工匠聊完所有想问的问题后，碰巧遇见新房上梁，又随了份子，吃完主人家的宴席，我们心满意足地回程。路上有人提醒说："要加油，快没油了啊。"我们在路边一个小加油站停下来，我们担心油的品质，又想很快能回到县城，只加了100元的油，就开动了。回程的路上，看到一辆拉着甘蔗的拖拉机，我们闲聊着当地用甘蔗如何制糖的话题，在一个路口看到指示牌就左转了。可是渐渐进山了，我们感到似乎不是来时的路。这时车子已经在山上绕起来了。大家互相确认，刚才看到的路牌没有错，路旁又一直有"S233"的标记，是省内的公路也没有错，但这条路是越走越荒凉。路面上逐渐铺满了落叶，似乎从未被碾压过，午后的阳光洒满树林，浓郁的绿铺满眼帘。已经奔波喧闹了大半个月，只有此时的山林，静谧而安详。我们还陶醉在顺利完成访谈，并有意外收获的幸运里，仿佛每个人都感到了这次出行以来前所未有的充实。再往前开，又偶尔看到因为泥石流或者暴风雨而垂倒的树枝，直到一棵大树倒在路面上，我们才不得不停下了车。几个人下车去把那棵树搬到路右边去，让开车道。路边的草太高、太茂盛，不知道边沿在哪里，我们只好互相提醒着，把树放在白线之外就好了。回到车上再发动车时，大家都不吭声了，心里明白肯定是走错了路，手机上时有时无的信号告诉我们，这是一条老路，废弃不用了。完美的那条腾陇公路，就在山的左侧下方，可望而不可即，伴随着我们的行进，时隐时现。

有人提议，是不是调头回去重新回到拐弯的路口，可是这条老路并不宽，右侧树林高深，根本不知道边际，想要找个合适的地方调头并不容易。一直向前，每个人心中都没有底，不知道要走多远，也不知道是不是有路口可以接上来时的新路。山路盘桓而上又盘桓而下，转来转去，也只不过是从一个山头转到另一个山头，没有要进城的迹象。此时，我们懊恼着刚才应该多加点油。在这座偏僻又安静的大山里，有一点声音都会格外清晰。开着开着有人说："好像听到摩托车的声音了。"又有人说："附近有人的话那应该就有出去的路，至少可以问问这里的人啊。"大家心里一下子又燃起了希望，就这样，在山与山之间转悠了三个小时，我们终于顺着一条路面破损、颠簸万分的坡道下到来时的大路上了。在这条坡道旁立着："道路检修，禁止入内。"这是我们来时看到的一块警示牌，当时以为是上山的路，没想到在这条坡道遥远的另一端并没有警示牌，而我们误打误撞地竟从另一边回来了。

再周详的田野计划，也赶不上田野调研过程中的千变万化。更何况，在田野的路上，总是一波未平一波又起。等到结束了陇川县的调研，我们驾车走高速，跟随着一辆城际客车，准备一直跟到大理。没想到，转到一个山坡顶上，要上高架桥了，它不走了，靠着公路右边的一块空地停了下来。我们超过了它，顺着桥来到穿山隧道前，却只得停下来。在隧道的另一侧，黑烟飘了过来，逐渐越来越厚。糟了，前边的车着火了！刚才的客车司机熟悉路、有经验，看到一丝黑烟就已经远远地躲在小山丘旁，那里还有下山去的小道，迫不得已时，人可以从小路疏散。而我们卡在两山之间高耸的桥上了，高架桥的墩子根本看不到底，下面的房子像火柴盒。由于担心起火的前车罐子中的封装物发生爆炸，趁着车还少，我们慌张地调头想要回驶，躲到那安全地带的客车背后去。可是离开隧道口没多远就被管制道路的交警喝住了，让我们靠边停车。高速上当然是绝不允许调头行驶的，所幸火情燃起的黑烟越来越醒目，后来的大大小小的车都开得极其缓慢，一一停下，我们又老老实实回到队伍中等待。

这时才是傍晚六点。百无聊赖中，天慢慢黑了，右边与我们一般高的遥远的山上突然明亮起来。那边也着火了吗？我们都下了车去看，原来是刚过正月十五，一轮明月正在缓缓升起，清澈的月光温柔地散在芭蕉林河上，泛起粼粼的微光。看了半天月亮，大家都累了，回到车里睡觉。好几辆救火车，在左侧车道上来来回回地跑了七八趟。从车里天窗望去，月亮高挂在天顶上，这情景让我想起了"月出于东山之上，徘徊于斗牛之间，白露横江，水光接天"，苏子想要"抱明月而长终"不是没有道理啊，我给大家背起了《赤壁赋》，终于他们都睡着了。

只有我醒着，坐在车里，把一路上的遭遇记下来。在我随身写字的本子封面上印着一句话："当风雨袭来时，与其奔跑，不如跳舞。"凌晨三点，终于通车了。我叫醒了司机，驶向大理。到了凌晨四点，在黑黢黢的山路上，当睡意袭来的时候，我听见了开车的人让我唱首歌，坐在副驾驶上的我一直应着："好啊，好啊，让我想想。"想着想着，我也睡着了。据说后来开到大理，已是早上八点，太阳正好。

正月二十吃卷卷

冯姝婷（辽宁大学）

在我的家乡山西省临汾市尧都区乔李镇南侯村，卷卷是"春卷"的俗称。我很小的时候，就知道了要在正月二十"吃卷卷"。随着年龄的增长，卷卷的味道总是在我的脑海里飘香，这是我最喜欢的味道。

"正月二十"这一天，只是一个被叫作"正月二十"的日子，不同的是，在这一天，我家乡的左邻右舍都会"摊卷卷"。

去年正月二十，我也陪奶奶摊了一次卷卷。把做卷卷需要的材料买齐洗净后，就可以准备摊卷卷了。首先，奶奶把猪肉、炸豆腐、海带、莲藕、胡萝卜、韭菜切丝，切好葱姜蒜末，以备后需。接下来在燃气灶上搭上炒菜锅，伴随着燃气灶开关的"嘎嘣"一声响，蓝色的火苗雀跃起来，包裹在炒菜锅的四周。等炒菜锅热了以后，倒入些许植物油，再把鲜红的猪肉丝和金黄的姜末一起入锅。翻炒两下肉丝，滴入少许酱油，你会看到炒得有些发白的肉丝变成了暗红色，色泽甚是诱人，再加入食盐和胡椒粉继续翻炒两下，肉丝就该出锅了。紧接着，把海带、莲藕、胡萝卜、豆芽分别在沸水中煮熟，淋干水分之后，把所有已经熟了的食材放进大一点的容器里，拌进盐、五香粉、香油等调味品，这样，色泽亮丽的卷卷馅儿就准备好了。

紧接着，就要准备卷卷的皮儿了。奶奶把面粉用温水化成糊糊，再往糊糊里打一颗鸡蛋搅匀，这样做出来的卷卷皮儿会更加筋道。这糊糊可是有讲究的，如果太过浓稠，煎出来的饼会很厚而不好吃，如果太过稀薄，面糊糊将不能连缀成饼的形状，便做不成卷卷的皮儿了。奶奶一边调试面糊糊的稠稀程度，一边等着卷卷馅儿彻底晾凉。

随后，把平底锅放在燃气灶上，等锅热了之后，奶奶往平底锅上抹一层透亮的植物油，再舀一勺面糊糊倒在平底锅上，奶奶用灵巧的手迅速旋转平底锅，一个圆圆的薄饼在锅里成形了，奶奶用手轻轻从锅底揭起薄饼，再迅速翻面，待背面烙好后，一个卷卷皮儿就做好了。接着奶奶从锅上轻轻拿起它，放在案板上，再由我来完成"卷"的任务。因为薄饼很薄易破裂，所以整个过程都要亲自用手来完成，奶奶在"摊"的过程中，用手直接接触热锅和锅上的饼，所以，时不时地要吹一吹被烫到的手，看得我很心疼，心想，这卷卷的制作过程这么复杂，制作人的手还要时不时地被烫到，这当中凝聚了多少辛苦和心血，做出来的卷卷能不好吃吗？

摊饼的过程是做卷卷最考验技术的过程，卷卷能否做成，在摊饼的时候便一锤定音，奶奶心疼我，怕我被烫到手，也怕我掌握不好火候，转不了锅，翻不了饼，所以，把"卷"的任务交给了我。

"摊"完就该"卷"了。把薄饼从中间切成两半，拿一张半圆的饼，夹一点菜馅儿摊放到上边，从饼的圆边卷起，卷的时候要把菜馅儿尽量卷紧，以防止做好之后卷卷松散开，再将两头封口，卷成长条圆柱形。奶奶一张一张地摊着卷卷皮儿，我一条一条地卷着卷卷，配合很是默契。我把卷好的卷卷一条一条地放好，整齐地堆成一座小山，样子甚是好看。

做完卷卷，我和奶奶伸伸疲惫的腰，坐在椅子上休息。我说："卷卷做起来可真够麻烦的。"奶奶笑着说："做卷卷是个慢工夫，急不得，就得耐着性子一张一张地摊，一条一条地卷，费了工夫做出来的东西才好吃啊。"

做好的卷卷已经是熟食，可以直接加热食用，但是为了吃到更加美味的卷卷，吃之前要把卷卷放在煎锅上煎热。看似简单的热卷卷也是极有讲究的：把火打开后，往煎锅里倒一点植物油，再把卷卷放进煎锅里，要用筷子不停地翻动卷卷，以防把卷卷煎糊，同时要把圆柱形的卷卷煎成长方体，煎出的卷卷皮儿呈淡淡的金黄色，无论是外形还是味道，都格外地诱人。

食物里凝聚着对全家人的爱，吃起来便不仅仅是单调的食物的香味，而额外添加了爱的调味剂。煎好卷卷，全家人围着饭桌吃卷卷，蘸一点酸爽的山西老陈醋，滴几滴浓香的辣椒油，轻轻一咬，满口留香。

做卷卷时，爷爷给我讲起了他第一次吃卷卷时的情形。那年爷爷从家里走去老姑家，在寒风中走了一天的路，到了老姑家的时候已经是饥肠辘辘。老姑站在炉火边煎着卷卷，爷爷盘腿坐在炕上吃着。窗外飘着雪，炉火的红光照亮了老姑的脸庞，炉火的温度温暖了爷爷的心。爷爷说："那是我第一次见卷卷，咱们在山上没有吃卷卷的习俗。不知当时是太饿了，还是你老姑做的卷卷的确是人间美味，从来没有吃过这么好吃的东西，竟吃了 12 条卷卷。你老姑摊的卷卷可比咱们家做的大多了，又粗又长，一个能顶咱们家现在的两个。"

也许故乡的味道并不只在故乡存在，它是一种辽阔无比的味道，不受空间和时间的限制，这味道一经唤起，人就已经回到了故乡，那是属于卷卷的味道和爱的味道。

现如今，各大超市里也有机器制作的春卷，短小而细瘦的春卷装在精美的包装袋里，大小一致，长相一致。卷卷里包着各种各样的馅儿，有菜馅儿、豆沙馅儿，吃的时候拆开包装袋，放进油锅里把外皮炸成脆脆的金黄色即可。只要想吃，超市里随时都可以买到。而不在正月二十吃卷卷，总觉得这卷卷的味道里少了点什么。

贺庄村"打囤节"

贺春虎（兰州大学）

　　出生于农村、成长于农村的我，对村落有着深厚的感情。小时候的我，对村落中的各种民俗，充满了浓厚的兴趣。比如，过年时，为什么要把各路神仙接回来？为什么有的村庄中让各路神仙在家"住"三天，而有的村庄中让各路神仙在家"住"两天？既然把他们都接回家来了，为什么还要在门口放上拦门棍呢？在童年时期，我有好多的问题想知道。

　　要说最感兴趣的，恐怕要数打囤节了吧。打囤节是山东德州的农村传统习俗。十里八乡不同俗，在德州抬头寺镇，正月二十五是打囤的日子，被称为"打囤节"，也叫"填仓节"，这也是正月里面的最后一个节日。自古以来人们就非常重视正月二十五的打囤节，人们通过它祈盼新的一年里能够风调雨顺、五谷丰登。

　　从小我就喜欢坐在爷爷的腿上，听他给我讲各种关于民俗的故事。从上午给我讲到中午，午休之后又接着给我讲，而我则不断地提出各种疑惑与问题，比如说为什么会有打囤节呢？打囤节是干什么的？我记得爷爷说打囤节起源于汉代，是中国汉族民间传统祭祀节日，主要是在我国山东、河北、河南一带的农村盛行，当时由于太穷了，许多人都填不饱肚子，所以打囤的习俗表现了经饥饿煎熬的农民对填饱肚子的企盼，以及对美好生活的向往。在我国古代，民间对这一节日很重视，后来我通过查阅资料得知，许多大诗人以及各种书籍都对打囤节有着清晰的描述。宋代大诗人陆游曾写道："处处遥闻打囤声。"宋代孟元老在《东京梦华录》中也有这样的记载："正月二十五日，牛羊豕肉、恣缟竞日，客至苦留，必尽而去，名曰填仓。"元初赵孟頫也有"散灰缘旧俗"的诗句。由此可见，打囤节历史悠久。

在我们德州抬头寺镇贺庄村，打囤主要分为粮囤和钱囤，当然，也有其他类型的囤。每逢打囤节，我很爱凑热闹，经常围着妈妈转，妈妈打囤，我给她帮忙撒柴草灰。妈妈一般是用锅灰、柴草灰来画，画个圆形的圈，以象征真实的粮囤，当然，囤越大越好，象征着来年能够丰收。在圆圈儿的最上边要留一个口，从口向外画梯子，象征囤又高又满，得爬着梯子才能上去。而我则在打好的囤里面放上一块砖头或者其他的东西，总之能压住下面就行，然后砖头上放个香炉，点上一炷香，在旁边放上一把粮食，象征着五谷丰登。每次弄完之后我的脸就和小鬼似的弄一脸灰。"粮食入仓，满满当当，丰衣足食，家丁兴旺"，这首填仓节的歌谣，就是对打囤节日的生动写照。农民用这种特殊的民俗仪式，寄托着对丰收愿景的希望，也深深表达了人民对美好生活的向往。

钱囤也是由锅灰、柴草灰来画，然后在囤里面放些钱，上面用砖头压好。放的钱的面值越大越好，象征着来年财源滚滚。钱囤一般画在屋内（怕下雨或者刮风，把钱弄湿或弄丢），也有画在屋外的院子里的，没有统一的标准，都是按照自家院子的大小来安排。然后告诉家人，明天早上谁起得早，谁就去拿钱囤里的钱，拿到钱后归自己，表示得到了"福"。小时候，十元钱在我和哥哥看来都是"大钱"，而我家每次钱囤里都放一百元，为了得到这笔大钱，我和哥哥整宿不睡觉，或者假装打呼噜睡着了，就是为了看谁能得到这一百块钱。通常我们会把我们上学用的那种电子表藏在被窝里，等到凌晨十二点一过，就假装上厕所，顺便把囤里的钱拿走了。

听老人们讲，在打囤节的那天早上，很多村民家里的男子们都要去邻居家转转，说起来里面有个讲究：在那天，人们的活动大多都和粮食有关，而且男子的劲比女子大，到别人家串门，可以帮着扛粮食，是个丰收的好兆头，所以那天男人们成了各家最欢迎的人。小时候的我也在那天跟在爸爸的身后，屁颠屁颠地跑，去我大爷家转转，去我叔叔家看看，他们总是说："小屁孩也跟着来了，你能扛动粮食吗？"说完大家就哄堂大笑。

虽然现在人们生活富裕了，过上了衣食无忧的好日子，但是打囤的习俗一直沿袭下来，已经成为人们生活的一部分，这也是传统文化在村落中的彰显和见证。

"猪"亦入画

周星（日本爱知大学）

位于陕西省西安市郊区的户县，有一个"农民画村"——东韩村，因为多年追踪研究"户县农民画"，我曾经多次去访问过它。与当地其他的普通村落有很大的不同，东韩村其实是由地方政府扶持、打造的一个民俗文化示范村，这显然是在特意的安排与人为的设计之下。似乎村里的每户人家都擅长一种或多种民俗艺术的"绝活儿"，或者是刺绣，或者是剪纸，或者是织老粗布，或者是作农民画，当然也有用朴素的饮食来招待访客的"农家乐"。上述各有擅长的农户，被集中于经过了统一规划的"东韩新村"，以最大限度地向来自国内外的游客展示（例如，农民画展室）或演示（例如，织土布表演）关中地区的民俗文化和当下新农村建设的成就。

专程来到这个几乎和城市里的居民小区相差无几的"村子"里，欣赏和探访户县农民画的游客络绎不绝，当然也有一些客人在离开时会购买几张画带走。我也是在这里，才亲身体会到当地的农民并不消费农民画，它的消费者主要是外来的那些访客。通过农民画，访客们和收藏者在消费他们心目中关于乡村、关于家园和幸福的想象。

我曾在这里观察过农民画家的创作，欣赏过陈列出来的农民画作品，还时不时地和农民画的画家或相关的经销者聊聊天，也算是一种调查农民画的方法吧。2012年春节过后，我再次来到这里，在欣赏那些鲜艳的作品时，不经意间倒是有了一点小小的

"新发现"：与中国文人画里绝少有猪入画的情形明显不同的是，在农民画里经常会有猪的形象出现，甚至某些作品中，猪还被表现得特别夸张、突出和醒目。

在早期的农民画或宣传画上，社队集体饲养的家畜曾经是得到颇多表现的题材，例如，户县农民画中就有柳绪绪的作品《大队养猪场》。这并不难理解，因为和"五谷丰登"'并列的便是"六畜兴旺"，那是中国农民心中永远的期许。因此，养鸡场、饲养室、牛栏、猪圈、鱼塘等，往往就成为农民画构图的一部分，甚或成为它的主题。"大跃进"时期，户县农民画里曾有过小胖孩骑在巨大的肥猪身上，就像是把猪当作"竹马"来骑一样；"文革"时期，户县农民画里则有《防疫》（宋厚成）、《自繁自养》（白绪号）、《收购站》（张小明）等，描述的大都是生猪的防疫、养殖、收购等生产活动的场景；改革开放以来，猪依然是户县农民画中寻常可见的描述对象，只是这时的猪圈似乎更像是核心家庭的农户庭院经济的标配，像敏生的《农家院》、张青义的《秋色》、王秀云的《农家小院》、潘晓玲《春的呼唤》等，与集体化时期的情形有着明显的不同。在如今的东韩村，农户养猪早已经成为逝去的过往，但人们关于养猪的记忆还存留在农民画里，使得它一直是富足农户的生计表征，正如"家"这一汉字所意味的那样，没有猪，就没有家。也因此，包括猪在内的"六畜兴旺"，始终都是自给自足的中国乡村生活的主题之一。

值得一提的是，不只是户县农民画，在中国其他很多地方的农民画里，也都有类似的作品。例如，安塞农民画《养畜致富》、宜君农民画《喂猪》、房山农民画《打猪草》、舞阳农民画《喧闹的乡村》、腾冲农民画《集中防疫》，以及六合农民画《财富路上》《百猪图》《过年》《杀年猪》，金山农民画《卖猪去》《猪肥业大》等。各地农民画与猪有关的题材几乎是不约而同地不吝于夸耀和表达。

　　中国各地汉人社会的民间艺术，因为经常会有"十二生肖"组合的题材系列化倾向，所以有关猪的艺术造型并不罕见。例如，在年画中往往就有对猪的表现，尤其是每当猪年来临，这类作品就会更多。户县农民画家刘志德曾有一幅题为《猪羊莲》的作品，还有王文吉的《金猪宝宝》，其实都是汲取了年画艺术传统的吉祥画。与此同时，由于《西游记》故事家喻户晓，"二师兄"的形象通常也在广大民众的戏谑当中又被再次塑造和表现。例如，民间社火里每每有"猪八戒背媳妇"的造型，它总是以滑稽丑态聊博看客一笑。但是，在农民画里，除了丑态、憨态之外，猪的意象更多的是萌美、可爱、令主人心花怒放的。从功利角度来说，养猪曾经是乡村农户最不可或缺的家庭副业，除了可以提供珍贵的蛋白质，还因为"猪大肥多好上田"（邳州农民画《猪》上的题词），而直接与庄稼的丰收密切相关。此外，养猪也是农户为数有限的现金收入来源之一。所以，它被户县农民画家张青义表现为《摇钱树》，实不为过。

　　有趣的是，在各地农民画作品里所描绘的猪，往往呈现出浑身"花朵"的纹样，可称之为"花猪"。例如，户县农民画中张青义的《养猪农家》、刘金花的《喂猪》、韩青云的《喂猪》、樊高其的《花园》，六合农民画中陈兆龙的《猪司令》、施玉英的《喂猪》等。所有这些描述农妇喂猪场景的画面，都充盈着对家猪的喜欢之情，以致在旁人看来不那么美观的猪圈，对于养猪的农妇来说，却如同"花园"一般。我觉得，农民画中这种"花猪"的表象技法，应该就是来自于年画中对猪予以美化的传统，猪身上的"花"其实就是农人的"心花"，它恰到好处地表现了农民对家畜的爱意。户县农民画家雒志俭的《母子情》和天津农民画家赵艳清的《合家乐》，均是通过对母猪和猪仔之"家庭"温馨场景的描绘，拟人化地表达了人类的情感。

2016 年 12 月 24 日，我在南京市的高淳，参加"农耕文化遗产与现代社会——以二十四节气与六合农民画为例"的学术研讨会时，看到一幅令我大开眼界的六合农民画，它就是王金凤的《副业一支歌》，画面是"群猪奔腾"，吹笛的牧童骑在一头大肥猪的背上。我向六合农民画的画家胡斌先生请教，他确认说没错，那就是农民画家的创作。虽然在各地的农民画里，也不乏和文人画能够共享"牛背牧童"之类意象的作品，但六合这幅"骑猪牧童"的农民画，还是彻底地颠覆了我自己关于"牧童遥指杏花村"的过往想象。

当我们把农民画和文人画进行一番比较，会意味深长地发现，文人画以猪为题材的情形如果不是绝无，大概也是仅有，因此，画坛向有"猪不入画"一说。就像齐白石画虾、徐悲鸿画马、黄胄画驴那样，文人画中也多有动物表象，而且，家畜往往也常见于文人画当中，这表明即便在技法和意象方面多少会有一些差异，但文人画画家和农民画画家其实是可以共享对于家畜类动物的艺术想象的。牛马羊驴、鸡鸭鹅兔，这些家畜皆可较为自然地成为文人画家审美的对象，但唯独对于"猪"，绝大多数文人画画家则是敬而远之，唯恐避之不及。据说，徐悲鸿一生仅有的几次画猪，不仅偶然，也多有不自在的感觉。为何作为村落中最寻常和最重要的家畜，"猪"却被排除在文人画的审美表象之外了呢？

农民画和文人画之间既有雅俗共赏、彼此可以通约的审美表象，例如，它们分别都有"小桥流水人家"以及"牛背牧童"之类主题的作品，可唯独"猪"，似乎构成了两者之间的一种"分野"。究其根源，大概是由于文人画追求着非日常的风雅，是个人的雅趣，它的艺术表象基本上是"雅之美"，亦即风雅之美。在擅长文人画的艺术家们看来，猪是家常的、不雅的、俗气的，甚至是俗不可耐的表征，因此，有意无意地便拒绝了它的入画。但是，对于农民画而言，它所追求的是乡间家常俗事俗物之美，故多描绘身边寻常的事物，也因此，猪不仅是不需要避忌的对象，而且是可以积极、正面地去描绘的一种存在。我把农民画对猪的表象理解为"俗之美"，亦即俗气之美、土气之美，并以此来区别于文人画所追求的、完全排除了猪意象的"雅之美"。当然，将"雅之美"与"俗之美"予以对比，尚需要经过严谨的学术论证，但我的直觉是，这样的比较或许不无意义。比方说，竹雕和普通的竹器，前者可能是追求"雅之美"的作品，后者则可能是普通的民具，若仔细端详它，或许可以说它也带有某种"俗之美"，亦即民具之美。

曾几何时，农民画被用来批判文人画的造作、矫情和个人主义，尤其是在"阶级斗争"的年代，文人画画家被认为缺少农民画画家那样接近于劳动人民的感情；但现在，也不乏对农民画当中的猪类意象嗤之以鼻、贬为低俗的文人画画家。但若仔细想来，毋宁说它们是中国文化中两种不尽相同的美，既然如此，就不妨以"美美与共"的心态去欣赏它们。风雅之美和民俗之美的并存、共生、互动，应该就是中国文化体系之内"美"的多样性的具体展现。犹如乡民可以通过欣赏文人画的风雅之美而涵养自己的雅趣和品味，市民也可以通过欣赏以温暖有趣为格调的农民画，包括它其中类似猪类意象的"俗"之美，而感知到大地、乡土和家园归宿的情怀。

后记

2016 年 10 月在《北冥有鱼：人类学家的田野故事》的新书发布会上，受现场热烈气氛的影响，我感觉到具有学术内容的普及读物似乎是大众喜闻乐见的事物，就答应下来筹备民俗学的稿件。这一方面是因为我自己是民俗学专业的学习研究者，有兴趣将民俗和民俗学介绍给更多的人知晓；另一方面是近年来我走访并书写了不少村落的人物故事，切实体悟到只有将学术知识与大众生活相连接，学者才能在实践当中实现知识的完整循环。这与当年民俗学科的开创者们期冀通过民间的材料来承载学术的理想，在精神上是一脉相承的，同时这也是当年"知行合一"的校训所劝诫规导的。在专业领域中的熏陶浸染，不免使我的理想化日甚一日。当然，仅凭一己之力，是难以在这么短的时间内搜编这么多稿件的，幸好有进国兄帮忙一道约请、讨论并编辑，在这个过程中，我们逐渐厘清思路，决意以"村落故事"来突出"民俗学"的特色。

书中的作者，有不少是学术领域和工作岗位中卓有成绩的教授、博导、知名人士，也有不少是崭露头角的青年学者和想要以学术为终身事业的研究生们。我们在微信朋友圈发起公开的征稿后，不到一个月就收到了 150 余篇稿件。有这么多朋友对"民俗学"和"村落"怀有兴趣，是我没有想到的，但同时内心也非常感动。这说明，对于中国的传统村落而言，它根本从来都不缺少关心和关注它的人。尽管城镇化和全球化的过程每天都在吞噬着古老的村落，但是包括民俗学在内的多个学科，还一直在探访它、研究它、怀恋它。它在这种无言的关怀中具有了长久的生命力。感谢书中 88 位"行动派"作者，抽出时间将亲身实践写成面向一般大众的学术普及故事，并在很短的时间内就惠赐大作，完成授权手续。

在这册小书中，提及了彝族、满族、蒙古族、回族、藏族、鄂伦春族、锡伯族、达斡尔族、赫哲族、俄罗斯族、维吾尔族、哈萨克族、柯尔克孜族、仫佬族、哈尼族、纳西族、布朗族、景颇族、阿昌族、白族、苗族、瑶族等 22 个少数民族，调查的村子近百个，涉及民俗学所研究的节日和庙会、信仰和仪式、衣食住行和婚丧嫁娶中的各种经历与田野故事。那些瞬间的感动、交流与隔阂、温情与忧思，都是这些作者真挚而真实的心声，是知识与经验碰撞而迸出的火花。"时间感"是民俗学中最贴近民生而最为有情的关键，因此我们将文章按照内容大致分为了春、夏、秋、冬四篇。能够邀请到中国社会科学院荣誉学部委员、中国民俗学会荣誉会长、住建部传统村落评审专家刘魁立研究员作序，让我们倍感荣幸。多年前，我们曾经有幸跟随刘先生去过他出生、成长和上学念书的地方，深深为他的风采和学识所折服。能够在开篇就看到这位耄耋之年的前辈学者来讲述村落见闻，希望读者也能感受到我们所感受到的欣喜和赞叹。

也有关心的师友，担心"民俗学"模糊的界定和边缘的地位会令人怀疑这册小书对于中国传统村落文化和社会生活的阐释力。不过学科本没有边界，真正的边界在我们每个人头脑中的定义和标准、观念与看法都不尽相同，甚至有时也可能是偏见。正像我们从"问题"出发去进行学术研究一样，中国的"村落"将我们每一位作者连接了起来。在编辑过程中，为了这点"好玩儿"的事，我们有幸和不少从未谋面的朋友书信往来，这册小书已经成为我们之间友谊的牵系。如今，我们通过齐心的努力将它奉献给读者，它就已经成为一个独立于"我们"和我们的想法之外的"存在"，各人从中会看到自己想要看到的东西，如果能够因此而感到"有趣"，那就好。

付梓之际，我与网络上广为流传并深受大家喜爱的"老树画画"的作者刘树勇先生联系插图事宜。尽管素昧平生，但当老树知晓这册小书的内容时，特别豪爽地许可书中无偿使用他的精彩画作，令我颇为感动。与他的对话，让我真切感受到性情中人的风度与艺术家的超然率真。

最后特别要感谢商务印书馆的领导和编辑们的慧眼与辛劳。如果读者对于书中的内容有任何问题和建议，欢迎发送邮件到电子邮箱：hmjg2017@126.com，我会尽力回答的。

宋　颖

2016 年 12 月 30 日